M.L. Feller

Das Buch der Unterhaltung

3. Band

M.L. Feller

Das Buch der Unterhaltung
3. Band

ISBN/EAN: 9783743487116

Hergestellt in Europa, USA, Kanada, Australien, Japan

Cover: Foto ©ninafisch / pixelio.de

Manufactured and distributed by brebook publishing software (www.brebook.com)

M.L. Feller

Das Buch der Unterhaltung

Das Buch

der

Unterhaltung.

Eine Aehrenlese

des

Nützlichsten und Interessantesten für Jedermann,
besonders für den Bürger und Landmann.

Von

M. J. Feller.

4te Serie. 3. Band.

Mit 7 Bildern.

Glogau.

Druck und Verlag von Carl Flemming.

Ein Minister in der Provinz.

Original-Erzählung von Professor Dr. Temme.

Mit einem Bilde.

In der Stadt D. in Westfalen lebte in dem Anfange der zwanziger Jahre dieses Jahrhunderts ein Advocat, zu jener Zeit in Preußen Justizcommissarius genannt, der von vielen Leuten der Stadt für einen Narren, von den meisten für einen närrischen Kauz gehalten wurde. Er hatte freilich manche Eigenthümlichkeiten. Er hieß Weeker; er war in D. geboren und erzogen und hatte in seinem ganzen Leben seine Vaterstadt gerade nur auf drei Jahre verlassen, um auf der Universität Göttingen die Rechte zu studiren. Nach Beendigung seiner Studien hatte er sich sofort in seiner Vaterstadt der Advocatur gewidmet. — D. war damals noch nicht preußisch, sondern eine freie Reichsstadt, und es konnte Jemand noch etwas werden, ohne daß er ein halbes, oder auch nur ein viertel Dutzend Examina gemacht hatte. Advocat war er sein Lebenlang geblieben; er hatte nichts Anderes werden wollen.

Er war zu der oben genannten Zeit ein Mann von einigen sechszig Jahren; vierschrötig, eckig, mit einem breiten, groben Gesichte. Man sah ihn nicht anders, als in einem alten grünen Flausch von grobem Tuche. Aber sehr weiße und feine Wäsche trug er immer. Um die Welt bekümmerte er sich gar nicht. Er war Junggesell, und wohnte ganz allein mit einer alten Magd oder Haushälterin hinten an der Stadtmauer in einem einsam in einem Garten gelegenen großen, etwas verfallenen Hause, das er von seinem Vater geerbt, und an dem er seitdem nicht die geringste Veränderung oder Reparatur hatte vornehmen lassen. Nur den Garten, in dem das Haus lag, pflanzte er, und zwar selbst, und die den Garten gesehen hatten, versicherten, es sehe nicht nur sehr ordentlich, sondern sogar überraschend schön und reizend darin aus; man treffe darin, wundervoll gruppirt, die schönsten Blumen aller Jahreszeiten und manche seltene ausländische. Es sahen den Garten indeß nur wenige Leute; denn der alte Weeker hatte mit keinem Menschen in D. Umgang, und zu ihm kamen nur solche Personen, für welche er Prozesse führte. Aber auch deren waren nur wenige. Der alte, grobe Advocat war sehr eigen in der Uebernahme von Rechtsgeschäften; er nahm nur solche an, von deren Rechtmäßigkeit er sich überzeugt hielt, und auch diese für manche, vielleicht für die meisten reichen Leute nur ungern. Für Arme arbeitete er umsonst. Freilich muß dabei bemerkt werden, daß er einiges Vermögen besaß, das, wenngleich bescheiden, doch vollkommen für seine geringen Bedürfnisse und selbst für seine Liebhaberei an schönen und seltenen Blumen ausreichte.

Er war auch in anderen Dingen ein Sonderling. Wie er Niemanden bei sich sah, der nicht in Geschäften zu ihm kam, so sah man ihn außer seinem Hause und Garten fast nur da, wohin seine Geschäfte ihn führten, also namentlich in dem Gerichtshause. Außerdem machte er nur täglich eine einsame Promenade, bald hier, bald dort längs der Stadtmauer, und jeden Abend regelmäßig um sechs Uhr kam er in das Casino der Stadt D., wo er bis sieben Uhr blieb, aber einzig und allein, um ein Glas Bier zu trinken und die „Elberfelder Zeitung" zu lesen. Niemals sah man ihn dort mit Jemandem in einem Gespräche; er selbst redete keinen Menschen an, und wenn er angeredet wurde, so gab er gewöhnlich gar keinen, oder einen so groben Bescheid, daß Jedem die Lust verging, sich weiter mit ihm einzulassen. —

So war er freilich nicht immer gewesen. Auch in früheren Zeiten hatte er still und zurückgezogen gelebt und wenig mit den Menschen gesprochen. In jener Weise menschenscheu und abstoßend war er aber erst geworden, nachdem D. unter französische Herrschaft gekommen, und noch mehr, als die Stadt im Jahre 1815 preußisch geworden war. Es waren seit diesem Jahre viele Beamte nach D. gekommen, wo nicht nur ein großes Land- und Stadtgericht, sondern auch das Oberbergamt für die ganze Provinz Westfalen ihren Sitz erhielten und noch mehre Behörden errichtet wurden. Die neuen Beamten kamen meist aus den alten Provinzen des preußischen Staats, von der andern Seite der Elbe. Ihr Wesen war ein völlig verschiedenes von dem der einfachen und derben Westfalen; sie sahen zudem — oder trotzdem — auf diese mit vielem Spott und Hochmuth herab. Dem alten Weeker wurde das preußische Wesen und das ganze preußische Beamtenthum doppelt verhaßt, und er ließ keine Gelegenheit vorbeigehen, seinen Haß an den Tag zu legen, meist freilich nur durch mehr stille Bezeigung von Verachtung, manchmal aber unterließ er auch nicht, den „Preußen" einen Streich zu spielen.

Unter solchen Umständen war er von seinen westfälischen Mit= bürgern, obwohl er ihnen allerdings ein närrischer Kauz war, wegen seiner Rechtschaffenheit und Uneigennützigkeit, wegen seines klaren und scharfen Verstandes und seiner ausgebreiteten Rechtskenntnisse allgemein, von Manchen auch wegen seines ungenirten Muthes, mit welchem er seinen Widerwillen gegen das „Preußenthum" an den Tag legte, sehr geachtet. Die fremden Beamten dagegen waren ihm nicht sehr hold, und besonders die jungen Kammergerichts= und an= deren Assessoren, die von Berlin herübergekommen waren, glaubten durch allerlei Witze, die sie über den eckigen und saloppen Westfalen machten, ihre Ueberlegenheit an Welt und Manieren, und wie sie meinten, an Bildung und Witz leuchten lassen zu müssen. Anfangs wagten sie das in seiner Gegenwart, sie wollten ihn wohl gar geradezu aufziehen. Aber diese Lust verging ihnen freilich bald, wenn er mit seiner schonungslosen Grobheit sie einige Male hatte abfahren lassen.

Es begab sich eines Tages zu dieser Zeit, daß ein Minister aus Berlin nach D. kam. Es war der damals fast allmächtige Mi= nister von S. Er hatte eine Rundreise durch die Rheinprovinzen gemacht; es hieß sogar, daß er in einem geheimen, wichtigen Auf= trage des Königs jenseits des Rheins eine geheime Zusammenkunft mit einer vornehmen Person des französischen Hofes gehabt habe. Er war auf dem Rückwege nach Berlin. Dieser Weg führte ihn nicht eigentlich über D. Er kam im Gegentheile hierher nur auf einem nicht unbedeutenden Umwege. Um so mehr erstaunte daher die ganze Post in D., als eines Abends — zu Ende des Monats September — gegen neun Uhr, eine vierspännige Extrapost auf dem Posthofe hielt, der Postillon seinen Zettel überreichte, und man da= raus ersah, daß die Excellenz aus Berlin in dem Wagen sitze. Man zerbrach sich den Kopf darüber, was den vornehmen, mächtigen Herrn nach D. geführt haben möge. Das Erstaunen ging aber in Ver= wunderung über, als der Postillon, der von der nächsten Station war und in D. nicht genau Bescheid wußte, mit der Frage heraus= kam, ob es denn hier einen Justizcommissarius Weeker gebe, und wo dieser wohne? Zu ihm wolle der Minister sofort gefahren sein. Es war damals freilich jene Zeit der Sparsamkeit in dem preußischen Staatshaushalte, vermöge dessen die Generale und Minister bescheiden mit zwei Pferden fuhren und freundschaftlich und herablassend bei Freunden und auch anderen Leuten einkehrten, dagegen für vier Extrapostpferde und außerdem tägliche Diäten von zwei Friedrichsd'or liquidirten, auch nach dem Gesetz mit gutem Gewissen liquidiren durften. Allein von dem Minister von S. war es bekannt, daß er nichts weniger als ein Freund solcher Sparsamkeit war, und mit vier wirklichen, nicht blos liquidirten Extrapostpferden war er angekommen. Was in aller Welt wollte denn dieser einflußreichste Minister Preußens bei dem alten, närrischen, groben Advocaten? Wenn er auch noch so wichtige Dinge, wenn er das Wohl des Staates mit ihm zu berathen hatte, warum konnte er nicht zuerst ruhig und bequem in dem Gasthofe des Herrn Pochsmann, einem vortrefflichen Gasthofe, in dem man sehr gut aufgehoben war, absteigen und den Justizcommissarius zu sich befehlen lassen? So große Eile hatte das preußische Staatswohl für einen Minister doch nicht, wenigstens bis dahin noch nicht gehabt, von dem Herrn von Haugwitz an bis zu der Zeit des Fürsten Hardenberg; Wöllner vielleicht ausgenommen.

Man sollte noch mehr erstaunen und sich verwundern; nicht blos die Post, sondern die ganze Stadt und besonders die Beamtenwelt. — Die vierspännige Extrapost des Ministers hatte unter der Leitung zweier dienstfertiger Postoffizianten sich zu dem einsamen Hause des Advocaten zurechtgefunden. Sie hielt vor der Thür. Es war ein stockdunkler Abend. Der Minister stieg aus dem Wagen. Der Kammerdiener mußte an der Thür klingeln. Man mußte lange warten, ehe in dem Hause Bewegung entstand. Der ungeduldige Kammerdiener wollte zum zweiten Male klingeln. Der Minister verbot es und wartete geduldig. Endlich erschien an einem Fenster neben der Thür ein Licht. Das Fenster wurde geöffnet.

„Wer ist da draußen?" rief die Stimme der alten Haushälterin heraus.

„Ist der Herr Weeker zu Hause?" fragte der Minister.

„Ja, aber am späten Abend spricht er keine Leute mehr."

„Sagen Sie ihm, der Minister S. aus Berlin sei da."

„Ich will ihm das wohl sagen, aber ich glaube, daß der Herr morgen früh wird wiederkommen müssen." Die Frau entfernte sich.

Gleich darauf erschien der Advocat selber am Fenster.

„Wer ist da?" fragte er etwas ungläubig.

„Alter Weeter," sagte der Minister, „Du kennst doch Deinen Freund S. noch?"

„Gewiß. Aber ich meine, der sei Minister in Berlin."

„Und steht jetzt vor Deiner Thür, um Dich zu besuchen und um ein Nachtquartier zu bitten."

„Also doch. Nun, warte ein paar Augenblicke; wir werden Dir öffnen. Anna Marie, Du kannst aufschließen. Ich bin doch neugierig, Dich alten Kerl mal wieder zu sehen."

„Ich habe mich schon längst nach dieser Stunde gesehnt, mein theurer Freund."

„Höre, alter S., thue mir einen Gefallen und sprich nicht in solchen sentimentalen und hochtrabenden Redensarten. Du weißt, ich konnte das schon auf der Universität nicht leiden, als wir Stuben=burschen waren." — Der Minister lachte.

„Seitdem haben wir uns nicht wiedergesehen," sagte er.

„Es ist eine lange Zeit."

Die Haushälterin öffnete die Hausthür, und der Minister ver=schwand im Innern des Hauses. Der Kammerdiener trug ihm einen Reisesack nach und fuhr dann mit dem Wagen zum Gasthofe.

Also alte Universitätsfreunde, alte Stubenburschen waren die beiden Herren, und es war nur ein freundlicher Besuch, den der ge=waltige Minister aus Berlin dem alten Advocaten in D. machte, der von den Leuten für einen närrischen Kauz gehalten und von den Kammerichts=Assessoren über die Achsel angesehen, der verhöhnt wurde. Manche Leute wollten diesen Besuch zwar nur als einen Vorwand für eine sehr wichtige und sehr geheime Angelegenheit an=sehen, und zerbrachen sich noch immer die Köpfe darüber, welcher Art diese sein möge. Andere, die nicht so tief speculirten, zerbrachen sich noch mehr die Köpfe über einen solchen wirklichen Besuch.

Der Minister blieb die Nacht bei dem alten Justizcommissarius, und der Kammerdiener hatte im Gasthofe erzählt, er werde ein paar Nächte dort bleiben.

Die Nachricht von seiner Ankunft hatte sich noch an demselben Abend wie ein Lauffeuer durch die ganze Stadt verbreitet. Die Beamtenwelt war in eine beinahe fieberhafte Unruhe gerathen. Die ersten Behörden in D. waren, wie schon bemerkt, das Oberbergamt und das Land= und Stadtgericht. Sie gaben für die anderen Be=amten mit den Ton an. Schon am folgenden Morgen früh hatten die Chefs dieser beiden Behörden ihre Secretäre zu der Wohnung

des alten Advocaten geschickt, mit der vertraulichen und freundlichen
Bitte an diesen, sich doch unter der Hand bei Seiner Excellenz zu
erkundigen, wann es Hochdemselben genehm sein werde, die Aufwartung der Behörden entgegenzunehmen. Da hatte es auf einmal in
den Augen des Advocaten aufgeleuchtet, als wenn irgend ein Gedanke ihn plötzlich durchzucke. Ohne vorher mit dem Minister Rück-
sprache zu nehmen, hatte er ihnen geantwortet, der Minister schere
sich den Teufel um ihre Aufwartung; bei sich wolle er keinen von
ihnen sehen; wenn sie ihn aber sehen wollten, so komme er mit ihm,
dem Advocaten, heute Abend um sechs Uhr in das Casino. Damit
hatten die Herren abziehen müssen, und wenn sie sich umgeblickt hätten, so hätten sie noch sehen können, wie er mit einer recht großen
boshaften Freude in dem breiten, groben Westfalengesichte ihnen
nachsah. —

Unter den Spitzen der beiden genannten Behörden war darauf
aber große Verlegenheit und Noth entstanden, was man thun solle.
Der Gerichtsdirector hatte vorgeschlagen, die sämmtlichen Behörden
der Stadt sollten sich wirklich in corpore und in feierlichem Auf-
zuge in das Casino begeben, um dort Seiner Excellenz ihre amtliche
Aufwartung zu machen; denn da der Justizcommissarius Wecker es
so gesagt, so müsse man annehmen, daß er schon vorher den Willen
des Herrn Ministers eingeholt habe. Der Berghauptmann aber —
der Director des Oberbergamts — hatte dagegen gemeint, diese
letztere Annahme sei bei dem Charakter des Advocaten sehr zu be-
zweifeln; im übrigen sei das Casino ein Gesellschaftshaus, in welchem man wohl für sein Geld ein Glas Bier trinken, aber nicht
einem hohen Vorgesetzten eine dienstliche Ehrerbietung bezeugen
könne. Sein Vorschlag war, dem Herrn Minister dennoch in dem
Hause des Advocaten die Aufwartung zu machen; es sei eine bekannte Sache, daß die vornehmen Herren sich oft alle Empfangs-
und andere Feierlichkeiten verbäten, und diese gleichwohl mit großer
Freude und Genugthuung aufnähmen, ja wohl sehr ungnädig und
ungehalten würden, wenn man in dieser Beziehung ihrem Begehren
zu gehorsam und zu pünktlich nachkomme. Nun war zwar der Berghauptmann von Geburt ein Lausitzer, und in der Lausitz sind die
Leute sämmtlich mit der feineren Sitte und Lebensart wohl vertraut;
auch hatte er längere Zeit zu Berlin im Ministerium gearbeitet und
er war dort in die höchsten Zirkel gekommen. Der Gerichtsdirector
dagegen war nur aus einem kleinen Oertchen in dem Sande der
Mark, und wenn er auch gleichfalls in Berlin „gestanden" hatte, so

hatte er doch nur bei dem Stadtgerichte gearbeitet und war über die gewöhnlichsten bürgerlichen Kreise nicht hinausgekommen. Dennoch hatte der Berghauptmann nachgeben müssen, wenn freilich mit einer „Modifikation". Der Gerichtsdirector war aber ein strenger, wenn gleich etwas pedantischer, doch desto überzeugungstreuerer Rechts= mann, der, wenn er als Beamter einmal etwas für richtig erkannt hatte, unter keinen Umständen davon abging. Er hatte daher in dem gegenwärtigen Streite nur das Auskunftsmittel zugegeben, daß, so wie der Herr Minister blos als gewöhnlicher Gast im Casino er= schiene, so auch die Beamten dort wie gewöhnliche Mitglieder, und nur in sorgfältiger gewählter Kleidung sich einfinden sollten, so daß der Herr Minister in dem Erscheinen nicht einmal einen streng dienst= lichen Akt, wohl aber die ihm gebührende und zu beweisende Auf= merksamkeit der Behörden erkennen könne. Der Berghauptmann hatte auch darauf noch wohl erwidert, ein solches Einfinden der sämmtlichen Beamten sei ein sehr bedenkliches Expediens, da man jedenfalls v o r Seiner Excellenz und also noch vor dem Schlusse der Dienststunden erscheinen müsse, und also der Minister sehr natürlich auf den Gedanken kommen könne, daß die königlichen Beamten in D. lieber hinter dem Bierglase, als hinter den Akten säßen. Allein der rechthaberische Gerichtsdirector hatte erklärt, die letztere Vorstel= lung sei sein Ultimatum; er werde mit „seinem Gerichte" unter allen Umständen auf das Casino gehen, der Herr Berghauptmann könne dann mit „seinen Leuten" machen, was er wolle. Eine Trennung königlicher Behörden, zumal in einer so wichtigen Angelegenheit, das wäre ein sehr trauriges Ereigniß gewesen, das selbst zu höchsten Ohren hätte kommen und allerhöchstes Mißfallen hätte erregen können. So mußte schließlich der Berghauptmann nachgeben, zu seinem großen Verdrusse und zu noch größerem Aerger „seines Col= legii"; denn das Oberbergamt war eine Provinzial= und das Land= und Stadtgericht nur eine Kreisbehörde.

Unterdeß waren um zehn Uhr Morgens noch andere Sachen vorgefallen, welche die Stadt D., besonders die Beamtenwelt, in Aufregung versetzen sollten. Ein Minister in der Provinz, zumal wenn er einen alten Freund besucht, ist ein ganz anderer Mensch, als der Minister in der Residenz.

Um drei Viertel auf zehn Uhr war der Justizcommissarius Weeker angekleidet und mit riesigen Aktenstößen unter dem Arme zu dem Minister getreten, der sich in dem Garten an den schönen Herbst= blumen erfreute.

„Ich gehe jetzt," hatte er in seiner kurzen Weise gesagt.

„Wohin?" hatte der Minister gefragt. „Ich weiß ja von nichts."

„Ich habe Termine am Gericht."

„Jetzt?"

„Um zehn Uhr."

„Du erlaubst, daß ich Dich begleite?"

„Warum nicht?"

„Ich werde mich ankleiden."

„Mache nur schnell."

Der Minister war in das Haus gegangen, und in der That schon nach wenigen Minuten angekleidet zurückgekommen. Er hatte dann unter seinen einen Arm den Arm des Advocaten, und unter den andern einen von dessen großen Actenstößen genommen, so war er mit ihm Arm in Arm, und zugleich wie ein Schreiberbursch die Akten tragend, durch die erstaunten Straßen der Stadt und bis zum Gerichtshause gegangen. Als sie hier ankamen, hatte der Advocat den Minister gefragt, und die Gerichtsboten und viele andere Leute hatten es gehört: „Wann fährst Du zu dem Alten nach Cappenberg?"

Zu jener Zeit nämlich, als unsere Geschichte von einem Minister in der Provinz sich zutrug, lebte noch auf seiner schönen Domäne, dem ehemaligen reichen Kloster Cappenberg, nicht weit von D., der Minister Stein, und kein hoher Staats= oder anderer Mann, der in die Gegend kam, versäumte es, dem alten würdigen Herrn seinen Besuch zu machen. So damals. Jetzt freilich würde mancher hohe Mann mit Entsetzen und Abscheu, oder mit großer Furcht, ohne einen Besuch, an Cappenberg vorbeieilen.

Der Minister hatte dem Advocaten geantwortet: „Ich denke, wir essen, wenn Deine Termine beendet sind, vorher in Ruhe bei Dir zu Mittag, und fahren dann zusammen dahin."

Aber der Advocat erklärte entschieden: „Nichts da. Ich gehe nicht zu dem alten Aristokraten, und Du fährst jetzt gleich hin. Um sechs Uhr mußt Du zurück sein; dann gehe ich in das Casino und Du mußt mit."

„Muß ich?"

„Ja." Aber leise, damit es die Umstehenden nicht hören konnten, und wieder mit seiner großen boshaften Freude setzte er hinzu: „Du kannst meinetwegen auch später kommen; der Alte auf Cappenberg wird Dir ohnehin genug zu sagen haben. Aber nicht nach halb sieben." Laut sagte der Schalk dann wieder: „Also pünktlich. Denn um sieben Uhr müssen wir zu den wilden Thieren."

„Zu welchen wilden Thieren?" fragte der Minister verwundert.

„Sie sind gestern Abend mit Dir gekommen!"

„Teufel, mit mir?"

„Ja. Adieu."

„Du bleibst also fest bei Deinen Arrangements?"-

„Arrangements?" brummte ärgerlich der Advocat. Was ich gesagt habe, dabei bleibt es." Damit nahm er dem Minister seine Akten ab, ging in das Gerichtshaus und ließ die Excellenz stehen.

Ein Schreiber des Gerichts, den Hut bis tief zur Erde haltend, berichtete dem Minister, daß gestern eine Menagerie wilder Thiere angekommen sei und ihre Bude auf dem Markte aufgeschlagen habe, um heute Abend eine hier noch nie gesehene große Vorstellung zu geben. —

„Und dahin muß ich mit!" lächelte der Minister für sich. Mit einem kleinen Seufzer setzte er hinzu: „Was muß ein Minister in der Provinz nicht Alles?" — Er fuhr, wie der Advocat angeordnet hatte, zu dem alten Stein nach Cappenberg.

Die Spitzen der beiden ersten Behörden in D. waren, wie sich von selbst versteht, ein paar tüchtige Beamte. Im Uebrigen waren sie sehr verschieden von einander. Der Berghauptmann war ein adeliger Herr, der auch außer seinem Amte zu leben wußte, mitunter sogar ein Lebemann. Er war übrigens Junggesell. Vielfach anders stand es mit dem Gerichtsdirector. Mit ihm, und besonders auch mit seiner Familie, haben wir uns näher bekannt zu machen. Die Gründe werden später einleuchten.

Der Gerichtsdirector Bonald war gebürtig aus dem Städtchen B. in der Brandenburger Mark. Er war dortiger armer Leute Kind. Schullehrer und Prediger hatten Talent in dem Knaben bemerkt, und daher seiner Ausbildung eine mehr als gewöhnliche Sorgfalt gewidmet. So konnte er in seinem dreizehnten Jahre „Schreiberbursch" in der Kanzlei des kleinen Stadtgerichts in seiner kleinen Vaterstadt werden. Der Gerichtsactuar und der Stadtrichter entdeckten noch mehr Talent in dem Burschen. Er konnte bald eben so gut expediren, wie der Actuar, und so gut decretiren und instruiren, wie der Stadtrichter. Als er sechszehn Jahre alt war, verstand er das Alles sogar besser als seine beiden Vorgesetzten, was freilich nicht viel bedeuten mochte. Er war Beiden dadurch unentbehrlich geworden. Nun war aber damals in B. ein Justizcommissarius, dem seine Praxis mehr einbrachte, als dem Stadtrichter und Gerichtsschreiber ihre Gehälter zusammengenommen. Daraus war

Neid der beiden Letzteren entstanden, und die Folge des Neides war gewesen, daß die beiden Herren dem Justizcommissarius, der nach dem Gesetze seine Gebührenrechnungen durch das Gericht mußte feststellen lassen, seine Rechnungen jedesmal „barbarisch" strichen. Das ärgerte den Justizcommissarius, und eine Folge dieses Aergers war, daß er den beiden Herren ihren unentbehrlichen Schreiber ab= spänstig machte. Er spornte den Ehrgeiz des jungen Bonald an, sagte ihm, wenn er nur studiren könne, so werde er es selbst bis zum Stadtrichter in B., ja noch zu dessen Vorgesetzten bringen, und vermittelte dann in der That, daß der junge Mann eine wissenschaft= liche Laufbahn einschlagen konnte. Dieser hatte selbst einiges Geld erspart. Der Justizcommissarius verschaffte ihm durch eine Samm= lung bei seinen Collegen ein hübsches Sümmchen hinzu. So konnte der junge Bonald in seinem siebenzehnten Jahre das Gymnasium in Frankfurt an der Oder beziehen. Dahin hatte ihm sein Gönner zugleich Empfehlungsbriefe an mehre Collegen mitgegeben; diese beschäftigten ihn in ihren Kanzleien; bei seinem großen Fleiße konnte er so sich seinen Unterhalt in Frankfurt ferner erwerben und sichern. Bei seinem Talente absolvirte er das Gymnasium rasch, nicht minder auch — gleichfalls in Frankfurt — seine Universitätsstudien. Auf Grund der Zeugnisse seiner Lehrer hatte, als er sich schon nach dritte= halbjähriger Studienzeit zum ersten Examen meldete, der Justiz= Minister ihm das sechste Semester ausdrücklich erlassen. Wer da= mals eine schnelle Carriere machen wollte, machte seine sämmtlichen Examina in Berlin. So auch der junge Bonald. Er bestand bei dem Kammergerichte in Berlin ein gutes Examen und wurde Aus= cultator. Schon im Jahre darauf wurde er Referendarius. Noch zwei Jahre später war er Kammergerichtsassessor, und als solcher arbeitete er zur Aushülfe bei dem Stadtgerichte. Nach dem gewöhn= lichen Laufe der Dinge in der damaligen preußischen Beamtenwelt hätte er nach weiteren zwei Jahren Stadtgerichtsrath in Berlin sein müssen. Bei seinem klaren Verstande, seinen Kenntnissen und seiner außerordentlichen Geschäftstüchtigkeit hätte er das schon früher sein können. Dennoch wurde er es nicht. Alle seine jüngeren Collegen wurden ihm vorgezogen, wurden Stadtgerichtsräthe in Berlin. Und er blieb Assessor, viele Jahre lang. Das hatte folgende Ursache.

Als der Candidat der Rechte Bonald nach Berlin kam, um sein erstes Examen zu machen, brachte er an Gelde gerade einen Thaler Courant dahin mit. Davon konnte er leben, bis er das Examen gemacht hatte. Denn er hatte sich zu diesem schon von

Frankfurt aus gemeldet, und er war erst am zweiten Tage vor dem Termine in Berlin eingetroffen. Bestand er nun sein Examen gut, so mußte es ihm in Berlin doppelt leicht sein, bei einem oder mehren dortigen Justizcommissarien eine ähnliche Stelle wieder zu finden, wie er sie bisher in Frankfurt gehabt hatte, und so sich auch dort seinen Unterhalt zu verschaffen, bis er alle seine drei Examina bestanden und eine Anstellung erhalten haben werde. So hoffte er. Seine Hoffnung erfüllte sich jedoch kaum zur Hälfte. Einerseits gab es gerade in der Hauptstadt vielleicht zwanzigmal mehr solcher junger Leute, die hofften wie er, als Justizcommissarien und ähnliche Beamte, die ihre Hoffnungen verwirklichen konnten. Andererseits nahmen seine gerichtlichen Arbeiten und Vorbereitungen zu den Prüfungen seine Zeit und seine Kräfte so sehr in Anspruch, daß er jenen einträglichen Arbeiten nur sehr wenig sich widmen konnte. So mußte er ein sehr eingeschränktes, ja armseliges Leben führen, wenn er nicht Schulden machen wollte. Dies wollte er nicht. Freilich mußte er es dennoch.

Er hatte sich hinten in der Linienstraße in einem alten Hause auf dem zweiten Hofe vier Stockwerk hoch ein Stübchen gemiethet; nicht einmal für sich allein, sondern zum gemeinschaftlichen Bewohnen mit seiner Vermietherin, einer alten Wäscherin, die allerdings bei Tage selten zu Hause war. Diese Wäscherin hatte eine Tochter, etwa zwei oder drei Jahre jünger als der Auscultator Bonald. Sie war eine große, starke, frische Person, die mit dem Waschen beinahe besser fertig werden konnte, als ihre Mutter, und ein gutes, mitleidiges Herz hatte, wie diese und wie die meisten Wäscherinnen von Berlin. Beide ließen daher, wenn sie nach gethaner Arbeit an ihrem nicht eben schlecht besetzten Abendtische ausruhten, den armen königlichen Auscultator, der des Tages über vielleicht nur etwas Brod und Käse gegessen und dabei Wasser getrunken hatte, mithin herzlich hungrig war, an ihrer Tafel Platz und Theil nehmen, und die Tochter pflegte ihn später, als er einmal, in Folge zu vielen Arbeitens, krank geworden war, wie eine Schwester, und die Mutter stundete ihm, als er in Folge seiner Krankheit gar nichts hatte verdienen können, die Miethe. Seine Wäsche hatten Beide längst umsonst besorgt. So waren zwei Jahre verflossen; er war Referendarius geworden und zur Zulassung zu dem dritten Examen präsentirt. Jetzt stand er „auf der Stufe zur höchsten Macht", wie die große, starke Tochter Lotte ihrer Mutter, der Wäscherin, begreiflich machte. Denn Lotte hatte manchmal des Sonntags, besonders bei schlechtem Wetter, einen Blick in die Bücher ihres Miethers geworfen und dabei auch den Schiller kennen gelernt.

Da trat eines Tages die Mutter zu dem Referendarius Bonald, erinnerte ihn an seine Schuld, und daß nach der preußischen allgemeinen Gerichtsordnung ein Referendarius, der Schulden habe und nicht bezahlen könne, ohne Weiteres aus dem Justizdienste entlassen werden solle, fragte ihn, was er überhaupt ohne Geld in der Welt machen wolle, da doch ein Referendarius und selbst ein Kammergerichtsassessor noch keinen Dreier verdiene; und bewies ihm zuletzt, daß er kein besseres Geschäft machen könne, als wenn er ihre einzige Tochter heirathe, die doch gut mit ihr lebe und von ihr künftig einige nicht schlechte Thaler erbe, und die eine schmucke starke Person und für ihn weder zu alt noch zu jung sei, und der es auch nicht an Bildung fehle, da sie des Sonntags fleißig in dem Schiller gelesen habe. Dasselbe bewies ihm die große frische Lotte, die in der That nicht übel war, des Abends bei einem Glase heißen Grog, den sie sehr gut zu bereiten verstand. Der arme Bonald, der in seiner Armuth nie die Welt kennen gelernt hatte und um desto mehr in seinem gutmüthigen Herzen viel Nachgiebigkeit gegen manche, auf ihn eindringende fremde Verhältnisse besaß, gab, zugleich als guter Jurist, der Macht der Beweise nach. Er verlobte sich mit der Wäschertochter, und nachdem er Assessor geworden war, heirathete er sie. — Er hatte, wie in einer Kleinigkeit, nachgegeben. Die Sache sollte für ihn eine große Wichtigkeit werden.

Das Kammergericht zu Berlin war in jener Zeit — noch, der jetzigen Zeit gegenüber schon — die Pflanzschule für die künftigen Präsidenten und Geheimeräthe; Kammergerichtsräthe wurden daher damals nur Adlige und Verwandte der höchsten Beamten. Der Stolz des Berliner höheren Bürgerstandes war damals, Stadtgerichtsrath zu werden. Der Assessor Bonald gehörte zu den tüchtigsten jungen Gerichtsbeamten. Selbst der Justizminister hatte davon gesprochen, daß dieser ausgezeichnete Beamte doch wohl eine ungewöhnliche Carriere werde machen müssen. Zum Stadtgerichtsrath von Berlin glaubte man ihn daher allgemein bestimmt, obwohl er nur armer Leute Kind aus B. war und nichts weniger als dem vornehmen Berliner Bürgerstande angehörte. Ja, nach jener Aeußerung des Ministers nahmen nicht Wenige an, daß er gar Kammergerichtsrath werden könne, um so zu dem Holze zu werden, aus welchem die Geheimeräthe und Präsidenten geschnitten würden.

Da hatte er die Wäscherin geheirathet.

Die Reihe, Stadtgerichtsrath zu werden, kam nach seiner Anciennetät an ihn. Der Justizminister wollte ihm die Stelle geben. Aber es wurde vorher bekannt, und es entstand ein Sturm in Berlin. Die Tochter einer Wäscherin, selbst eine gewesene Wäscherin, sollte Stadtgerichtsräthin in Berlin werden! Das war ein Skandal, der noch nicht dagewesen war. Alle Stadtgerichtsräthinnen in Berlin erklärten ihren Männern, das dürften sie nicht leiden, sie müßten ihren Abschied nehmen, wenn das geschähe, sie wollten lieber trocken Brod essen, als mit solch einer Person Stadtgerichtsräthinnen zu sein. Die Männer mußten beistimmen und stimmten bei. Des Stadtgerichts nahm sich das Kammergericht an. Dem Justizminister wurde vorgestellt, daß der ganze Justizdienst in Gefahr sei. Selbst von oben her wurde ihm ein Wink gegeben. Fiel die Schranke beim Stadtgerichte, so war auch die Schranke beim Kammergericht in Gefahr; so dachten Adel und Geheimeräthe. Der Justizminister mußte nachgeben; der Assessor Bonald wurde nicht Stadtgerichtsrath.

Das dauerte viele Jahre, bis der alte Kircheisen Justizminister geworden war, ein Mann, der selbst blos durch Talent, Kenntnisse und Tüchtigkeit von unten an sich heraufgearbeitet hatte. Er ernannte eines schönen Tages, ohne daß die Stadtgerichtsräthinnen etwas hatten ahnen können, den verdienten Assessor Bonald zum Stadtgerichtsrath. Das fait accompli rief zwar keinen Sturm mehr hervor; gegen fait accomplis stürmt die Bureaukratie nicht, auch nicht die im Frauenrock; aber die Intrigue wurde jetzt wach. Der Stadtgerichtsrath Bonald ertrug sie, obgleich sie ihm das Leben genug verbitterte. Der Justizminister bekümmerte sich nicht darum. Wenigstens lange nicht. Endlich mußte er.

Der Stadtgerichtsrath Bonald erhielt folgendes Schreiben des Ministers: „Der Herr Präsident des Stadtgerichts hat Sie mir als geeignet für den Posten als Dirigent eines größeren Untergerichts empfohlen. Gegenwärtig ist die Stelle des Directors bei dem Land= und Stadtgerichte zu D. vacant. Das Gericht ist eines der größten in der Provinz. Die Stelle ist mit dem Range eines Obergerichtsraths und mit einem Gehalte von jährlich vierzehnhundert Thalern verbunden. Sie haben sich umgehend zu erklären, ob Sie geneigt sind, dieselbe anzunehmen.“

Der Stadtgerichtsrath Bonald war wohl sofort geneigt. Aber er hatte eine Position, wie man sie häufig in der Bureaukratie findet. Ein wie fester, consequenter, energischer Mann er in seinem Amte war — er war in Folge des Betragens seiner Collegen gegen ihn

fogar rechthaberifch und manchmal ftreitfüchtig im Dienfte geworden
— ein eben fo fchwacher und nachgiebiger Mann war er in feiner
Familie, befonders feiner Frau gegenüber. In ähnlicher Weife
pflegen an Kopf und Willen fchwache Beamte zu Haufe die Thran-
nen zu fpielen; fie müffen freilich ihrem Aerger über die im Dienfte
erlittenen Verdrießlichkeiten irgendwo Luft machen. Der Stadtgerichtsrath Bonald holte den Entfchluß feiner Frau ein.

Auch fie war nicht abgeneigt. Sie lebte zwar in ihrer Heimath, und diefe Heimath war das große, fchöne Berlin. Aber wie
lebte fie hier? Noch keine Stadtgerichtsräthin hatte fie jemals an-
gefehen; mit ihren ehemaligen Kameradinnen hatte fie ihrerfeits keinen Umgang mehr haben wollen. So war ihr ganzer Verkehr auf
ein paar Frauen von Subalternbeamten befchränkt. Ihre Mutter
war längft todt.

Aber wie ihr Mann ihren höheren Entfchluß hatte einholen
müffen, fo mußte fie einen noch höheren befragen.

Die Ehe des Stadtgerichtsraths Bonald war mit zwei Töchtern gefegnet. Luife hieß nach guter Sitte die ältefte; Pauline hieß
die jüngfte. Pauline war damals noch ein Kind von zwölf bis
dreizehn Jahren, das nicht weiter in Betracht kam; nebenbei bemerkt,
ein unbändiges Balg, das nicht zur Schule ging oder aus der
Schule kam, ohne fich mit allen Straßenjungen herumzuprügeln, die
ihr begegneten. Wie anders war Luife! Sie zählte dreiundzwanzig
Jahre. Sie war fchon etwas verblüht. Aber noch immer fchön,
fehr fchön. Es mangelte ihr nicht an Bildung; Vater und Mutter
hatten gleichmäßig dafür geforgt; der Tochter follte nicht fehlen,
was der Mutter fehlte. Sie war in ihrem Benehmen gemeffen,
kalt, ftolz. Manche Leute behaupteten, fie fei das nicht immer.
Wer konnte es wiffen? Eins nur war gewiß, fie regierte ihre
Mutter und alfo das Haus.

„Luifeken," fagte die Mutter vorfichtig und behutfam, „der
Vater hat ein fehr fchmeichelhaftes Schreiben vom Juftizminifter
erhalten."

„So, Mutter?"

„Der Minifter hat ihm eine andere Stelle angeboten; er foll
fo viel werden, wie ein Ober-Landesgerichtsrath, und Du weißt, die
find fo viel wie Kammergerichtsrath."

„Was foll er denn wirklich werden?"

„Director eines großen Gerichts. Denke Dir, ich Frau Directorin, und Du —"

„Und wo soll er das werden?"

„In D., das ist eine große, hübsche Stadt, es ist auch, wie der Vater sagt, ein Oberbergamt da."

„Und liegt in Westfalen," sagte die Tochter verächtlich, „in dem Pumpernickellande."

„O, Luiseken, Pumpernickel is eine große Delikatesse, sogar der Hof verspeist ihn, die Prinzen und Prinzessinnen."

„Sie wollen also wirklich hin, Mutter? Berlin verlassen?"

„Was hast Du denn hier in Berlin? Was habe ich hier?"

„Berlin verlassen, um hinten nach dem westfälischen Sibirien zu gehen, in ein kleines, obscures Nest, dessen kaum in der Schule bei der Geographie Erwähnung geschieht?"

„Aber was hast Du denn hier, Luise?"

„Alles, und dort nichts."

Die Mutter gerieth heute über den Widerspruch etwas in Eifer.

„Du kannst mir auf meine Frage nicht antworten," sagte sie. „Aber ich will Dir sagen, was Du hier hast. Nichts hast Du hier, ebenso gut wie ich nichts habe. Gesellschaften können wir nicht geben, und wir kommen in keine. Einen Ball haben wir noch nicht zu sehen bekommen, denn in das Colosseum darf ein anständiges Frauenzimmer nicht gehen, und zu andern Bällen will das hoch= müthige Pack uns nicht aufnehmen. Selbst diesen hochmüthigen Postcommis waren wir für ihre einfältigen Bälle nicht gut genug. Früher hattest Du noch Umgang mit einigen von Deinen Schul= kameradinnen, aber seitdem Du die dumme Geschichte mit dem klei= nen Lieutenant hattest, mit dem ich selbst Dich einmal in Deiner Stube ertappte —"

„Aber Mutter," rief roth vor Zorn die Tochter, „wie können Sie solche gemeine Ausdrücke gebrauchen?"

„Du hast Recht Luiseken. Und wenn ich jetzt Frau Directorin und soviel wie eine Kammergerichtsräthin werde, so muß ich mehr auf mich achten. Du kannst mich nur immer ermahnen; Du bist ein sehr gebildetes Mädchen, das mehr gelernt hat, als all das hoch= müthige Volk hier. Und darum müssen wir auch nach dem D. hin; denn sieh, Berlin ist zwar eine schöne Stadt, aber wenn Du ehrlich sein willst, so hast Du doch nichts hier. Aber in D., da sind wir die Ersten; wir haben vierzehnhundert Thaler Gehalt, gegen die achthundert hier, und es ist da ein wohlfeiles Leben; die Butter, die hier zehn Groschen kostet, kostet dort nur drei, und so weiter. Und wir können dort Gesellschaften und gar Bälle geben, und es wohnen dort viele vornehme und reiche Adlige, die nicht so hochmüthig sind, wie die armen Ritter hier, und die wir zu uns einladen und die uns dann wieder einladen müssen auf ihre Schlösser. Ach Luiseken, und Du bist ein so schönes Mädchen, und bist gebildet, und weist Dich zu benehmen und kommst aus der Residenz. Ach, ich sehe Dich noch als gnädige Frau, als Frau Baronin, gar Frau Gräfin, in einem großen glänzenden Schlosse. Das ist doch ganz etwas Anderes, als so ein pauvrer Gardelieutenant, der an das Heirathen nicht denken kann.‘

Fräulein Luise herrschte im Hause, aber mit Einsicht; vernünftigen Gründen war sie nicht unzugänglich.

„Was ist der Wunsch des Vaters?“ fragte sie.

„Wenn ich einverstanden bin,“ erwiederte die Mutter mit Selbstbewußtsein, „so kann er eine solche Ehre nicht ausschlagen.“

„Und Sie sind einverstanden?‘

„Ich denke, Luiseken.“ —

„So will auch ich den Wünschen der theuren Eltern gern so manches Liebe und Schöne hier zum Opfer bringen.‘

„Du hast doch immer feine Gefühle und erhabene Worte, mein Kind.“

Der Stadtgerichtsrath Bonald wurde Director des Land= und Stadtgerichts zu D.

Er war ein tüchtiger Dirigent; er hielt „sein“ Gericht in musterhafter Ordnung; er war human und strenge, zur rechten Zeit und am rechten Ort. So war er allgemein geachtet, geliebt, geehrt. Er wäre deshalb unter dem alten Kircheisen, ohne daß er Kammergerichtsrath gewesen war, gewiß noch weiter befördert worden, zum Präsidenten eines Oberlandesgerichts, wenn ihm nicht immer wieder seine Frau im Wege gestanden hätte. Wie früher ohne ihre, so diesmal freilich mit ihrer Schuld.

Die Frau Director Bonald und ihre ältere Tochter Luise hatten in D. nicht Alles so gefunden, wie sie erwartet hatten. Die ersten Damen, bureaukratischen Begriffen nach, waren sie, da der Berghauptmann keine Familie hatte. Es war auch in D. ein sehr wohlfeiles Leben und sie konnten mit dem Gehalte von vierzehnhundert Thalern ein Haus machen. Sie gaben deshalb auch Gesellschaften, selbst Bälle, und wurden wieder zu Gesellschaften geladen. Aber mit dem Adel sah es schlimm aus; mit den Baronen und Grafen, die sich um die Gesellschaften der Frau Directorin und um die Hand Fräulein Luisens reißen sollten. In D. selbst wohnten gar keine. Und die auf den Gütern umher? „Das ist ein hochmüthiges, einfältiges Volk," sagte die Directorin bald; „schnarren wie die Garde-Lieutenants, nur schlechter, und sind beinahe so dumm, wie die pommerschen Junker, und tragen doch den Kopf höher, als „unsere Prinzen," die doch vor den Leuten noch die Mütze ziehen, was sogar ihre Kinderfrau thuen muß, wenn sie in den Windeln spazieren gefahren werden, und zwar engal —"

„Mutter, Mutter," rief die Tochter, „es heißt egal, nicht engal."

Die Frau Directorin hatte unter den bildenden Händen ihres Mannes und besonders ihrer älteren Tochter, schon lange manche alte üble Gewohnheiten, auch eigenthümliche Sprachweisen Berlins abgelegt. Wenn sie in Eifer gerieth, kamen indeß einzelne derselben doch wieder zum Vorschein; zu ihrem eigenen Aerger.

„Ach, siehst Du," Luiseken, erwiederte sie, „das Wort kann ich mir absolut noch nicht abgewöhnen, es ist gar zu Berlinisch. Aber sagen wollte ich, engal oder egal, ob vor einem General oder vor einem Eckensteher. — Sieh Dir dagegen diese groben westfälischen Edelleute an. Es ist nur ärgerlich, daß sie nicht unter „unser Gericht" gehören, sondern einen excremirten Gerichtsstand haben."

„Eximirten, heißt es, Mutter. Nehmen Sie sich doch etwas mehr zusammen."

„Ja, ja, mein Kind. Aber wenn der Vater einmal Oberlandes-gerichtspräsident ist, dann wollen wir sie schon kriegen."

Eine andere schlimme Sache war, daß die Directorin selbst bei „ihrem Gerichte" nicht Alles so fand, wie es hätte sein sollen. Bei dem Gerichte arbeiteten namentlich mehre junge Leute, theils schon Assessoren, die auf Diäten, selbst auf festes Gehalt angestellt waren, theils Referendarien, die Assessoren werden wollten und unter der bekannt gewordenen ausgezeichneten Leitung des Directors Bonald zu dem dritten Examen sich vorbereiteten. Gerade diese jungen Leute waren der willkommenste Bestandtheil für die Gesellschaften der Frau Directorin und ihrer Tochter Luise. Einige kamen auch sehr willfährig hin. Das waren aber nur die aus den alten Provinzen, von jener Seite der Elbe. Die übrigen dagegen, derbe Söhne Westfalens, konnten sich mit dem dünnen Thee und den noch dünneren Butterschnittchen der Berliner Bildung, und am allerwenigsten mit der dünnen Conversation dieser Bildung befreunden und kamen daher nicht wieder. Das waren nun aber meist reiche junge Leute aus den ersten Familien des Landes. Die Directorin ärgerte sich daher doppelt über ihr Ausbleiben, und hetzte ihren Mann gegen sie auf, um sie zum

Erscheinen zu zwingen. Dadurch sollte sie aber Alles verderben. Als sie ihren ersten Ball gab, und dazu die Referendarien einladen ließ, schlugen diese sämmtlich ab, indem sie gerade zu dem bestimmten Tage eine Landpartie verabredet hätten. Die Directorin wurde bitterböse, sie hatte nun keine Tänzer. „Sie müssen Urlaub von dir haben", sagte sie zu ihrem Mann, „da sie über Nacht ausbleiben wollen; du giebst ihnen den nicht." Sie war so böse, daß der arme Director in der That den Urlaub verweigerte. Was sollte er machen, wenn er Frieden im Hause behalten wollte? Die Gattin warf ihm zuletzt schweren Undank vor; Alles, was er sei, sei er nur durch sie. Ohne sie habe ihre Mutter ihm nicht zu essen gegeben und nicht die Miethe gestundet; ohne diese Stundung sei er, nach der Allgemeinen Gerichtsordnung, als verschuldeter Referendarius, aus dem Justizdienste verstoßen worden, also, und so weiter.

Das Alles wurde bekannt, nicht nur in D., sondern auch in weiteren Kreisen. Es kam deshalb in die Conduitenlisten, und so erfuhr es der Justizminister. Ein Präsident, dessen Frau sich so blamirte, und der sich um seiner Frau willen so compromittirte, war eine Unmöglichkeit. Der Director Bonald blieb Gerichtsdirector in D. Den Grund erfuhr er natürlich nicht.

Mutter und Tochter hatten indeß, freilich erst nach längerer Zeit, einigen Ersatz erhalten.

Bei dem Gerichte zu D. wurde ein Kammergerichtsassessor Roland, ein geborner Berliner, als Assessor mit Gehalt angestellt. Er war nicht mehr ganz jung; denn er hatte ungewöhnlich lange auf dem Gymnasium verweilen müssen, um sein Abiturientenexamen machen zu können, und späterhin war er einige Male durch das zweite und dritte Examen gefallen, bis er zuletzt auch sie nothdürftig bestanden hatte. Er wußte, daß der Director Bonald bei dem Minister „gut angeschrieben stand", und wenn er auch davon gehört hatte, wie und warum der Herr Bonald selbst keine weitere Carrière machen könne, so rechnete er doch, und wohl nicht ganz falsch, darauf, daß man um so mehr geneigt sein werde, einem Angehörigen desselben, auf seine Verwendung, gleichsam zu seiner Entschädigung, zu befördern. Er machte deshalb Fräulein Luise den Hof. Fräulein Luise war unterdeß beinahe achtundzwanzig Jahre alt geworden, und ihre schon in Berlin verblühte Schönheit hatte in D. eben nicht wieder frisch aufblühen wollen. Sie kam daher den Bewerbungen des Assessors entgegen, und Beide verlobten sich. Sie bekamen den Segen der Eltern und das Versprechen der Mutter, daß der Vater für eine gute Veförderung des Assessors, der als Schwiegersohn des Directors nicht mehr bei dem Gerichte in D. bleiben könne, sich verwenden solle. Zu derselben Zeit war die Stelle des Justitiarius bei dem Oberbergamte in D. vacant geworden; sie war zwar nicht von dem Justizminister zu vergeben, aber der Director Bonald mußte in Folge der Verlobung des Assessors Roland mit seiner Tochter wegen dessen Versetzung an den Justizminister berichten, und konnte dabei privatim um Verwendung bei dem betreffenden Ministerium für den künftigen Schwiegersohn suppliciren. So wurde zwischen Mutter, Tochter und Bräutigam abgemacht. Der Letztere mußte um die Stelle bitten, und der Director mußte an den Justizminister schreiben.

Unmittelbar darauf trug sich jedoch etwas Anderes zu. An das Gericht zu D. wurde noch ein zweiter Kammergerichtsassessor versetzt, zwar nicht etatsmäßig mit Gehalt, aber als Hülfsarbeiter gegen Diäten. Er hieß von Manchow, war der Sohn eines Generals zu Berlin, ein noch ziemlich junger Mann, von kaum sechsundzwanzig Jahren, der aber in Berlin nur mit Gardelieutenants umgegangen war — eine Ehre, die nicht wohlfeil ist. Sein Vater wollte ihn deshalb von Berlin fort haben, und so war er in die Provinz nach D. versetzt. Der sehr stark reducirte junge Mann sah hier die jüngere Tochter der Frau Director Bonald, Pauline, die damals gerade in ihrem siebenzehnten Jahre, und ein Bild der jugendfrischesten, heitersten, fast ausgelassensten Schönheit war. Der Wüstling verliebte sich in sie. Seine Leidenschaft wurde so heftig, daß sie jede andere Leidenschaft seines schlechten Herzens und alle Berechnung seines kalten Kopfes überwog. Er machte Pauline den Hof. Das wilde Ding, noch ein halbes Kind, beachtete ihn anfangs nicht, verhöhnte ihn dann, und floh zuletzt entsetzt vor ihm. Er machte aber auch der Mutter den Hof, und diese wies den adligen Herrn, den Sohn eines Generals, dem jedenfalls eine bedeutende Carrière bevorstand, nicht zurück. Nach drei Wochen war zwischen Beiden Alles abgemacht. Der Herr von Manchow sollte die Hand Paulinens erhalten, aber unter der Bedingung, daß er, und nicht Roland, Oberbergrath in D. werde. Es war ein großer Unterschied, an demselben Orte mit einem bürgerlichen oder mit einem adligen Schwiegersohn, der zugleich der Sohn eines Generals war, zusammenzuleben. Roland konnte irgend anderswo Gerichtsrath werden. So war das sehr geheime Abkommen zwischen der Directorin und dem Herrn von Manchow. Kein Andrer wußte etwas davon, selbst und besonders auch die kleine Pauline und Fräulein Luise nicht. Der Herr von Manchow hatte an seinen Vater in Berlin um die

Oberbergrathsstelle geschrieben. Man zweifelte nicht, daß er sie er=
halten werde. Die Entscheidung wurde jeden Tag erwartet.

Andrerseits erwarteten Fräulein Luise und der Assessor Roland
jeden Tag die Ernennung des Letztern zu derselben Stelle.

So standen die Sachen, als der Minister von S., der die Ober=
bergrathsstelle zu vergeben hatte, unerwartet in D. eintraf.

An demselben Tage, an welchem der Minister dem Justizcom=
missarius Weeker die Acten zum Gerichte getragen hatte, und dann
zum alten Stein nach Cappenberg hinausgefahren war, ging des
Nachmittags zwischen drei und vier Uhr eine junge Dame zwischen
den alten verfallenen Festungswerken der Stadt D. Es war eine noch
sehr junge, aber schon sehr schöne Dame; sie war in jenem süßesten
Alter zwischen Kind und Jungfrau. Sie ging mit leisem, flüchtigen
Schritt, sich zuweilen erwartend, zuweilen aber auch ängstlich um=
sehend. So kam sie in die Nähe eines alten zerborstenen Thurmes
der Festungsmauer. Die Mauer selbst hatte dort eine ziemlich weite
Oeffnung. Die Dame wollte durch diese gehen, als sie plötzlich ihren
Schritt hemmte. Ein freundliches Bild hielt sie auf.

An dem Thurme, inwendig nach der Stadtseite zu, war eine
elende Hütte, mehr von Lehm und Moos, als von Holz und Steinen
angebaut. Davor befand sich ein kleines Gärtchen mit einigem Ge=
müse. Das Alles hätte die junge Dame nicht aufgehalten. Aber
vor der Thür der Hütte saß ein Kind, ein hübsches Mädchen von fünf
bis sechs Jahren. Die Kleidung des Kindes war so armselig, wie die
Wohnung. Aber das Kind war sehr vergnügt. Es hatte eine Kruste
Schwarzbrod in der Hand, die es mit einem schneeweißen Hühnchen
verzehrte, das auf seinem Schooße saß. Das Kind und das Thier
schienen sehr gute Freunde zu sein. Sie sahen sich mit ihren treuen
Augen so freundlich und so treu an. Das Kind nahm sein Brod
zwischen die Lippen und biß davon; es hielt es dann dem Hühnchen
vor, das davon pickte.

Die junge Dame sah dem reizenden Bilde, dem freundlichen
Spiele zu.

„Welch ein allerliebstes Hühnchen hast Du," sagte sie zu dem Kinde.

„Ja," erwiederte das Kind glücklich. „Es hat keinen einzigen
bunten Fleck. Es gehört auch mir ganz allein."

„Hast Du noch mehre?"

„Wir hatten noch mehr. Aber meine Mutter hat sie in der
letzteren Zeit alle verkauft."

„Warum das?"

„Sie sagte, sie müsse Geld haben.“

„Lebt Dein Vater noch?“

„Er ist diesen Sommer gestorben. Er war lange krank gewesen.“

Eine ärmlich in Trauer gekleidete blasse Frau nahete sich von der Stadt her. Die junge Dame mochte Grund haben, von der Frau nicht gesehen zu werden. Sie entfernte sich eilig durch die Oeffnung der Mauer. Aber auf der andern Seite der Mauer blieb sie stehen. Es war, als wenn sie hier, an dem zerborstenen Thurme, Jemanden heimlich erwarte. Ein Gespräch lockte sie wieder in die Maueröffnung. Die blasse Frau sprach mit dem Kinde.

„Armes Gretchen,“ sagte die Frau traurig genug, „Du hast Dein weißes Hühnchen wohl recht recht lieb.“

„O gewiß, Mutter,“ rief das Kind nicht traurig.

„Füttere es heute noch recht. Du fütterst es zum letzten Male.“

„O Mutter, ich werde es noch recht lange füttern.“

„Ich muß es morgen auf den Markt tragen; wir haben kein Brod und kein Geld mehr.“

Wie mochte das Mutterherz zagen und sich zerreißen, als sie die Worte sprach!

Das Kind drückte mit seinen beiden Aermchen das Huhn fester an sich. Das Thier schmiegte sich mit seinem schneeweißen Gefieder an das Kind. — Die Frau weinte bittere Thränen.

Die junge Dame trat aus ihrem Verstecke hervor. Sie schien jede Besorgniß, von der Frau gesehen zu werden, vergessen zu haben.

„Frau,“ sagte sie, „wie viel bekommt Ihr auf dem Markte für das Hühnchen?“

„Fünf Groschen“, antwortete die weinende Frau.

„Hier habt Ihr zehn Groschen. Laßt dem Kinde das Hühnchen.“

„O Mamsell,“ sagte die dankbare Frau; „Sie helfen mir aus einer großen Noth.“

Die junge Dame wollte sich wieder entfernen, als ihr Jemand den Weg vertrat.

Ein alter Herr in einem groben, grauen Flausch, mit einem groben, traurigen Gesichte, stand vor ihr. Er hatte schon eine Weile, ohne bemerkt zu sein, da gestanden.

„He, so, Mamsellchen,“ knurrte er freundlich. „Das war brav von Ihnen. Wie heißen sie denn.“

„Ich heiße Pauline Bonald,“ antwortete die überraschte, beinahe erschrockene Dame.“

Da knurrte der alte Herr unfreundlich und ärgerlich: „Das

ist dumm!" — Damit kehrte er der Dame den Rücken und wandte sich zu der Frau.

„Frau, weißt Du, wo ich wohne?"

„Ja, Herr."

„Du kommst heute Abend zu mir und holst Dir ein Brod. Wir sprechen dann weiter."

Er entfernte sich.

Die junge Dame war auf der anderen Seite der Mauer ver= schwunden, nachsinnend, verdrießlich, wohl über den alten groben Herrn.

Wir finden sie dort, an dem zerborstenen Thurme, nach wenigen Minuten wieder, nicht mehr nachsinnend und verdrießlich, glücklich am Arme eines jungen Mannes. Es war ein hoch und kräftig ge= wachsener junger Mann mit einem frischen, offenen, lecken, beinahe herausfordernden Gesichte, der das frische, blühende junge Mädchen an seinem Arme hielt.

Vor etwa fünf Jahren, bald nach der Ankunft des Directors Bonald in D., war dahin ein Auscultator Leetz gekommen. Er war aus D. gebürtig; er hatte die dortigen Schulen besucht, bis er zur Universität abgegangen war. Er hatte sein akademisches Triennium vollendet, bei dem Oberlandesgerichte sein erstes Examen gemacht und wollte bei dem Gerichte zu D. eintreten, um dort seine Vorbereitungs= studien zum Referendarius und demnächst zum Assessor durchzu= machen. Vorschriftsmäßig mußte er sich bei dem Director des Ge= richts melden. Er hatte sich früh Morgens zu dessen Hause begeben. Er klingelte. Zufällig war gerade die Frau Directorin im Hausflur beschäftigt; sie öffnete selbst die Thür. Die sehr corpulente Frau war noch im tiefen, etwas saloppen Negligé; der junge Auscultator hielt sie für eine Arbeitsfrau des Hauses.

„Ist der Director Bonald zu Hause?" fragte er kurz, den Hut auf dem Kopfe behaltend.

„Sie meinen wohl den Herrn Director Bonald?" fragte ent= rüstet die Frau Directorin.

„Nun, ja, zum Teufel!"

„Nein, er ist nicht zu Hause."

„Sagen Sie ihm, der Auscultator Leetz sei hier gewesen."

Damit hatte er Kehrt gemacht.

„Ist das ein impertinent grober Mensch!" hatte die Dame hinter ihm hergerufen.

Der junge Leetz hatte nachher seinen Collegen erzählt, er habe sie für eine Wäscherin gehalten; das war ihr hinterbracht worden.

Er war noch drei Jahre bei dem Gerichte in D. geblieben; nie war ihm die Ehre einer Einladung zu den Thees der Frau Directorin zu Theil geworden. Er hatte dann sein drittes Examen in Berlin gemacht und war darauf in entfernten Provinzen des Staats beschäftigt worden, bis er vor etwa einem halben Jahre bei dem Gerichte seiner Heimath D. eine etatsmäßige Assessorstelle erhalten hatte. Man denke sich den Schreck und den Zorn der Frau Directorin, als die Nachricht seiner Ernennung eintraf.

„Du mußt dagegen remonstriren", sagte sie zu ihrem Manne. „Was soll uns der grobe westfälische Lümmel hier?"

„Aber liebe Frau", entgegnete der Director, „er war schon als Referendarius ein ausgezeichneter Arbeiter. Er wird die Zierde des Collegiums werden. Darum hat er auch schon so früh, außer der Reihe, diese etatsmäßige Anstellung erhalten."

„Was geht mich das an? Ich will!"

„Aber Charlotte, das ist ja nicht möglich, das wäre gegen alle Dienstordnung."

„Nun gut! Aber in mein Haus kommt er nicht. Wenn er mir Besuch machen will, wird er abgewiesen, und nie, hörst Du, nie, wird er eingeladen."

So geschah es, und der Name Leetz durfte der Directorin nicht genannt werden, wenn sie nicht Krämpfe bekommen sollte. Die arme Frau!

Ihre Tochter Pauline besuchte zu derselben Zeit den Religionsunterricht bei dem Prediger, um demnächst eingesegnet zu werden. Sie war zwar nicht mehr ganz das wilde Ding, das in Berlin sich mit den Straßenjungen herumgeschlagen hatte; aber etwas von dem früheren Sinne steckte doch noch in ihr. Eines Mittags, als sie aus dem Religionsunterrichte zu Hause ging, sah sie, wie ein paar große Straßenjungen ein armes Mädchen zerrten und neckten und nicht loslassen wollten. Ohne sich lange zu besinnen, warf sie sich auf die Burschen, um ihnen das weinende Mädchen zu entreißen. Und nun erfolgte, was sie sogar in Berlin in der letzten Zeit vermieden hatte; die Burschen fielen über sie her; sie mußte sich gegen sie wehren und sie war in Gefahr, jämmerlich durchgeprügelt zu werden, als der Assessor Leetz vom Gerichte her des Weges kam und sie rettete.

Auf eine solche romantische Weise hatten — allen Recensenten zum Trotze — Fräulein Pauline Bonald und der Assessor Leetz ihre Bekanntschaft gemacht. Sie waren von da an zu derselben Zeit und auf demselben Wege einander täglich begegnet. Bald manchmal auch noch zu anderen Zeiten an anderen Orten, wo es denn bei einem bloßen Begegnen nicht geblieben war. So trafen sie sich auch heute an dem zerborstenen Thurme. Pauline war noch nicht eingesegnet; sie besuchte daher noch den Religionsunterricht; die beiden jungen Leute begegneten sich daher auch jeden Mittag um zwölf Uhr auf der Straße, und heute Mittag im Vorbeigehen aneinander hatte er ihr zugeflüstert: „Um halb vier an dem Thurme; ich habe Dir etwas zu sagen! —"

Die beiden Liebenden hatten ihre Umarmung endlich beendigt.

„Was hast Du mir zu sagen, Fritz?"

„Eine Neuigkeit, mein Mädchen, Du bist Braut."

Das Mädchen sah den jungen Mann verwundert an, um zu sehen, ob er noch bei Sinnen sei.

„Ich? Was heißt das?"

„Ich sprach deutlich. Du bist Braut; und nicht die meinige."

„Fritz, sprich vernünftig."

„Ich habe dir von meinem Freunde Schulenburg erzählt. Er arbeitet in der Bergpartei des Ministeriums zu Berlin."

„Ich weiß es."

„Er schreibt mir heute, daß zu der hier vacanten Oberbergraths-stelle sich eine große Menge Bewerber gemeldet hätten."

„Ich glaube es. Alles will Carrière machen."

„Nun rathe, wer die Stelle bekommen wird?"

„Hoffentlich mein steifer, superkluger, künftiger Herr Schwager."

„Gott behüte."

„Die arme Luise! — Wer ist der Glückliche?"

„Kennst Du einen Herrn von Manchow?"

„Manchow?"

„Er wird sie erhalten."

„Der Schurke, der hinterlistige Schurke! Wenn das meine Mutter wüßte!"

„Sie weiß es."

„Fritz, foppe mich nicht."

„Sie steckt hauptsächlich dahinter."

„Fritz, es ist meine Mutter, von der Du sprichst."

„Mein Freund hat seine Nachrichten aus der besten Quelle. Der General Manchow, der Vater des liebenswürdigen Assessors, hat persönlich für seinen Sohn um die Stelle angehalten bei dem Director des Ministeriums; der Minister war verreiset."

„Es ist derselbe Minister, der jetzt hier ist?"

„Derselbe. — Der General hat dem Director Alles erzählt.

Schulenburg hat es im Nebenzimmer angehört. Der General hat noch mehr erzählt."

„Was? Was?" rief das Mädchen, in der plötzlich eine Ahnung aufblitzte.

„Er hat über die kluge Frau Director Bonald in D. gelacht, die mit der Stelle ihre jüngere Tochter an einen Mann bringen wolle, da die ältere Tochter ja schon verlobt, also untergebracht sei."

„Abscheulich! Abscheulich!"

„Der alte Herr war übrigens mit der Partie zufrieden gewesen."

„Verhandelt hätte mich meine Mutter! So! An den Menschen!"

„Ja!"

„Nimmer!"

„Du bist also Braut wider Wissen und Willen."

„Fritz, Du bist ein Bösewicht."

„Ich — ?"

„Du kannst über solche Dinge lachen?"

„Kenne ich Dich denn nicht, mein Mädchen? Kenne ich denn nicht Dein braves, treues Herz?"

„Verzeihe mir."

Sie lagen sich wieder in den Armen; der junge Mann küßte die Thränen des Mädchens fort. — Auch diese Umarmung hörte endlich auf.

„Sie sollen ihren Willen nicht haben," rief das Mädchen. Er soll nicht Oberbergrath werden. Ich schreibe an den Minister; ich gehe zu ihm." Der junge Mann lachte.

„Eine ganz neue Art von Verwendung! Der Minister würde sich verwundern."

„Mag er, wenn nur mein Schwager Roland eine Stelle erhält!"

„Der wird sie auf keinen Fall erhalten. Mein Freund schreibt mir das als ausgemacht. Er sei doch gar zu dumm."

„Das ist er freilich. Aber der Manchow soll sie auch nicht haben."

„Laß ihn, Pauline. Keine Stellenjägerei, aber auch keine Stellen= abjägerei! Was geht uns alle diese Gemeinheit an?"

„Du hast Recht, Fritz. Mag er die Stelle bekommen. Aber dann laß ihn nur kommen, diesen dürren Oberbergrath. Wie werde ich ihn abfertigen!"

Die Augen des Mädchens leuchteten in ihrem Zorn so reizend, und ihre Lippen warfen sich so rosig auf, daß der Assessor Leetz wie= derum die Gelegenheit zu einer Umarmung ergreifen mußte. Er küßte Augen und Lippen. Die Umarmung dauerte aber diesmal viel kürzer als eine Ewigkeit.

Hinter dem zerborstenen Thurme her kam der alte Herr mit dem groben grünen Flausch und dem groben grauen Gesichte. Er sah die Liebenden, wie sie sich küßten, denn das junge Mädchen küßte den jungen Mann wieder. — „Ah so, ah so," sagte er laut und sehr ärgerlich, fast ingrimmig. — Er ging an ihnen vorüber. — Die Liebenden flogen auseinander, wie ein paar verschüchterte Tauben. —

Auch Westfalen, Westfalen vielleicht ganz besonders, kennt die echtdeutsche, aber mit nichtdeutschen Namen bezeichnete, gesellschaftlich aristokratische Sitte der „Clubs", „Casino's", „Ressourcen." Die „Honoratioren" pflegen sie. Der wohlhabende Bürger „geht zu Bier." Der reiche Bauer geht gar „in die Wirthshäuser zu Wein." Der Arme, sei er Bürger oder Bauer, trinkt Wasser, wenn es hoch kommt, einen Schnaps.

Die gute Stadt D. hatte ebenfalls und hat noch ihr „Casino"; ein ansehnliches Gebäude, mit vielen Sälen und Zimmern, zum Bier= trinken, zum Billardspielen, zum Lesen, zu Bällen, auch zum Rauchen und zum Politisiren. Um fünf Uhr jeden Nachmittag kommen die Mitglieder zusammen.

An dem Tage, an welchem der Minister die Beamten im Casino empfangen sollte, waren die Säle schon vor fünf Uhr gefüllt. In einem dieser Säle befand sich jedoch eine gewisse Elite der Gesellschaft; es war derjenige, in welchem die Beamten Sr. Excellenz vorgestellt werden sollten, und die sich darin befanden, waren die vorzustellen= den Beamten.

Ein Bekannter von mir wurde in einen Verein von Gelehrten geführt. Er sah dort nichts als gelehrte Gesichter. Er wurde nach= her gefragt, was er gesehen habe. „Einen Korb voll gebackenen Obstes", antwortete er. Ich weiß nicht, ob es mit den Physiog= nomien der Beamten völlig eben so ist. Ich möchte es kaum glauben, denn, wie die Beamten überhaupt nach „Kategorien" auseinander gehen, so zeigt sich dies auch in ihrem Aeußeren.

In dem Casino zu D. gab es damals noch drei Kategorien, wobei zu bemerken ist, daß es nur wenige Jahre nach Beendigung der sogenannten Freiheitskriege war, nach welcher Beendigung be= kanntlich die Regimenter der Landwehren und die Corps der Frei= willigen aufgelöst, und den Offizieren zur Belohnung für die dem Vaterlande geleisteten Dienste Subalternstellen bei den Behörden angewiesen waren.

Ein Theil jener vorzustellenden Beamten waren hagere Ge=
stalten mit blassen, faltigen Gesichtern, steif und vornehm, in meist
eleganter Kleidung, obligatem schwarzen Frack und weißer Halsbinde.
Das waren die Herren aus den alten Provinzen, meist Vorgesetzte,
oder die es werden wollten. Andere waren frischer, rund, behaglich,
zwar nicht elegant nach der neuesten Mode, im Gegentheil manchmal
putzig altmodisch genug, aber doch Alle mit einer gewissen Sorgfalt
gekleidet, besonders was feine westfälische Leinewand betraf. Das
waren die einheimischen Söhne der rothen Erde, die sich meist wenig
um eine Carrière bekümmerten, Mitglieder der Behörde, die dies zu
bleiben gedachten, und zwar in der Heimath, wo es große Bohnen,
Speckpfannekuchen, den besten Schinken und das beste Bier gab.
Noch andere, die dritte Kategorie, waren weder hager noch rund,
weder blaß noch behaglich, sondern stramme, kerzengerade Herren,
mit finsteren Gesichtern und großen Schnurrbärten. Das waren ehe=
malige Offiziere, die auch freilich noch jetzt inactiv bei der Landwehr
standen, jene, welche „die Feldzüge von Anno Dreizehn bis Fünfzehn"
mitgemacht hatten, und darauf nach Reduction der Armee Subaltern=
beamte werden und ihr Lebenlang bleiben mußten. Sie konnten nur
etwa den Titel Hofrath erhalten; in Berlin hießen sie manchmal gar
Geheime Hofräthe oder kurzweg „Geheimeräthe", so daß es dann
nicht selten passirte, daß ein blutjunger Geheimer Justiz= oder Re=
gierungsrath, auch ein „Geheimerrath", zu solch einem Geheimen
Hofrath mit dem finsteren, verdienstvollen, grauen Schnurrbarte sagte:
„Herr Geheimerrath, laufen Sie mal geschwind in die Registratur
und holen Sie mir das und das Actenstück. Aber eilen Sie! —"
Darüber lebten denn diese Herren in einem ewigen Zwiespalte, mit
sich selbst sowohl, wie mit ihrer Umgebung, amtlich und selbst nicht=
amtlich. Ein alter Premierlieutenant, ein alter Capitän, der in mehr
als zwanzig Schlachten an der Spitze seiner Compagnie gefochten,
der gar, nachdem Oberst, Oberstlieutenant und Majore niederge=
schossen waren, das Bataillon, selbst das ganze Regiment siegreich in
der Schlacht weiter geführt hatte, dessen Brust mit Orden — und
damals waren die Orden noch Zeichen der Tapferkeit — bedeckt war,
der mußte jetzt den gehorsamen Diener jedes naseweisen jungen Assessors
machen, der in seinem Leben kein Pulver gerochen hatte, ja, der jetzt
in der Landwehr nur als Unteroffizier, sogar nur als Gemeiner stand!

Unter den Herren mit dem obligaten schwarzen Frack und der
weißen Halsbinde, und zwar unter den jüngeren, zeichneten sich be=
sonders zwei aus. Ihre Toilette war vollständig die der elegantesten

Berliner Salons. Es waren die beiden Kammergerichtsassessoren Roland und von Manchow, die beiden künftigen Schwäger, was freilich nur der Letztere wußte. Sie promenirten, entfernt von den Uebrigen, zusammen durch den Saal. Der Herr von Manchow war es, der den Herrn Roland allein genommen hatte; er mochte wohl seine Ursachen dazu gehabt haben. Die beiden Herren waren in einem sehr wichtigen Gespräche mit einander begriffen, das freilich der Herr Roland angefangen hatte. Er hatte nämlich den Anzug des Herrn von Manchow gemustert, und diesen dann gefragt:

„Bei wem lassen Sie arbeiten, Herr College?"

„Bei Freitag unter den Linden," antwortete der College.

„Ah, bei Freitag! Seine Sachen sind mir etwas zu steif; man sieht, daß er für die Armee arbeitet. Ich lasse bei Jourex arbeiten. Ich empfehle ihn Ihnen, Amand Jourex, Behrenstraße 40; auch der Hof läßt dort arbeiten."

„Ich weiß, aber —"

Die beiden Herren sprachen von den beiden ersten Schneidern in Berlin.

„Aber?" fragte der Assessor Roland.

„Aber ich denke, es kommt hier in der Provinz nicht so genau darauf an."

„O, da bitte ich sehr um Verzeihung, Herr College. Bedenken Sie Tage, wie der heutige. Von dem kleinsten Umstand kann oft die ganze Carrière eines Menschen abhängen."

Da war auf einmal der Herr Roland dem Herrn von Manchow entgegengekommen.

„Haben Sie Seine Excellenz schon gesprochen, College Roland?" fragte er.

„Wie kann man denn? Ich hätte dem Herrn Minister gern meine Aufwartung gemacht, um Mancherlei mit ihm zu besprechen. Sie wissen, ich soll hier Oberbergrath werden."

„Ich weiß."

„Aber kann man denn zu ihm gelangen? Der alte grobe Justizcommissarius ließ Niemanden zu ihm, und jetzt ist er nach Cappenberg."

Der Herr von Manchow war zufrieden. Es war ihm ergangen, wie dem Nebenbuhler um die Stelle, den er doch zu fürchten schien. — Desto unruhiger war auf einmal der Herr Roland geworden.

„Es will mir doch nicht gefallen, sagte er, daß Seine Excellenz bei dem groben Menschen abgestiegen ist."

„Warum, College?"

„Ah, Sie wissen, man hat doch manchmal den alten Narren aufgezogen, mit seinem grünen Flausch, seinen eckigen Manieren."

„Sie meinen, er könne sich jetzt rächen."

„Gewiß, ich zweifle nicht daran."

Der Assessor Roland zog ein noch zusammengefaltetes seidenes Taschentuch hervor, faltete es auseinander, und wischte sich den Angstschweiß von der Stirne.

„Sie meinen also wirklich?"

„Man muß sich auf nichts eine zu feste Hoffnung machen."

„Ja, ja, stöhnte der Assessor Roland, wer hätte aber auch ahnen können, daß der grobe Narr den allmächtigen Minister zum Freunde habe!"

„Ich habe den alten Narren nie verhöhnt. Er war mir freilich zu unbedeutend." Der Herr Roland erschrak.

„Herr College, um Gotteswillen, Sie wollen mir doch nicht entgegentreten?"

„Ich? Pah, ich habe den Grundsatz, nur Stellen anzunehmen, die mir angeboten werden."

„Sie können das wohl sagen; Sie haben Connexionen!"

Die beiden Herren wurden unterbrochen. — Ein junger Mann mit einem frischen, offenen Gesichte, einem ungenirten, beinahe lecken Wesen, war in den Saal getreten. Er trug weder Frack, noch weiße Halsbinde; aber er sah in seinem kurzen schwarzen Oberrocke, über dessen Kragen nachlässig der Hemdkragen von der weißesten und feinsten Leinewand zurückgebogen war, sehr stattlich aus, und sein frisches, freies Wesen wurde nicht wenig anmuthig dadurch gehoben. Der junge Mann war der Assessor Leetz. — Bei seinem Anblicke war der Herr von Manchow etwas unruhig geworden.

„Sehen Sie sich den Menschen einmal an, sagte er zu seinem Collegen."

„Unser College Leetz? Wie man sich nur so produciren kann."

„Es ist ein Glück für Sie, College!"

„Ich verstehe Sie nicht."

„Wissen Sie nicht, daß der Mensch Ihnen gefährlich werden könnte? Der Berghauptmann soll neulich ein Wort haben fallen lassen, als wenn er ihn gern zum Justitiarius haben möchte."

„Ah bah, Herr College!"

„Werfen Sie die Sache nicht zu weit weg. Der Herr Minister ist befreundet mit dem alten Advocaten; diese Westfalen hängen wie die Kletten zusammen."

„Sie fürchten in der That?"

„Nur für Sie. Indeß beruhigen Sie sich. Bei solchem An=
zuge, bei solchem Wesen wird er Ihnen nicht gefährlich werden."

„Ich fürchte ihn nicht."

„Der Assessor Leetz trat zu den beiden Herren."

„Wie lange wird denn die Geschichte hier dauern?"

„Sie meinen der Empfang, Herr College?"

„Nun ja."

„Das wird von Seiner Excellenz abhängen."

„Ich muß um sieben Uhr fort."

„Vor Seiner Excellenz darf sich Niemand entfernen."

„Aber ich muß zu den wilden Thieren."

Seine beiden Collegen sahen sich mit verstohlenem Achselzucken an.

In diesem Augenblicke schlug die Glocke sechs. Das war die
Stunde, die Minute, in welcher jeden Abend der pünktliche Justiz=
commissarius Weeker in den Saal trat. Er sollte heute den Minister
mitbringen. In dem Saale herrschte eine heimliche Stille. Alles
hatte sich um zwei Herren gruppirt, die beiden Chefs der beiden ersten
Behörden, die Directoren des Oberbergamts und des Land= und
Stadtgerichts. Der Berghauptmann sollte zuerst den Gerichtsdirector
und dann „seine" Beamten, darauf sollte der Gerichtsdirector „sein"
Gericht vorstellen.

Nach einer halben Minute öffnete sich die Thür des Saales,
und herein trat in der That der alte Advocat in seinem groben grünen
Flausch und mit seinem groben grauen Gesichte.

Aber er war allein. Niemand kam mit ihm in den Saal; auch
kein Minister.

Er trat ein, wie er jeden Abend in den Saal trat. Ohne Je=
manden zu grüßen, ging er an Allen vorüber durch den Saal in das
Lesezimmer, um dort bei einem Glase Bier seine „Elberfelder" zu
lesen. Nur glaubten mehre, diesmal in seinem Gesichte eine bos=
hafte höhnische Freude zu lesen.

Indessen achtete man hierauf nicht weiter. Von allen den Herren
im Saale, den würdigen und hoffnungsvollen Trägern der Büreau=
kratie, und folglich des Staates, hatte keiner den Advocaten ohne den
Minister erwartet. Ein allgemeines Erstaunen herrschte; bei Manchen
zugleich Bestürzung; bei Anderen eine zärtliche Besorgniß.

„Was ist denn das?"

„Wo hat er den Herrn Minister gelassen?"

„Sollten Seine Excellenz Abhaltung bekommen haben?"

„Oder sollten Sie gar unwohl geworden sein?"

„Dann wäre doch der Alte nicht da."

„O, der ist zu Allem im Stande."

„Vielleicht sind wichtige Depeschen eingetroffen."

„Nein, versicherte der Postdirector. Sie hätten durch die Post kommen müssen, und die Post weiß von nichts."

„Seine Excellenz werden von Cappenberg noch nicht zurück sein."

„Das wird es sein. Wenn zwei so große Staatsmänner, wie Seine Excellenz und der Herr von Stein, zusammentreffen, so giebt es Vieles und Wichtiges auszutauschen."

„Aber auch dann, meine Herren, würde sein Wirth doch so viele Rücksicht genommen haben, wenigstens ein paar Minuten auf ihn zu warten."

„Sie hören ja, der ist zu Allem fähig."

Die Vermuthungen waren zu Ende. Die Verlegenheit begann. Was nun thun? Zuerst mußte man freilich Gewißheit haben. Aber von wem sie erhalten? Der alte Advocat konnte sie geben, nur er; er war auch nahe genug, nebenan im Lesezimmer. Aber Keiner hatte gern etwas mit dem groben Menschen zu schaffen, der doppelt grob wurde, wenn man ihn im Lesen der Zeitung störte.

„Herr Hofrath," sagte endlich der Berghauptmann zu einem der finsteren Schnurrbärte, „wären Sie wohl so gut, den Herrn Justizcommissarius Weeker zu fragen, ob und wann wir noch auf die Ehre rechnen können, Seine Excellenz hier zu sehen?"

Der Hofrath war ein alter, braver ehemaliger Hauptmann, der in manchem Feuer sich ehrenvolle Narben geholt, und keine Lust hatte, hier für Andere die Kastanien aus dem Feuer zu holen. Er strich finster den finstern Schnurrbart. Sollte er dem Befehle nach= kommen, der, strenge genommen, kein dienstlicher, und auch nur in Form einer Bitte ausgesprochen war? — Der Assessor Leetz bemerkte sein Zögern. Der brave alte Soldat that ihm leid.

„Ich werde gehen," sagte er.

Er ging in das Lesezimmer. — Der alte Advocat saß in einer Ecke des Zeitungstisches und las seine „Elberfelder."

Der junge Assessor ging auf ihn zu.

„Guten Abend, Justiz."

„Guten Abend," erwiederte kurz und mürrisch der Angeredete, ohne von seiner Zeitung aufzublicken.

„Warum haben Sie den Minister nicht mitgebracht, Justiz?"

„Geht es Dich etwas an?"

Der Advocat und der Assessor waren beide Kinder v. D. Jener hat diesen von dessen Kindesbeinen an gekannt, und nach der guten Sitte der Stadt und Gegend nannte er ihn noch immer Du, wogegen der junge Mann ihn nach wie vor Sie nennen mußte. Daran würde sich, zumal bei dem Charakter des Advocaten, vielleicht nichts geändert haben, wenn der Assessor Präsident oder gar Minister geworden wäre. Die grobe Antwort des Advocaten deutete freilich auf kein freundschaftliches Verhältniß. — Indessen schien der junge Mann auf sie gefaßt zu sein.

„Zum Teufel,“ antwortete er, indem er seine Stimme erhob, „zum Teufel, alter Grobian, warum hätte ich sonst gefragt?“

Auf einmal sah der alte Advocat von seiner Zeitung auf, den jungen Mann an, verwundert, aber nichts weniger als verletzt oder gekränkt. —

„Junge, was war das?“

„Was das war? Daß ich auf eine ordentliche Frage eine or= dentliche Antwort haben will.“

„Die sollst Du haben. Aber komme mit mir auf die Seite. Ich habe Dir vorher ein paar Worte zu sagen.“

Er legte die Zeitung weg, stand auf und ging mit dem jungen Manne an ein offenes Fenster, wo sie von den anderen Zeitungs= lesern nicht gehört werden konnten.

„Höre, mein Junge“, sagte er hier sehr vergnügt, „bald gefällst Du mir wieder. In früherer Zeit warst Du immer ein verständiger und anständiger Bursch. Aber seitdem Du in Berlin gewesen bist und das dritte Examen gemacht hast, wolltest Du auch so eine auf= geblasene Pomadenbüchse werden, wie die beiden Berliner Laffen da= hinten, nahmst den Mund voll von Deinem großen Examen, und wolltest klüger und besser und mehr sein, als andere ehrliche Kerle und verdiente Männer, die es nicht gemacht haben. Das ärgerte mich von einem D—r Kinde. Und da mußte ich sogar von Dir hören, daß Du der kleinen Berliner Dirne nachliefst, und gestern mußte ich es selbst sehen. — Doch davon sprechen wir ein ander Mal. — Heute sehe ich nun aber zu meiner Freude, daß Du noch von guter Art bist. Du trägst keinen Frack und keine Cravatte bis über die Ohren, und eben hast Du mir einen ganz vernünftigen Bescheid gegeben. So gefällst Du mir wieder, mein Junge, und nun sollst Du auch einen ordentlichen Bescheid von mir haben. Aber sage mir vorher, ob das Volk da Dich zu mir geschickt hat?“

„So halb und halb“, sagte der junge Mann.

„Dann höre. Ich habe die hochmüthigen Bedientenseelen da hinten in den April geschickt. Verdienten sie etwas Anderes? Der Minister kommt nicht hierher. Ich habe ausgerechnet, daß er vor halb sieben Uhr von Cappenberg nicht zurück sein kann. Dann werden gerade die wilden Thiere gefüttert, das muß ich sehen, und er geht mit hin. Ich hole ihn von meinem Hause ab. Nun höre weiter, Junge. Von dem Allen soll das Volk da nichts wissen. Der Minister macht sich nicht so viel aus ihnen. Und sie müssen ihre Strafe haben für ihr Kriechen und für manches Andere. Vielleicht strafen sie sich selber noch mehr, wenn sie in ihrem Eifer hören, daß der Minister in der Thierbude ist."

Er brach ab, indem er spöttisch in sich hinein lachte. Dann fuhr er fort.

„Es ist gleich halb sieben Uhr, Junge. Du begleitest mich. Wir gehen nach meinem Hause und holen den Alten ab, und schlendern mit ihm hinter der Mauer her zu den Thieren. — Noch Eins, Junge, war nicht einmal die Rede davon, ob Du Justitiarius bei dem Oberbergamte werden solltest."

„Ich?" Ich habe nie daran gedacht. Der Manchow soll es werden."

„Der Manchow? Die Hopfenstange! Ei, ei!"

Der alte Advocat nahm den Arm des Assessors und verließ mit diesem durch eine Seitenthür das Zimmer.

In dem Conversationssaale warteten sie noch lange auf die Rückkehr des Assessors, sehr gespannt, sehr feierlich. Zuletzt wurden sie ungeduldig und der Berghauptmann wandte sich wieder an den finstern Schnurrbart.

„Sie wären doch wohl so gütig, Herr Hofrath; der Assessor Leetz kommt nicht zurück."

Der Hofrath ging mit einem grollenden Gesichte in das Lese= zimmer. Er kam schnell mit einem langen Gesichte zurück.

„Der Herr Justizcommissarius ist nicht mehr da."

„Wie? Und der Assessor Leetz?"

„Auch der nicht. Sie sind, nachdem sie eine Zeitlang leise mit einander gesprochen, zusammen fortgegangen."

„Was mag das zu bedeuten haben?"

„Das ist unbegreiflich."

Die beiden Kammergerichtsassessoren Roland und Manchow schienen aber doch etwas zu begreifen. Sie sahen einander verdutzt, dann blaß und gelb an. Auch der Herr von Manchow.

XXXI.   3

„Herr College!"

„Herr College?"

„Wenn der Alte den Menschen zu seiner Excellenz geführt hätte?"

„Und wenn d e r Oberbergrath würde! Ich sage es um Ihret=
willen, College Roland."

„Diese Westfalen sind ein schlechtes Volk."

„Was machen wir nur?"

„Das ist eine fatale Situation."

Auch die Anderen waren verlegen geworden und wußten nicht,
was anfangen?

Auf einmal kam Jemand athemlos in den Saal gerannt.

„Seine Excellenz sind bei den wilden Thieren."

„Wie? Was? Nicht bei uns?"

„Sind allein mit dem Assessor Leetz hingegangen. Der Justiz=
commissarius kam nach."

„Herr College Roland, er wird Oberbergrath."

„Herr College, diese Westfalen sind ein himmelschreiend schlech=
tes Volk."

„Aber was meinen Sie nun?" fragte der Berghauptmann den
Gerichtsdirector."

„Wir müssen hin."

„Zu den wilden Thieren? Ich bitte Sie!"

„Wir müssen dem Herrn Minister unsere Ehrerbietung beweisen."

„Aber Herr Director — !"

„Herr College, was meinen Sie? fragte der Herr von Man=
chow den Herrn Roland."

„Hin! rief der Herr Roland. Jener darf nicht allein bei
ihm bleiben."

Sie nahmen ihre feingebürsteten hohen Cylinderhüte und rannten
aus dem Saal. — Das war das Signal für die Anderen.

Der Thierbändiger van Aken war mit seiner Menagerie auf
einer Reise nach den nordischen Hauptstädten begriffen. Auch er trug
so in seiner Weise dazu bei, die Kultur von Westen nach Osten zu
tragen. Er hatte in der Stadt D. einen kleinen Reisehalt gemacht,
seine Thiere und seine Leute ausruhen, und diese Ruhe von den Be=
wohnern der Stadt und Gegend sich bezahlen zu lassen. Auf dem
großen Markte zu D. hatte er seine große Zeltbude aufgeschlagen.

Es war gegen sieben Uhr Abends, die Zeit der Fütterung der
Bestien. Das Zelt war voll Zuschauer. In der Mitte des ersten

Platzes war die Directorin Bonald mit ihren beiden Töchtern, um=
geben von den vornehmsten Damen der Stadt, unter denen sie die
erste war. Sie strahlte. Sie strahlte doppelt. Denn es war bekannt
geworden, daß der Justizcommissarius Weeker am Morgen zu dem
Minister gesagt hatte, um sieben müssen wir zu den wilden Thieren,
und daß der alte Advocat steif festhielt an dem, was er sich einmal
vorgenommen hatte. Der Minister kam also hin; er mußte sie sehen.
Sie war die erste Dame der Stadt; er mußte also auch mit ihr
sprechen. Konnte sich nicht vielleicht gar eine Gelegenheit finden, für
den Herrn von Manchow und ihre jüngste Tochter ein Wort zu
sprechen? Sie sah sich mehr nach dem Minister um, ob er nicht bald
kommen werde, als nach den wilden Thieren und deren Kunststücken.

Der Justizcommissarius Weeker hatte den Assessor Leetz mit
nach seinem Hause genommen, um den Minister „zu den wilden
Thieren abzuholen." Der Minister war soeben von Cappenberg zurück=
gekommen und befand sich in seiner Stube.

„Warte ein paar Augenblicke," sagte der Advocat zu dem Assessor.

Er ging zu dem Minister und kehrte nach einigen Minuten mit
diesem zurück.

„Der Junge da wird Dich führen. Ich komme Euch nach. Ich
habe noch etwas zu thun."

Der Assessor Leetz ging mit dem Minister zu der Thierbude.
Unterwegs fragte der Minister den jungen Mann nach Allerlei, wo
und wie lange er studirt; wann er seine Examina gemacht; bei wel=
chen Gerichten er gearbeitet. Auch nach Anderem.

„Waren Sie als Student in der Burschenschaft?"

Die Burschenschaft spielte damals, in den Köpfen ihrer Mit=
glieder und der Staatsmänner, die Rolle einer herrschenden Epidemie.

„Nein," antwortete der junge Mann.

„Ach, das freut mich."

„Eure Excellenz halten die Burschenschaft wohl für gefährlich?"

„Die Sache ist nicht leicht zu nehmen," erwiederte der Minister.
Doch setzte er sofort lächelnd hinzu: „In Berlin muß man wenigstens.
Sie wissen, was der Herr von Kampz sagt: „Burschenschaft ist
Burschenschaft."

Der junge Mann antwortete nicht.

Der Minister fuhr nach einer Pause fort: „Mich wundert, daß
Sie nicht zu jener Verbindung gehörten. Ich weiß doch, daß West=
falen ihr stets ein reiches Contingent lieferte."

„Nicht D., Excellenz. Aber Soest."

„Ist der Unterschied so scharf?"

„Sehr, und die jungen Leute hier und in Soest sind sich seiner vollkommen bewußt."

„Und worin hätte er seinen Grund? Ist man sich auch dessen bewußt?"

„Man streitet darüber. Einige finden ihn in den verschiedenen Richtungen der Lehrer."

„Und Andere?" fragte der Minister lebhaft.

„Andere meinen, es rühre von dem kräftigeren Biere in D. her."

Durch das Gesicht des Ministers flog ein leises Roth; dann mußte er mit dem jungen Manne lachen.

Sie hatten die Thierbude erreicht. Sie traten ein. Die Thiere machten ihre Kunststücke, „um ihr Futter zu verdienen". Löwe, Tiger und Panther wurden gezerrt; die Affen mußten springen, klettern und Affengesichter schneiden; der Bär mußte tanzen. Am erstaunens- wertheſten, wenn auch nicht am schrecklichsten, war der Elephant; er hob ein Achtgroschenstück von der Erde auf; er spielte die Dreh- orgel; er schoß gar ein Pistol ab; alles mit dem Rüssel. Der grö- ßere Theil des Publikums war außer sich. Das kluge Thier mußte „auf allgemeines Verlangen" seine Kunststücke wiederholen.

Die Frau Directorin Bonald hatte lange Zeit nicht darauf geachtet; deshalb auch die Damen ihrer Umgebung nicht. Sie waren mit Anderem beschäftigt gewesen.

„Sie werden den Herrn Minister in Berlin oft gesehen haben, Frau Directorin?"

„O gewiß."

„Er soll ein großer, stattlicher Mann sein. Unsere Köchin hat ihn heute Morgen gesehen."

„Gewiß. Er hat ein sehr würdiges Ail und versteht zu prä- sentiren."

„Um des Himmelswillen, Mutter", flüsterte erschrocken Fräulein Luise, „es heißt Air und repräsentiren."

„Die dummen Puten verstehen das nicht," flüsterte die Mutter zurück.

„Er soll etwas stark sein," sagte eine andere Dame.

„Ich glaube es wohl. Man sieht in Berlin so viele Leute; da vergißt man den Einzelnen leicht."

„Aber einen so vornehmen Minister sollte ich denken —".

„O, es giebt in Berlin so viele Minister, und noch mehr Ge- nerale, die doch eigentlich noch mehr sind, als ein Minister."

„Ah, sehen Sie doch," rief auf einmal verwundert eine Dame, „da kommt ja der Assessor Leetz! Sollte die Vorstellung im Casino schon zu Ende sein?"

„Unmöglich; dann müßte ja auch der Herr Minister mit dem Justizcommissarius hier sein. Aber der grobe Mensch, der Leetz, hat ja keine Lebensart, er wird sich davon gemacht haben."

„Wen mag er nur da bei sich haben."

„Es wird wohl so ein Compagnon von ihm sein."

„Ein Bär, der einmal andre Bären sehen will," warf Fräulein Luise hin."

Der Minister, den der Assessor Leetz begleitete, war ein großer stattlicher, aber allerdings etwas starker und steifer Herr, vor dem viele Leute gekrochen hatten, der aber selbst in seinem Leben nie zu kriechen gelernt hatte. Er trug seinen grauen Reiseoberrock und eine einfache Mütze und hatte auf der Brust keinen einzigen Orden.

Der Witz des Fräulein Luise wurde mit einer gewissen Pflicht= schuldigkeit belacht. Sie regierte auch in D. ihre Mutter und also ihr Haus.

„Ja, ja, er sieht aus, wie ein Bauer."

„Ich sollte vielmehr meinen, es sei ein verabschiedeter Unter= offizier; so ladestocksteif hält er sich."

Fräulein Pauline hatte sich schon längst geärgert.

„Ganz recht, Schwester," sagte sie. „Er sieht aus, wie ein Mann, der nicht gewohnt ist, sich zu bücken. Der stände auch vor dem Könige so gerade."

„Auch so eckig?"

„Genau so eckig, wie Einer, der auch auf dem glatten Parquet eines Hofes nicht ausgleifen würde."

„Ei, Du meinst am Ende, das sei wohl gar der Minister selbst da bei dem groben Assessor?"

„Ihr wollt ja den Minister so genau kennen!" —

Endlich war auch die Frau Directorin auf die Kunststücke des Elephanten aufmerksam geworden. Das allgemeine Verlangen nach dem Wiederholen des Schießens zog auch sie mit ihrem Gefolge näher zu seinem Käfig. Ein großer, breiter Rücken stand, unbeweg= lich wie ein Fels, ihr im Wege. Es war der Begleiter des der Dame verhaßten Assessor Leetz, jener Bär und Ladestock zu gleicher Zeit, wie ihn ihre witzige älteste Tochter genannt hatte.

„Nun," rief die Directorin, „das ist doch zu arg, den ganzen Platz hier einzunehmen und andern Leuten den Weg zu versperren."

Der Minister hörte die Worte nicht, oder achtete nicht darauf; er sah nach dem Justizcommissarius Weeker, der in diesem Augenblick in die Bude getreten war. Der Assessor Leetz dagegen hatte den Zornesruf der Dame gehört. Er drehte sich nach ihr um.

„Na, wird es endlich?" rief sie zorniger.

„Verzeihen Eure Excellenz," sagte der junge Mann, indem er höflich den Arm des Minister berührte.

„Excellenz?! Um Gotteswillen, welche Excellenz?"

„Der Minister von S.," flüsterte ihr der Assessor in das Ohr.

Die Dame bedurfte ihrer ganzen robusten Constitution, um nicht in Ohnmacht zu fallen.

Der Minister war aufmerksam geworden. Er sah die Dame, er ahnte, daß er ihr im Wege stand. Er trat sehr höflich auf die Seite.

„Entschuldigen Sie, Madame."

Aber die Directorin hatte ihre Geistesgegenwart zurückerhalten.

„O, Excellenz, ich meinerseits muß tausendmal um Verzeihung bitten, daß ich Sie nicht gleich erkannte."

„Frau Director Bonald!" mußte der Assessor die Dame vorstellen.

„Sehr erfreut, gnädige Frau," sagte darauf außerordentlich gnädig Seine Excellenz. „Ihr Gemahl nicht hier? Ich würde bedauern, den verdienten Beamten nicht kennen zu lernen."

Gnädige Frau! Der Minister nannte sie gnädige Frau! Und ihren Mann einen verdienten Beamten! Und das war er doch nur durch sie. Ohne sie hätte ihre Mutter ihm die Miethe nicht gestundet, und so weiter.

„Ach, Eure Excellenz," sagte sie, „wie gnädig sind Eure Excellenz gegen uns. Ja, mein Mann läßt es sich auch sauer werden in dem schweren Dienste, und auch der gute Herr von Manchow, wenn er die Stelle bekommt —"

„Darf ich bitten, mich mit Ihrer Fräulein Tochter bekannt zu machen?" unterbrach der Minister verbindlich ihren Redestrom.

Fräulein Luise hatte sich doppelt eifrig vorgedrängt, nachdem sie in so bedenklicher Weise den Namen Manchow hatte aussprechen hören. Was sprach die Mutter? Roland sollte doch Oberbergrath werden. Hatte sie in der Verwirrung sich versprochen? Oder —? Ihre Augen leuchteten wie ein Paar Basiliskenaugen.

Die Mutter stellte die neben ihr stehende ältere Tochter vor.

„Meine Tochter, Excellenz; Sie erzeigen dem Kinde viele Gnade."

Der Minister sah in das verblühte und doch in diesem Augenblicke so eigenthümlich glühende Gesicht. Er stutzte.

„Fräulein Pauline?" fragte er zweifelhaft.

Da schien es in dem Kopfe der Frau Directorin auf einmal
sehr hell zu werden. Sie riß ihre jüngste Tochter hervor, die ruhig
hinter ihr stand.

„Kind, Pauline, tritt vor. Verneige Dich vor Seiner Excellenz.
Excellenz, sie wird erst in acht Tagen eingesegnet, und ist noch
sehr blöde."

Fräulein Pauline wollte wohl recht keck vortreten. Es war das
immer ihre Weise gewesen, und stand doch auch der Assessor Leetz so
frei und ungezwungen neben dem Minister! Aber war es die Nähe
des vornehmen Ministers, oder waren es die Worte ihrer Mutter,
oder war es gar der so sonderbar lauernde Blick des alten groben
Advocaten, der heute so sackgrob geworden war, als er ihren Namen
hörte, der sie darauf in den Armen des Assessors überrascht hatte,
und der jetzt unmittelbar hinter dem Minister stand, und über dessen
Schulter sie ansah? Sie trat beinahe so blöde vor, wie ihre Mutter
sie geschildert hatte.

Der Minister aber sah sie freundlich an und sprach noch
freundlicher zu ihr.

„Mein liebes Fräulein, ich habe Ihnen recht vielen Dank zu
sagen, von einer Mutter, der Sie heute mehr Gutes gethan haben,
als Sie wohl wissen, und doch nicht mehr, als Ihr Herz wünschen
möchte, und wenn sie es hätten aussprechen können, auch von einem
Kinde und einem schneeweißen Hühnchen."

Die Frau Directorin und Fräulein Luise und ihr ganzes Gefolge machten Gesichter, als wenn sie in fremden Zungen hätten
reden hören. Der kleinen Pauline aber war das Weinen näher als
das Lachen. Antworten konnte sie nichts.

Der Minister fuhr fort.

„Ich habe auch noch einen andern Auftrag an Sie. Ein alter,
häßlicher, grober Mensch läßt Sie um Verzeihung bitten, einmal,
daß er Sie heute gestört, und zum andern, daß er Ihnen so lange
die Liebe vorenthalten hat, die sie in seinem braven Herzen schon
immer hätten finden sollen."

Die Damen begriffen noch weniger.

Der alte Advocat hinter dem Minister grinste sehr zufrieden.

Fräulein Pauline, die endlich antworten mußte, wurde röther
als eine stolze dunkelrothe Feder, die auf dem hohen Hute ihrer

Mutter wallte. Und doch war sie in diesem Augenblicke nicht stolz, sondern so sehr demüthig.

„Der Herr Leetz," sagte sie, „hat mir schon immer gesagt, daß der Herr Weeker ein sehr braver Mann ist."

„Hat der Junge das?" rief der alte Advocat. „Hast Du das, Junge? Gieb mir die Hand. Sie, Mamsellchen — ei, zum Teufel, und Du, Mädchen, wenn Du auch da hinten von der Spree gekommen bist — der dicke Minister kommt ja auch von da und ist doch ein braver Kerl —. Na, gieb mir auch die Hand, und schäme dich nicht; Ihr seid beide ein paar schmucke junge Leute!"

Was war das wieder? Nicht blos Fräulein Luise, auch die Frau Directorin überlief es diesmal heiß und kalt. Begreifen konnte sie nichts. Aber welche dunkle Ahnungen zerarbeiteten ihr Gehirn! Ihre Ahnungen sollten entsetzlich werden.

Die beiden Assessoren Roland und von Manchow kamen in die Bude der wilden Thiere gestürzt. Die Wuth, Carrière zu machen, kennt keine Bedenken. Sie sahen die Gruppe, den Minister, den Advocaten, den Assessor Leetz, die kleine Pauline, die bestürzten Gesichter der Directorin und ihrer älteren Tochter.

„College, er wird Oberbergrath!"

„College, er kommt gar in das Ministerium!" —

Sie flogen auf die Gruppe zu.

„Der Kammergerichts-Assessor Manchow giebt sich die Ehre, Eurer Excellenz sich unterthänigst vorzustellen."

„Kammergerichts-Assessor Roland!" stellte sich neben ihm der Herr Roland vor.

Der Minister sah die beiden Herren einen Augenblick überrascht an; dann verbeugte er sich schweigend, sehr vornehm und sehr kalt. Darauf wandte er sich an den Justizcommissarius, der sich vergnügt die Hände rieb.

„Alter Bursch, hast Du das gemacht?"

„Strafe muß sein," lachte der Advocat. „Es werden noch mehre kommen; die ganze Gesellschaft."

„Hierher?"

„Ja!"

Dem Minister wurde seine Ahnung zur Gewißheit.

„Aber Du compromittirst auch mich. Mich am meisten."

„Nun, wenn Du es nicht gern willst! — Aber Einen muß ich Dir noch herbringen."

Der alte Advocat ging zur Bude hinaus und kam nach wenigen

Augenblicken mit dem Berghauptmann zurück. Er führte diesen zu dem Minister. Die beiden Herren sprachen mit einander angelegent= lich, aber nur eine kurze Zeit. Dann trat der Advocat, der bei ihnen gestanden hatte, zu dem Assessor Leetz.

„Junge, der Minister läßt Dir sagen, daß Du Oberbergrath werden sollst. Du kannst darauf hin gleich Deine Anträge bei der Alten mit der großen Samielsfeder auf dem Hute machen."

Die „Alte mit der großen Samielsfeder auf dem Hute" stand gerade hinter ihm. Sie hatte jedes seiner Worte gehört.

„Gerechter Gott!" rief sie laut.

Der Advocat meinte, sie wolle ihm die Augen auskratzen; er sprang einen großen Satz zurück. Der Herr v. Manchow, der die Worte des Advocaten nicht gehört hatte, meinte, die Dame habe sich über ein plötzliches Brüllen des Löwen entsetzt. Er sprang herbei, ihr seinen Arm anzubieten.

Aber die Frau Directorin erwiederte ihm kalt: „Bemühen Sie sich nicht, Herr Assessor." Und zu ihrer jüngeren Tochter sagte sie süß: „Pauline, bitte doch den Herrn Assessor Leetz, daß er uns zu Hause führt. Ich bin so fantingirt."

Der Schulmeister in Thalbach.
Mit einem Bilde.

Der Schulmeister in Thalbach war einer jener geduldigen und genügsamen Naturen, die das Schicksal eigens für diesen mühe= vollen Stand geschaffen zu haben scheint. Die Liebe, die er zu den Kindern hegte, hatte ihm die Zuneigung von Jung und Alt er= worben, und er war diejenige Person, zu der Jedermann ging, der Trost und Rath brauchte, um so mehr, als der Pfarrer etwas phlegmatischer Natur war und sich ungern in seiner Ruhe stören ließ. Wie alle seine Collegen, ritt der Lehrer auch sein Steckenpferd. Er war Naturforscher und Sammler, und dieses allein konnten die Bauern ringsum an ihm nicht begreifen. Daß er Kräuter ausgrub und trocknete, das ging ihnen allenfalls noch ein, denn aus Kräutern ließ sich allerlei machen; daß er aber Käfer an Nadeln spießte, Frösche, Eidechsen, ja sogar Nattern und ähnliches Ungeziefer, das sich Jedermann gern vom Halse hielt, mit nach Hause trug, war ihnen rein unbegreiflich, und allerlei Betrachtungen waren darüber schon hinter seinem Rücken angestellt worden; doch wie an Alles, so gewöhnte man sich auch an diese „Narrethei". Er aber theilte fort und fort Zeit und Herz zwischen den Kindern und Käfern der Umgegend, und sein Glück kannte keine Grenzen, als ihn einst eine naturforschende Gesellschaft zu ihrem Ehrenmitgliede ernannte. Das auszeichnende Document prangte unter Glas und Rahmen über dem Bette neben einem schön geschriebenen Vaterunser.

Er hatte nie geheirathet; denn als er endlich zu der magern Selbstständigkeit eines Dorfschulmeisters gelangte, war der Herbst des Lebens bereits über ihn gekommen, und da war es zu spät. Dennoch fehlte ihm nicht ein freundliches Geschöpf, das die kleinen Räume des Hauses in Ordnung hielt, so daß Alles darin funkelte und glänzte, und welches für ihn sorgte, daß er Nichts vermißte, im Gegentheil in seiner schlichten Weise sogar üppig zu leben glaubte. Dieses Wesen war ein hübsches, blondhaariges, blauäugiges Mädchen von siebzehn Jahren, von schlanker Gestalt und gerundeten Formen, einer Schwester Kind.

Und so finden wir ihn denn eines Tages zwischen korkgefütterten Schachteln und Kästen und spiritusgefüllten Gläsern in der flanellenen Hausjacke am Tische sitzend, die Brille auf der Nase, wie er eben seine entomologischen Schätze musterte, bestimmte, ordnete, da einem Fuß die richtige Stellung gebend, dort ein abgebrochenes Fühlhorn ergänzend.

„Du hast mir da eine schöne Bescheerung angerichtet," sagte er, indem er über die Brille weg auf das Mädchen blickte, das ihm eben in einer weißen Schale von Steingut den Kaffee auf den Tisch setzte, „schier die Hälfte meiner Käfer ist mehr oder weniger lädirt."

„Ach Vetter," erwiederte dieses, „ich kann wahrhaftig nichts dafür, ich wollte blos den Staub wegkehren, und da fiel mir, vor lauter Behutsamkeit, glaub' ich, das eine Kästchen zu Boden."

„Nun, es ist trotzdem noch ziemlich gut abgelaufen, wenigstens könnt's noch schlimmer sein. Aber was ich noch sagen wollte: also der Franz ist diesen Morgen schon dagewesen?"

„Ja," entgegnete die Kleine leicht erröthend, „er kam bereits vom Wolfsbach herauf, wo er nach dem Eisen sah, und hat mir im Vorbeigehen einen guten Morgen zum Fenster herein gerufen. Auch nach Euch hat er gefragt und ob Ihr schon auf seid."

„Wird ihm wohl sehr leid gethan haben, daß ich noch nicht zu sehen war," spöttelte der Alte; „aber weißt Du wohl, Anna, daß ich dem Franz verbieten werde, so früh um das Haus zu streichen.

Sonst hab' ich immer den ersten „guten Morgen" bekommen, jetzt nimmt mir der Bursche da das beste Lächeln weg."

„Hui, Vetter! am Ende plagt Euch noch gar die Eifersucht!" rief Anna, und ihr helles Lachen klang fröhlich in dem freundlichen Stübchen.

„War das ein Wunder! Am Ende entführt er Dich mir auch noch. So einem Windbeutel von einem Jäger ist ja Alles zuzutrauen."

„Ach! damit wird's schon noch gute Weile haben, wie mir Franz erst heute Morgen klagte," sagte sie, und ließ dabei das Köpfchen hängen; „aber hört," fügte sie wieder munter bei, „über's Handwerk schimpft Ihr mir nicht wieder. Das ginge gerade noch ab, seid Ihr doch selbst so 'n Jäger."

„Ja, obgleich mich ihre Zunft kaum als ebenbürtig anerkennen möchte. Und doch," setzte er vergnügt bei, „ist mein Jagdrevier größer als das ihrige, denn meine Jagd ist frei; da giebt's keine Hege= und Schußzeit, keine künstlichen Parke und Gehege, keine Wildbahn, die zu betreten bei schwerer Strafe verboten, keinen aus= schließlichen Eigenthümer, dessen Erlaubniß erst erwirkt werden muß. Soweit das Auge schweifen kann und der Himmel blau ist, soweit reicht mein Jagdbezirk. Und welche Beute! Der kühle, schattige Wald, die grüne, duftige Wiese, das von der Sonnengluth braun= gedörrte Moos, der frische, lebendige Bach und stinkende Sumpf, Alles ist belebt, und dieses Leben suche ich auf. Und wenn ich dann Abends nach Hause kehre, so ...."

„.... bringt Ihr eine geschwollene Nase mit, wie neulich, als Euch so 'ne garstige Fliege gestochen hatte."

„Das sind die Gefahren der Jagd," lachte der Alte gutmüthig, und rieb sich dabei das besagte Organ, als empfände er noch den schmerzenden Stachel.

Und als hätten diese wenigen Worte auf einmal die Sehnsucht nach Wald und Flur in ihm geweckt, sprang er plötzlich auf, ver= wahrte fein säuberlich und sorgfältig Gläser, Schachteln und Kästen, zog seinen dunkelblauen Rock an, nahm Hut und Stock und trat in's Freie.

Es war ein sonniger Juniusnachmittag; Alles glänzte und funkelte im goldigsten Lichte, im Grase zirpte die Grille, von Stein zu Stein schwirrten grüne, glänzende Käfer, und in den Blättern summten die Bienen. Ringsum war fröhliches Leben. Langsam schritt er das Bächlein entlang, das aus einem engen, waldigen Thale hervor neben dem Schulhause vorübereilte. Und wie für den

Freund der Natur Alles von Interesse ist, so sah auch er mit stillem
Vergnügen bald dem muntern Treiben der Meisen, die sich kopfüber
an die Zweige der Tannen hingen, oder der hüpfenden Bachstelze zu,
dem Vogel, dem an Zierlichkeit der Gestalt, so wie an Anmuth der
Bewegung so leicht kein anderer gleich kommt, oder er sah in dem
klaren Wasser des Baches die Aesche flüchtig dahin schießen, die Fo=
relle gierig nach Raub springen oder den Troglodyten=Krebs unter
irgend einem Steine oder Baumstumpfe tiefe melancholische Ein=
siedelei treiben. Traf er dann auf einen alten morschen Stock, so
kniete er nieder und löste sorgfältig die Rinde ab; aber er fand nichts
des Mitnehmens Werthes, nur hie und da ein paar Elater mit
schwarzem Kopfe und hochrothen Flügeldecken, oder eine haarige,
schwarze Spinne, oder ein Gewümmel von Ameisen, dann betete er:
„Nichts für uns", und ging weiter.

Plötzlich lichteten sich die Schatten der Bäume und vor ihm
dehnte sich die sandige Landstraße durch den stillen Wald hin. Er
blieb stehen, als wär' er ungewiß, welcher Richtung er folgen sollte,
und nahm dabei den Hut vom Kopfe, um das erhitzte Haupt im leise
säuselnden Lüftchen zu kühlen, da drang plötzlich ein Rollen, wie
das schwache Grollen eines entfernten Gewitters, an sein Ohr und
das entschied. Ohne nur einen Blick himmelwärts zu werfen, schritt
er rüstig die Landstraße fürbaß, und als nun auch ein dreimaliges,
helltönendes „Juch" hörbar war, sprach er im ernsten Nachdenken:
„Das ist gewiß wieder der Huberlenzl, der schiebt allemal neune.
Wie's nur sein kann!" Und siehe da, so war es auch. Links abseits
von der Straße stand das Wirthshaus mit seinen Ställen, Stadeln
und Scheunen und mit dem freundlich grüßenden Schilde, und rechts
stand die Kegelbahn und der Lenzl hatte gerade alle Neun geschoben.
Unter der vielhundertjährigen, breitästigen, schattigen Linde vor dem
Hause aber saß eine Gesellschaft, der Pfarrer, der Förster, der
Bader und ein Vetter des Pfarrers, ein leichtblütiger Student, und
der Forstgehilfe Franz, des alten Forstwarts Pfandl nicht minder
leichtblütiger Sohn. Und alle diese winkten ihm schon von weitem zu.
Und als er darauf hinkam, fragte ihn das holdselige Wirthstöchter=
lein, die dankbare Schülerin: „Schaffen's a Maß, Herr Lehrer?"
Er aber, indem er verstohlen auf die Hochwürden blickte und sah,
daß diese auch blos eine Halbe vor sich stehen hatte, sagte, schul=
meisterlicher Bescheidenheit voll: „A Halbi, Liserl, thut's a," und
nahm grüßend Platz und Theil am Gespräch.

Der Abend war wonnig. Der Himmel war in das schönste

Blau gekleidet, das einzelne zarte, weiße Wölkchen noch klarer er=
scheinen ließen, und aus den Blüthen der Linden senkten sich köstliche
Düfte. —

„Möchte doch wissen," sprach der Schullehrer über eine Weile,
ob's in Italien viel schönere Abende giebt, als der heutige ist? Hoch=
würden sind ja d'rinnen gewesen in Rom und daherum."

„Ja," sagte der Pfarrer darauf, „die Abende dort sind köstlich.
Der Himmel von viel tieferem Blau, so daß man sich förmlich mit
den Blicken darein versenken kann, und köstliche Wohlgerüche strömen
die Orangenbüsche und Tausende von Blumen aus. Aber alles dieses
ist unheimlich; denn sobald sich die Sonne neigt und die Schatten
der Nacht sich auf die Ebene senken, steigt aus derselben ein gelbes,
bleiches Gespenst im nebligen Kleide empor, die Malaria genannt,
sein Hauch ist Gift und sein Blick Tod, und ängstlich zieht sich der
Römer in seine Zimmer zurück, die er sorgfältig verschließt vor dem
unsichtbaren, unerbittlichen Feinde."

„Das wär' das Wahre," sprach der Förster, so'n Land, in dem
schon die Luft die Hälfte Zeit nichts taugt, mit dem bleibt mir vom
Halse. Ein einziger Pirschgang da, und man hätte das kalte Fieber
das ganze Jahr hindurch in den Knochen."

„Und eines weiß ich noch, was sie entbehren müssen," sagte der
Lehrer, „das ist unser Bier."

„Ja, was trinken denn die vertrakten Kerls?" fragte der Bader.

„Wasser," erwiederte der Pfarrer.

„Und Wein," fügte derselbe noch bei.

„Das passirt noch," sagte der Bader, „obgleich ich wenig davon
verstehe."

„Ah! ihr Wein ist gut und die Trauben und Melonen, die
Ananas und Orangen sind köstlich," sprach die Hochwürden.

„Glaub's wohl," entgegnete der Förster, „denn etwas Gutes
müssen die armen Teufel denn doch auch haben; aber was ist alles
dieses gegen einen Trunk wie der da," und damit hob er das volle,
schäumende Glas liebäugelnd in die Höhe.

„'s ist bei Gott wahr," sprach der Forstgehilfe, indem er aus=
trank, „und weißt was, Liserl, nimm einen Maßkrug, statt der Halbe,
mußt sonst gar so oft laufen."

„Ah," erwiederte Liserl schelmisch, „Ihr habt halt doch ein
gutes Herz, Herr Franz; ich sag's ja immer, 's Lehrers Nannerl
kriegt amal 'n brav'n Mann."

„Ich wollt', sie hätt' ihn schon," sagte Franz ganz wehmüthig.

„'s preſſirt nicht ſo," lachte der Lehrer.

„Festina lente," ſprach der Pfarrer.

„Ja wohl," ſagte der Förſter, „kommt Zeit, kommt Rath."

„Aber wo zum Kuckuck ſteckt denn mein Studioſus wieder?" rief der Pfarrer; „der Menſch hat wirklich kein Sitzfleiſch."

„Die Pfeif' geht ihm immer aus und da zünd't er bei der Marie drinn'n an in der Küche," erwiederte der Forſtgehülfe, ſein Tabak muß feucht 'worden ſein."

„Das macht, weil er neben Dir ſitzt," ſtichelte der Bader.

„O, Je!" ſagte der Andere darauf, „ich trink' auch nicht mehr, als ..."

„.... 'neingeht," fiel der Förſter ein.

„Gott ſegn' es!" lachte Liſerl, die gerade das Bier auf den Tiſch ſtellte. Alles lachte.

In dieſem Augenblicke klang das fröhliche Schmettern des Poſt= horns durch die Stille des Abends, und von ein paar ſtarken Braunen gezogen, rollte der Eilwagen vorüber.

„Da giebt's Neuigkeiten," rief der Wirth, der das Packet auf= gefangen hatte, das ihm ein bärtiger Kondukteur aus dem Wagen= fenſter zugeworfen; „Zeitungen und zwei große Briefe, einer für Euch, Herr Förſter, und einer für Euren Vater, Franz."

„Telegraphiſche Depeſche", las der Pfarrer, „die Dänen ..."

„Kreuz=Millionen.... bitt' um Verzeihung Ew. Hochwürden," rief der Bader, „aber von den Dänen wenn ich hör', wird mir alle= mal grün und gelb. Wär ich der Preuß', was wollt ich denen für Schröpfköpf' aufſetzen!"

„Die Dänen," las der Pfarrer weiter, „haben durch ihren Geſandten am Bundestag ...."

„Meine Herren," ſagte jetzt der Revierförſter, der inzwiſchen das Schreiben geöffnet hatte, „ich bitte für ein Paar Augenblicke um Ihre Aufmerkſamkeit. Ich erhalte da ſoeben eine Entſchließung von der Regierung, worin es wörtlich heißt: „Se. Majeſtät der König haben ſich allergnädigſt bewogen gefunden, dem k. Forſtwarte Peter Pfandl in Rehſchlag die nachgeſuchte Verſetzung in den Ruhe= ſtand zu bewilligen."

Franz blickte auf den Boden und ſeufzte.

„Dann als Ausdruck der allerhöchſten Zufriedenheit mit ſeiner langjährigen und treuen Dienſtleiſtung demſelben die ſilberne Ehren= münze des Verdienſtordens der Krone zu verleihen."

„Ah!" rief Alles; „Gott ſei's gedankt, das iſt 'n Pflaſter für den alten Mann," sagte Franz für sich hin; „aber was kommt jetzt noch?"

„Auf die erledigte Wartei Rehschlag," fuhr der Revierförster fort ....

„Au weh! jetzt kommt der Rückschlag," brummte Franz und scharrte dabei verlegen mit dem Stiefel auf dem Boden.

„.... Den Forstgehilfen Franz Pfandl zu ernennen."

„Was?!" schrie Franz ganz entsetzt.

„Vivat der König!" rief der Bader, und Alle schrieen „Hoch" und hoben freudig die Gläser; „hoch" schrieen auch die Bauern, die an den andern Tischen saßen und aufmerksam gelauscht hatten und von der Kegelbahn erscholl gleichfalls ein kräftiges „Hoch" und der Kegelbub schrie „Juchhe," daß es gellte, und Alles kam herbei und wollte Franz beglückwünschen, denn er war da geboren und groß geworden und die Pfandl waren ein altes Jägergeschlecht und stets in Ansehen. Der aber saß da leichenblaß. Der Hut mit dem Gemsbart lag vor ihm auf dem Tische und mit der Hand wischte er sich den kalten Schweiß von der Stirne.

„Mir ist ganz miserabel," sagte er endlich ganz leise, „auf den Schrecken. Hätt's mein Lebtag nicht glaubt, daß mich Etwas so angreifen könnt'. Aber der Vater 'n Orden, der Sohn Forstwart .... das ist z'viel, wahrhaftig, das ist z'viel, selbst für einen Forstgehilfen. Ich könnt grad 'nausheulen vor Rührung wie mein Feldmann, wenn er Peitsch'n kriegt. Was wird der Alte sagen z' Haus?"

„Und 's Nannerl?" flüsterte das Lieserl.

„Hol' mich der Teufel, die hätt' ich bald ganz vergessen, ich ...." und damit schlug er sich mit der Faust vor den Kopf, daß jeder Andere daran genug gehabt hätte; dann aber sprang er mit einem Male auf, fiel dem Schulmeister um den Hals und fing an mit demselben herumzutanzen, daß ihm Sehen und Hören verging.

Der Mond war längst über die Giebel der Strohdächer emporgestiegen und blickte vergnügt durch die Zweige der Linde hinab auf die fröhliche Gruppe der Zecher, als sich der Lehrer endlich zum Aufbruche rüstete. Franz in seinem Glücke ließ es sich nicht nehmen, den Alten zu begleiten, mußte aber bald dem Drängen desselben nachgeben und umkehren und langsam wanderte nun dieser dem heimathlichen Dache zu. Was damals in seinem Herzen vorging, hat er nie laut werden lassen der alte Schullehrer in Thalbach, aber als er endlich die im Mondschein blinkenden Fenster des Schulhauses erblickte, blieb er stehen und wischte sich eine Thräne aus dem Auge.

„'s ist am Ende besser so,“ murmelte er für sich, „einmal müßt'
ich mich ja doch trennen von ihr. Und was meine Käfer betrifft ....
nun für die ist es ein wahres Glück.“

Fr. Sartorius (Aus den Fliegenden Blättern).

Eine amerikanische Temperanzfamilie.

Joseph Harris war eine kreuzfidele Haut und dabei, wie es
dergleichen Leute gewöhnlich sind, ein großer Liebhaber des Gläs-
chens. Nachdem er viele Jahre in New-Orleans gelebt hatte, nahm
er sich vor, einen alten Onkel in Massachusetts zu besuchen. Nun
besteht aber in Betreff des Gebrauchs geistiger Getränke zwischen
New-Orleans und Massachusetts ein mächtiger Unterschied, und als
der gute Joseph in dem letzteren Staat anlangte und die Leute so
mäßigkeitsfreundlich fand, wollte ihm der Muth, der seiner Ansicht
nach am besten durch die Flasche angefeuert wurde, ganz und gar
sinken. „Joseph, da ist deines Bleibens nicht lang,“ sagte er zu sich
selber. „Man kann ja keinen Augenblick aus seiner Magenschwäche
herauskommen.“

Am Morgen nach seiner Ankunft stand er sehr spät auf (womit
hätte er sich auch die Zeit vertreiben sollen?) und fand, daß der Onkel mit
seinen Söhnen auf's Feld an die Arbeit gegangen war. Beim Frühstück leistete ihm die Tante Gesellschaft und sagte zu ihm: „Joseph,
Du kommst aus dem Süden und bist wahrscheinlich gewöhnt, nach
dem Frühstück etwas Stärkendes zu Dir zu nehmen. Ich habe etwas
im Schrank für unvorhergesehene Krankheitsfälle; aber Du darfst
nichts davon merken lassen, denn mein Mann will dem jungen Volk
mit einem guten Beispiel vorangehen.“ Joseph versprach dies, und
da er für den Tag keine weitere solche Labung abzufangen erwartete,
hielt er sein Glas fest unter.

Eine Weile später begab er sich nach dem Stall, und wer ihm
da zuerst in den Wurf kam, war sein Onkel. — „Schätz wohl, ihr
thut's in New-Orleans drunten nicht ohne etwas Wärmendes,“ sagte
der alte Mann, „und hier herrscht überall Temperanz. Natürlich
mag ich meine Buben nicht wissen lassen, daß ich irgendwo ein Tröpf-
lein Branntwein stecken habe, und doch brauche ich's, um mir die
Rheumatismen vom Leib zu halten. Willst Du auch ein bischen davon?“ — Joseph ließ sich sehr bereitwillig an, und es wurde wieder
ein ordentliches Hörnchen gelöscht. Dann setzte er seinen Spazier-

gang fort und stieß auf die Jungen, die eben an einem Zaun ar=
beiteten. Nachdem er sich eine Weile mit ihnen unterhalten, sagte
der eine: „Vetter, ich seh' Dir's an, es muß Dir magenschwach sein.
Zwar wettert hier alles gegen den Branntwein, aber wer wird ar=
beiten können, ohne daß man seine Scharniere einölt? Wir haben
ein wenig bei Seite praktizirt, um uns für's Geschäft zu kräftigen."
— Und so kam die Flasche zum Vorschein; die Vettern setzten sich
um sie her, und wie der Südländer zum Mittagessen heim kam, hatte
er so scharf geladen, als sei er nicht bei einer Temperanzfamilie zum
Besuch. —

Werth der Weiber in China.

Vor einiger Zeit nahm ein englischer Kaufmann seine junge
Frau mit nach Hong=Kong in China, wo das Ehepaar von einem
reichen Mandarinen einen Besuch erhielt. Der letztere betrachtete die
Dame sehr aufmerksam und konnte kein Auge von ihren Bewegungen
verwenden. Als sie endlich das Zimmer verließ, fragte er den Gatten
in gebrochenem Englisch: „Was habt Ihr für dieses lebhafte Weib=
lein gegeben?"— „Oh," versetzte der Kaufmann mit einem Lachen
über die seltsame Vorstellung des Chinesen, „zweitausend Pfund."
— „Nur zweitausend Pfund für dieses lebhafte Weibchen?" fragte
der Mandarin. — „Keinen Penny weiter," antwortete der Kauf=
mann. — „Gut," sagte der Mandarin und zog geschäftsmäßig sein
Taschenbuch heraus; „wenn Ihr mir sie ablassen wollt, so gebe ich
Euch fünftausend dafür."

Es ist schwer zu sagen, ob der junge Engländer über dieses An=
erbieten mehr erstaunt oder mehr belustigt war. Die feierliche Miene
des Chinesen überzeugte ihn jedoch, daß derselbe es ernstlich meinte,
weßhalb er das Offert so höflich als möglich ablehnte. Der Man=
darin bestand indeß auf den Handel. „Ich gebe Euch siebentausend,"
sagte er; „die werdet Ihr doch nehmen?" — Der Kaufmann, der
vorher keinen Begriff von dem Baarwerth der Waare gehabt, die er
mitgenommen, sah sich endlich genöthigt, seinem Besuch begreiflich zu
machen, daß es unter den Engländern nicht Sitte sei, die Weiber, die
sie sich einmal beigelegt hätten, zu verkaufen, eine Versicherung, deren
Wahrheit dem Chinesen gar nicht einleuchten wollte.

Der Kaufmann erzählte nachher unter herzlichem Lachen sei=
nem hübschen Weibchen die Geschichte und meinte, es könne ihn

nur freuen, jetzt ihren vollen Werth entdeckt zu haben; denn sieben=
tausend Pfunde waren bei dem damaligen Stand der Waare in
China ein enormer Preis.

Swift und seine Stiefel.

Bei Gelegenheit einer Reise übernachtete Swift mit seinem Be=
dienten in einem Wirthshaus. Am andern Morgen rief er nach seinen
Stiefeln, die ihm der Bediente alsbald brachte. „Was soll dies
heißen, Tom?" sagte der Dechant. „Sie sind ja nicht geputzt?" —
„Ich weiß es," versetzte Tom; „aber ich meinte, da Sie reiten, so
würden sie doch schnell wieder schmuzig werden." — „Der Grund
läßt sich hören," sagte Swift. „Geh' und halte die Pferde bereit."
— „In der Zwischenzeit ertheilte Swift dem Wirth die Weisung,
seinem Bedienten kein Frühstück zu geben. Als Tom zurückkehrte,
fragte ihn sein Herr, ob die Pferde gesattelt seien. — „Ja, Euer
Hochwürden," lautete die Antwort. — „So führe sie vor," ent=
gegnete der Dechant.— „Ich habe mein Frühstück noch nicht gehabt,"
sagte der Diener. — „Oh, das macht nichts; Du wirst doch schnell
wieder hungrig," erwiderte Swift.

Sie saßen auf und ritten von hinnen. Unterwegs zog der Dechant
ein Buch aus der Tasche und begann zu lesen. Ein Herr, der ihnen
begegnete, wollte den Dechanten in seiner Beschäftigung nicht stören,
sondern ging an ihm vorüber und sprach den Bedienten an. „Wer
ist das dort?" sagte er. — „Mein Herr," antwortete er. — „Das
seh' ich wohl, Dummkopf," entgegnete der Frager. „Wohin wollt
ihr?" — „Ich glaube in den Himmel," erwiderte Tom. — „Wie
kommst Du mir vor? Warum glaubst Du das," sagte der Herr.
— „Je nun, mein Herr betet und ich faste," versetzte Tom.

Ein Trauerbrief.

In den Tagen des alten Mycall, Herausgebers eines auch jetzt
noch vielgelesenen Journals, lebte in Old Essex ein Sheriff, Namens
Philipp Bagley, welcher den Newburyporter Herold hielt, aber trotz
mehrerer Mahnungen nicht zum Zahlen des Abonnementsgeldes
kommen konnte. Eines Tages erklärte er gegen Mycall, er werde
ihm, so wahr er lebe, am andern Morgen das Geld schicken. „Wenn
Sie es morgen früh nicht erhalten, so dürfen Sie annehmen, daß ich

todt bin." Der andere Tag kam und entschwand; wer aber immer noch nicht an die Tilgung seiner Schuld dachte, war der Sheriff. Denke man sich nun das Erstaunen des letzteren, als er eine der nächsten Nummern des Herolds auseinanderschlug und unter den Trauerbriefen die Anzeige von dem höchst beklagenswerthen Ableben des Esquires Philipp Bagley, Obersheriffs der Grafschaft Essex, las; es war eine Anerkennung seiner vielen trefflichen Charakter= eigenschaften beigefügt, zugleich aber als einzige bedauerliche Schwäche namhaft gemacht, daß er in Betreff der Zahlung seines Buchhändlers etwas unpünktlich gewesen sei.

Bagley war aller Appetit zu seinem Frühstück vergangen, und er stürmte fort nach dem Expeditionslokal des Herolds. Auf dem Wege dahin fiel ihm auf, daß von den vielen Freunden und Bekannten, die ihm begegneten, keiner verwundert zu sein schien, ihn zu sehen. Sie müssen die Morgenzeitung noch nicht gelesen haben, dachte er, denn wie wäre es sonst möglich, daß man sich so wenig um ihn küm= merte, als sei er nie in der Welt gewesen? Außer sich langte er auf der Expedition an, um in propria persona zu erklären, daß er nicht gestorben sei. „Der Tausend, Herr Sheriff," sagte der schalkhafte Mycall, „ich habe für ganz gewiß angenommen, daß Sie todt sind." — „Welcher Narr hat Ihnen diese verrückte Idee in den Kopf ge= setzt?" entgegnete der Sheriff. — „Sie selbst," antwortete der Heraus= geber. „Haben Sie nicht vor einigen Tagen zu mir gesagt —." — „Ach ja, ich erinnere mich," stotterte der Sheriff. „Da haben Sie Ihr Geld; aber ich verlange jetzt von Ihnen, daß in der nächsten Nummer die Todesanzeige widerrufen wird." — Das ist gar nicht nöthig, Freund Bagley," entgegnete der alte Spaßvogel; „sie wurde nur in Ihrem Exemplar abgedruckt." — Der gute Sheriff lebte noch viele Jahre nach diesem Schwank, hat aber bis zum Tage seines wahren Todes Sorge getragen, sein Abonnement pünktlich zu bezahlen.

(Aus den Hausblättern.)

Der Trompeter Hase.
Von M. Rosenhayn.

1. Die Rettung.

Unweit des Dorfes Auerstädt, am Saume eines kleinen Gehölzes hin, standen die Baracken und Zelte des preußischen Küraffierregiments v. Heysing.

Die Nacht vom 13. auf den verhängnißvollen 14. October des Jahres 1806 war bereits eingetreten, und mit ihr tiefe Ruhe, sowohl im großen Feldlager, als auch im Bivouac des etwas abwärts stationirten Reiterregiments. Nur im Marketenderzelte ging es noch lebhaft her. Da waren die jüngeren Offiziere des Regiments versammelt und plauderten viel von den Großthaten, die sie bereits vollführt hatten oder noch vollführen wollten, und sprachen dabei fleißig der dampfenden Bowle zu. Im Hintergrunde des Zeltes, an einem kleinen Tische, saß ein Mann, welcher recht eigentlich hier zu sein schien, um das Seinige zur besondern Unterhaltung beizutragen, und dieser Mann verstand es auch in der That, durch ein ausgezeichnetes Violinspiel seine Zuhörer zu vergnügen, und ihre Aufmerksamkeit zeitweise von der Taktik ab und auf sich zuzuwenden.

Der Musiker, dem Aussehen nach eher über als unter den fünfziger Jahren, trug das Kleid eines gemeinen Reiters; doch sein bescheidenes Benehmen, insbesondere aber die außergewöhnliche Kunstfertigkeit auf seinem Instrumente, mochte ihm die Auszeichnung verschafft haben, von den Offizieren des Regiments in ihren Kreis gezogen zu werden, von welcher Erlaubniß er jedoch keinen andern Gebrauch machte, als daß er ruhig vor sich hinsah, seine melodischen Weisen spielend und mitunter das immer schnell wieder gefüllte Punschglas leerend.

„Laßt das Geplauder," rief da der muntere Auerswald in das bunte Treiben seiner Kameraden, „Freund Gottlieb, spielt uns den Dessauer!"

„Ja, den Dessauer," riefen die Offiziere, und der Virtuos, bereitwillig, dem allgemeinen Wunsche zu genügen, begann sogleich in kräftigen Accorden mit starkem Bogenstrich das kriegerische Tonstück auszuführen.

Da öffnete sich plötzlich die Zeltwand, und eine Mannesgestalt trat rasch herein, die Husarenmütze tief in die Stirn gedrückt und den Reitermantel fest um sich geschlagen. Alles schwieg. Die Offiziere starrten neugierig erstaunt dem Fremden entgegen, aber als dieser den Mantel auseinanderschlug und die Mütze aus der Stirn rückte, da sprangen alle auf und verneigten sich ehrerbietig.

Es war der alte Generalmajor Lebrecht v. Blücher. „Ei, ei! lustig genug für ein solch Feldlager," sagte er, recht freundlich gelaunt, „aber es ist auch eben recht für solche Zeit, wo man des Teufels werden möchte, und alle Noth hat, sich die Grillen zu verscheuchen. Aber, meine Herren, was haben Sie denn da für ein Gefiedel! Solches

Katzengejammer paßt nicht für den Reiteroffizier. Der liebt die Trompete. Wie heißt er, wer ist er?" fragte er den Virtuosen.

Dieser war schon längst von seinem Sitze aufgestanden, hatte die Geige bei Seite gelegt und sich in Positur gestellt. — „Johann Gottlieb Hase, Trompeter im königlich preußischen Kürassierregiment von Heysing," erwiderte der Gefragte mit fester Stimme und mit einem dem General fest zugewandten Blicke.

„Hase? ein schlechter Name für einen Soldaten, und das Dingelchen da eine schlechte Spielerei für einen Kürassiertrompeter," sagte Blücher fast spöttisch lächelnd. „Dient er schon lange?"

„Früher als Unteroffizier in der Garnison zu Danzig; erhielt dann meinen Abschied und lebte an die 20 Jahre von meiner Geige, mit welcher ich Deutschland und Rußland durchstreifte. Weil es nun aber einmal wieder Krieg giebt, so bin ich denn auch wieder heimgezogen, und weil es mit dem Dreinschlagen nicht mehr recht geht, so nahm ich die Trompete, um wenigstens das Zeichen dazu zu geben."

„Hör' er, Hase, ich will sehen, ob er morgen seine Trompeterstücke gut zu blasen versteht. Gute Nacht, meine Herren!" Mit flüchtigem Gruße verließ der General das Zelt.

In derselben Nacht hatte Napoleon in seinem Bivouac auf dem Landgrafenberge den Angriffsplan entworfen. Der Morgen brachte diesen zur Ausführung. Ein dichter Nebel verbarg den Aufmarsch des französischen Heeres; aber als er gewichen war, da standen auch bereits 80,000 in der Schlacht, wozu bald auch Ney kam, indem er mit dem Hintertreffen in die erste Linie rückte. Drei blutige Gefechte entschieden die Niederlage des Fürsten Hohenlohe und das Schicksal des Tages. Zuerst ward der preußische Vortrab geworfen, dann das Hauptkorps und endlich der rechte Flügel. Vergebens setzte sich die Division Schmettau dem Feinde entgegen, umsonst wagte Blücher an der Spitze seiner Reiterregimenter nochmals einen verzweifelten Angriff! Unordnung und Verwirrung waren im preußischen Heere eingerissen, allgemeine Flucht die Losung.

Zwei Regimenter hielten sich am längsten: Heysing's Kürassiere und Blücher's Husaren. Sie hatten eine Linie formirt und den Anfall der Gepanzerten zurückgeschlagen; doch da nahten die Massen der Garden zu Fuß im Doublirschritt mit gefälltem Bajonnet. „Blast zum Rückzuge!" rief Blücher seinem Stabstrompeter zu; die Töne schmetterten und wurden an den Flügeln wiederholt, die Schwadronen schwenkten, noch in ziemlicher Ordnung; doch da krachte das Klein-

gewehrfeuer, Pferde und Reiter stürzten — und im scharfen Galopp
flogen die Schwadronen der Preußen davon.

„Um Gotteswillen, nehmen Ew. Excellenz mein Pferd!“ rief
eine Stimme, und in demselben Augenblicke stand auch ein Mann
an der Seite des Generals, der sich eben mit vieler Mühe unter
seinem gestürzten Pferde hervorarbeitete.

„Der Schimmel ist mausetodt!“ rief Blücher, indem er seinem
Leibroß noch einen Blick zuwarf.

„Hier schnell auf meins,“ rief der Retter, „es ist ein guter
Renner, schnell, schnell, die Garden laden, es wird gleich wieder vor=
wärts heißen!“

„Und er?“ fragte der General.

„Für mich ist jener Graben eine bessere Zuflucht, als er für
Ew. Excellenz sein würde; wer sieht bei dem Andrängen nach einem
Kürassiertrompeter, wohl aber nach einer Excellenz. Drum schnell
auf meinen Rappen.“

Rasch sieht sich der General auf's Pferd gehoben, und ver=
schwunden war der Trompeter.

„Gott schütze Dich, braver Hase!“ rief Blücher; „ich werde Dir
dieses Trompeterstückchen nie vergessen.“

Mit Sturmwindseile flog der Rappe über den Acker hin, um
die Waldesecke herum; hier hatten sich einige Schwadronen wieder
festgestellt, aber es war kein Halten mehr. Die Einheit der obern
Leitung war verloren gegangen, denn es war der Fürst durch einen
Flintenschuß ins Auge, General Schmettau tödtlich verwundet wor=
den. Abtheilungen verwickelten sich mit Abtheilungen, die heran=
eilenden Massen wurden von den Umkehrenden über den Haufen ge=
worfen, die Kavallerie stieß auf die Infanterie, — es war an keine
Ordnung mehr zu denken — die Schlacht war verloren. —

2. Der Lohn.

Das Nationaltheater zu Breslau war gedrängt voll. In den
Ranglogen hatte sich die schöne Welt in ihrem reichsten Schmucke und
im Prunke ihrer Reize ausgebreitet; das Parterre aber glich dem
bunten Farbenspiele eines Gemisches aller Gattungen von Uniformen
eines stehenden Heeres, hier und dort durch den schwarzen Frack eines
friedlich Gesinnten unterbrochen. Der Löwe des Tages war jedoch
der alte Husar mit dem silberweißen Schnurrbarte und dem kahlen
Scheitel, welcher in der Loge dicht am Proscenium saß und, umgeben

von Generalen, Stabsoffizieren und Adjutanten, laut genug sprach, um auch weithin im Parterre vernommen zu werden. Aller Augen waren dem ehrwürdigen Kriegshelden zugewendet.

Es war Leberecht von Blücher, der „Husarengeneral", wie ihn Napoleon spottweise bezeichnete, der „Marschall Vorwärts", wie ihn später die Russen der Art seiner Angriffe wegen nannten. Er war auf Napoleon's Veranlassung in den Ruhestand versetzt gewesen, aber als sich Preußen erhob, um die schmachvollen Fesseln zu brechen, in welche Frankreichs Uebermuth ganz Deutschland geschlagen, da war Blücher, nun zwar schon ein Greis von 70 Jahren, einer der Ersten, die sich erhoben, um den erlittenen Schimpf zu rächen. Aber sein König wußte es wohl, daß in den Adern des Greises noch Jünglings= blut ströme und daß reiche Erfahrungen, in den Jahren des Unglücks gesammelt, ihn und vor Allen ihn befähigten, an der Spitze der Nation für das Vaterland zu kämpfen und diese zu Ehren und Siegen zu führen; er hatte den Oberbefehl über die preußische Armee erhalten, und als er nun am Vorabende des Ausmarsches im Nationaltheater zu Breslau erschien, da wurde er mit einem tausendstimmigen und wiederholten Lebehoch empfangen.

Man gab ein kleines, zu diesem Zwecke besonders eingerichtetes, dramatisches Gedicht. Diesem folgte eine musikalische Akademie.

Die Ouverture war vorüber. Eine kleine Pause folgte. Der alte General unterhielt sich lebhaft mit seiner Umgebung. Da trat ein in Schwarz gekleideter Mann auf der Bühne vor. Das schlichte fast silberweiße Haar, sowie die scharfmarkirten Züge bezeichneten ihn jedenfalls als einen Mann, der den sechziger Jahren nahe stehen, wo nicht sie schon erreicht haben mochte, doch der feste Gang und die aufgerichtete Haltung seines kräftigen Körpers schienen eine solche Behauptung wieder Lügen strafen zu wollen. Er hatte eine Violine in der Hand, und nach einer Verbeugung gegen das Publikum begann er eine jener großartigen Kompositionen zu spielen und diese auf eine Art durchzuführen, welche ihn jedenfalls auf seinem Instrumente als einen Künstler ersten Ranges beurkundete.

„Aber potz Blitz! ist denn das nicht der Hase?" rief Blücher, über die Brüstung der Loge weit sich vorlehnend. Der Künstler warf einen Blick hinauf — er hatte die Frage vernommen und es drang ihm recht freudig warm zu Herzen. Er, der große General, erinnert sich des „Kürassiertrompeters", so erklang es in seinem Innern; er hatte in seinem Leben noch nicht schöner gespielt, als eben heute vor dem Manne, den er über Alles schätzte, der vor sieben Jahren sein

Spiel ein Katzengejammer gescholten und dem er dann ein Trompeter=
stückchen gezeigt.

Stürmischer Beifall erscholl, als er geendet hatte. „Holt mir
den Hase!" befahl der Marschall. — In fünf Minuten stand der
bescheidene Künstler inmitten von besternten und betreßten Herren vor
dem gewaltigen Marschall Vorwärts. — „Aber sag er mir doch, wo
ist er damals hingekommen, daß man ihn durch volle sieben Jahre
nicht zu Gesicht bekommen?" fragte der General.

„Gefangen genommen, machte ich einen Spaziergang nach Frank=
reich, dann aber vom Glücke, oder besser gesagt von meiner Geige,
die mir hier und da Freunde erworben hatte, begünstigt, und aus der
Gefangenschaft entlassen, machte ich meine Reisen durch Deutschland,
Oestreich und wieder ziemlich weit hinein in das Reich der Russen,
bis ich endlich vor einigen Monaten hier eingezogen bin, um heute
das Glück zu genießen, vor Ew. Excellenz zu fiedeln."

„Er ist ein Teufelsjunge," schmunzelte Blücher, „aber sag er
mir, wie steht es denn mit seiner Trompete?"

„Ei, ich vermag wohl noch ein gutes Trompeterstückchen zu
blasen," erwiderte der Virtuos, „und weil es nun einmal wieder vor=
wärts gehen soll, so will ich auch nicht zu Hause bleiben. Das
„Portez selles" und das A cheval, das Cavalquet will ich wohl
kräftig genug hervorschmettern, nur das La retraite käme mir
sauer an."

„Und dazu soll es, will's Gott, auch nicht kommen," rief der
alte Held mit leuchtendem Auge. „Vorwärts! soll meine Losung
sein, und willst du alter Knabe den Ton dazu angeben, für die preu=
ßische Armee, für ganz Deutschland, so schlage ein — du bist mein
Stabstrompeter — verstehst — mein Stabstrompeter, immer mir
zur Rechten."

Die Hand des deutschen Mannes, der für Deutschlands Ehre
und Freiheit noch in den siebziger Jahren das Schwert ergriffen,
ward dem deutschen Manne gereicht, der der deutschen Nation die
Losung „Vorwärts" mit klingenden Trompetentönen zuschmettern
sollte. Dieser ergriff die gereichte, — er sank auf sein Knie, er drückte
die Lippen auf die Hand seines Generals.

Die Umstehenden waren gerührt, — das Publikum in Logen
und Parterre sah einer Scene zu, die es nicht verstand; der Marschall
aber beugte sich dem Trompeter zu, und feierlich ernst sprach er die
Worte: „Ich danke dir mein Leben, Hase, du hast es bei Auerstädt
mit Gefahr deines eigenen erhalten; ich habe es nicht vergessen, von

heute an bleibst du bei mir so lange, bis einer von uns vom Schau=
platze abtritt." —

Und Hase war und blieb der Stabstrompeter, immer zur Rechten
des Marschalls Vorwärts, und als nach der Schlacht bei Lützen
Alexander dem ehrwürdigen Helden den Georgenorden um den Hals
hing, da rief dieser seinen Stabstrompeter herbei und stellte ihn dem
Kaiser mit den Worten vor: „Daß es mir vergönnt war, noch einmal
meinen Arm dem Vaterlande zu weihen, ist diesem Manne zu danken.
Er ist es, der bei Auerstädt mit Gefahr seines eigenen Lebens das
meinige erhalten hat."

Da nahm Alexander den Georgsorden von seiner Brust und
heftete ihn an das grobtuchene Collet des Stabstrompeters.

Die Neujahrsnacht.

Es ist Sylvester, die Mitternachtsstunde ist gekommen und von
der Thurmuhr schlägt die zwölfte Stunde. In der freundlichen Fa=
milienstube ist's leer geworden, die Kinder sind zu Bett gegangen und
haben sich dem Schutze Gottes und seiner heiligen Engel befohlen,
die Freunde und Nachbarn haben gute Nacht geboten und nur der
Hauswirth sitzt still und einsam bei seiner Lampe und giebt seinen
Gedanken Audienz. Er denkt nach über Krieg und Frieden, denkt
nach über die Freuden und Leiden des verflossenen Jahres, ist bald
bei seinen guten Freunden und getreuen Nachbaren, die noch bei ihm
auf Erden sind, bald auch bei denen, die in einer bessern Welt wohnen,
wo's keine Nacht und keine Stürme mehr giebt und die am Grabe
ihr armes Pilgerkleid abgelegt haben.

Da wird die Stille der Nacht durch das Läuten aller Glocken
unterbrochen, auf den Straßen wird es lebendig, man hört allerlei
Stimmen, junge und alte, die aus voller Kehle: Prost Neu=
jahr! rufen.

Mitten durch diesen Lärm dringt aus der Ferne wohlthuend und
erhebend der Choral: Nun danket alle Gott mit Herzen, Mund und
Händen 2c. dem Hauswirth an das Ohr und in das Herz, er faltet
fromm und still die Hände und singt leise mit.

Hat er nicht Ursache dazu? Hat ihn Gott nicht frisch und ge=
sund mit den lieben Seinen erhalten, hat er ihn nicht aus großen
Nöthen und Gefahren geholfen, hat er ihm nicht viel Gutes gethan
und das alte Bibelwort wahr gemacht: Wo der Herr nicht das Haus

bauet, da arbeiten umsonst die daran bauen und wo der Herr nicht die Stadt behütet, da wacht der Wächter umsonst.

Du fragst, lieber Leser, wer ist dieser Hauswirth? Ich will Dir Antwort geben. Du selbst bist es oder sollst es doch sein. Ich weiß es wohl, es giebt auch Leute, welche die Neujahrsnacht anders hinbringen, die bei den Karten und den vollen Gläsern bis zum hellen Morgen sitzen, die zechen und toben, als ob man nicht bei Sinnen sein müsse, wenn das alte Jahr Abschied nimmt und das neue grüßt. Es giebt Andere wieder, die auf den Straßen herumbummeln und allerlei lose Reden führen. Noch Andere, die Flinten und Pistolen bei sich führen und bald da, bald dort ihr Pulver verknallen, um das Neujahr anzuschießen und die Nachtwächter und Polizeimannschaft zu foppen, wenn sie das Schießen nicht leiden wollen. Die Schlimmsten aber sind das noch immer nicht. Doch ich will nicht alle Sündenregister der Neujahrsnacht ziehen, aber daran will ich erinnern, daß ein christlicher Hausvater nicht recht daran thut, wenn er den letzten Tag im Jahr nicht still und ernst im Kreise seiner Lieben hinbringt. Kann er denn wissen, ob er über's Jahr, wenn wieder Sylvesterabend kommt, noch alle die Seinen beisammen hat, ob er selbst noch lebt und wie es mit ihm steht? Ist nicht das Leben und die Gegenwart ernst genug, um im ernsten und frommen Aufblick zu Gott aus dem alten in das neue Jahr zu treten?

Wenn die Neujahrsglocken rufen, dann sollen Vater und Mutter mit ihren Hausgenossen zur Kirche ziehen, um mit dem Segen des Herrn für das kommende Jahr sich weihen zu lassen. Werden sie das können, wenn sie die Nacht zuvor geschwärmt und geschwelgt haben?

Lieber Leser! Meine Neujahrsbetrachtung geht zu Ende, wir sind miteinander unvermerkt in das neue Jahr eingetreten und der Bote hat auch seine Botentasche wieder geöffnet. Und was ist darinnen? Allerlei von dem, was dem lieben deutschen Vaterlande frommt, was ihm Glück und Segen bringt, von dem Einen, was Dir und mir noth thut, was dem Herzen und dem Hause gut und heilsam ist, was Frieden und Einigkeit fördert, was Lust zur Arbeit giebt, Handel und Wandel hebt, den Landbau und die Gewerbe in Flor bringt, und wodurch ein Jeder, auch der Aermste und Geringste seines Lebens froh werden kann. Und was erbitten wir uns dazu von dem großen Hausherrn der Welt? Gut Regiment, gut Wetter, Friede, Gesundheit, Zucht, Ehre, gute Freunde, getreue Nachbarn und desgleichen. So werde es mit Gottes Hülfe.

Aus Nettelbeck's Kindheit.

Zum Titelbilde.

Wer kennt nicht den tapfern Bürger, dessen Name durch seine Mithülfe bei der Vertheidigung Colbergs so innig mit der Geschichte dieser Stadt verbunden ist. Davon wollen wir aber nichts erzählen, da der Leser unseres Kalenders in der vaterländischen Geschichte wohl bewandert ist. Einen kleinen Zug aber von Nettelbeck, der uns seine Herzensgüte in frischer Jugend zeigt, haben gewiß nur wenige Leser des Boten erfahren. Es war ein harter Winter, Flüsse und Teiche waren mit Eis überzogen und der Hafen war mit dicken Schollen bedeckt. Eine Mißernte, welche dem Landmann kaum den eigenen Bedarf geliefert, hatte die Stadt Colberg und namentlich die Umgegend in bittere Noth gebracht, da der zeitige Frost die Schifffahrt unterbrochen und eine Zufuhr aus fremden Ländern unmöglich gemacht hatte. Der Mangel wuchs zusehends und die Getreidepreise erreichten eine ungeheure Höhe. Vor dem Hafen suchten einige mit Getreide beladene Schiffe die Einfahrt in denselben zu erzwingen und die Aussicht, daß die Schiffe, durch deren Ladungen dem Mangel etwas abgeholfen werden konnte, in den Hafen kommen würden, hatte Tausende von armen Landleuten in die Stadt gelockt. Auf ihren Radwern brachten sie ihre abgehungerten Kinder mit; hier wollten sie dieselben und sich sättigen, und ihre kleinen Fuhrwerke mit Vorrath beladen der Heimath zukehren. Herzzerreißend war der Jammer der armen, so bitter getäuschten Menschen; sie flehten händeringend um einen Bissen Brod für sich, für die Kinder, aber die, welche sie anflehten, hatten kaum genug für den eignen Bedarf, gaben sie heut, litten sie morgen dieselbe Noth, und hatten doch jene nicht beseitigt. Mit Thränen in den Augen kam der kleine Joachim Nettelbeck aus der Schule. Hastig erzählte er von dem Elende, das er mit eigenen Augen gesehen — er bat und flehte, Vater, Mutter möchten doch helfen. Der Vater stand am Fenster; die Kummerfalten, die seit einigen Tagen auf seiner Stirn lagen, waren tiefer geworden, ernst sinnend blickte er hinaus auf das Bild des Jammers, das jetzt auch vor seinem Hause sich darstellte. „Da muß geholfen werden!" sprach er endlich. Joachim jauchzte, die Mutter sah den Vater fragend an: „Wir haben," sprach er, „so viel Grünkohl im Garten — er wird kaum angesehen — den Aermsten wär' er ein Labsal —"

„Du hast recht!" rief die Mutter. „Einen Kessel voll nach dem andern will ich kochen und vertheilen —"

Sie rief die Mägde herbei und ertheilte ihre Befehle. Joachim war auf die Straße geflogen, und eine eroberte Brodschnitte einem hungrigen Kinde zusteckend, tröstete er die andern damit: Mutter werde bald ihren Hunger stillen —!" Dann eilte er den Mägden nach, pflückte selbst die mit Eis und Schnee bedeckten Kohlstauden ab und trieb die Mägde an, den ersten gefüllten Korb nach Hause zu tragen. Am dampfenden Kessel schürte er das lodernde Feuer, trug Holz herbei und konnte es kaum erwarten, daß die erste Portion fertig war. Die Mutter, der er mehr im Wege war, als er nützen konnte, trug ihm endlich auf: er solle die Schüsseln und Teller mit der wär= menden Kost hinaus tragen, an die Hungernden vertheilen. Das war ein Fest für ihn. Mit klugem Auge spähend, suchte er die Bedürf= tigsten, die Hungrigsten herauszufinden. Das war schwer, unmög= lich, denn Einer sah so jämmerlich aus wie der Andere, Alle schrien gleich laut um Hilfe. Da reichte er seine Näpfchen zuerst den Kindern und eilte, die Alten tröstend, in's Haus, um andere zu holen. So wurden allmählich Alle befriedigt, der grimmigste Hunger war gestillt und mit einem seligen Gefühl, wie er es nie gehabt, schlief Joachim an diesem Abende ein. Die folgenden Tage ging es eben so. Immer neue Ankömmlinge füllten die Straßen, die einmal beglückten ver= ließen sie nicht; Joachim hätte über der Ausübung seines Ehren= amtes fast — die Schule versäumt. — Um Nettelbecks Haus drängten sich die meisten, denn hier wurde am reichlichsten gegeben, anderswo war man weniger freigebig, oder es fehlte an Mitteln und fast war es auch da noch möglich, die Bittenden zu befriedigen. Da erscholl die Kunde: ein Schiff wage es in den Hafen einzulaufen. Der Nord= sturm hatte die Wellen aufgewühlt; sie zerbrachen mit zermalmender Kraft die Eismassen; schoben sie über einander; hier und da entstand ein eisfreier Raum und kühne Schiffer wagten es sich durchzuarbeiten; die Noth in der Stadt ermunterte sie — es schien zu gelingen — doch nahe an der Stadt wurde das Fahrzeug vom Sturm und den Eisschollen an den Hafendamm geworfen, es borst, und das Korn, das Tausenden Brod geben konnte, sank mit dem Fahrzeuge auf den Grund des Meeres. Ein Jammergeschrei durchtönte die Stadt bei dieser Nachricht, denn nun schwand alle und jede Hoffnung. Nur die Besonnensten dachten auf Rettung. Vor allen waren es die Brüder Nettelbeck, welche die Hoffnung nicht aufgaben. Das große Ansehen, das der Eine, ein Brauer, bei seinen Mitbürgern genoß, die Erfahrung, welche der Andere als Schiffer hatte, machten, daß man auf ihre Vor= schläge hörte. Nettelbecks Schiff wurde nebst einem zweiten durch ein in's

Eis gehauenes Fahrwasser an das gesunkene gebracht, an beide wurden Winden angebracht, das verunglückte Fahrzeug sammt Ladung
emporzuheben. Nach unsäglicher Mühe und Anstrengung gelang es.
Joachim war von dem Geschäft nicht wegzubringen. Es war ja des
Oheims Schiff, das benutzt wurde, Oheim und Vater waren ja die
Leiter der ganzen Thätigkeit, da durfte er doch nicht fehlen. Hundertmal auf die Seite geschoben, war er immer wieder da; getreten und
gestoßen ging er wohl zur Seite, aber wenn die Männer wieder alle
angriffen, da stand er auch an den Tauen und zog, als arbeitete er
ums Tagelohn. Welch kindische Freude empfand er, als die Last sich
hob. Sie theilte sich den Arbeitern mit; diese wischten sich den Schweiß
von der Stirn, der trotz der Kälte reichlich floß und zogen frischer an.
Immer deutlicher war es, die Mühe wird reich belohnt werden. Nettelbeck ließ stärkende Getränke herumreichen, die Arbeit wurde fortgesetzt, noch einige kräftige Züge, da hob sich das Deck aus dem Wasser,
es rauschte herab, das Schiff war sichtbar. Da hob sich auch die
Kraft der Ermüdeten, denn bald wars ja geschehn. Nun gings ans
Ausladen des ganz durchnäßten Getreides. Jedes Bürgerhaus nahm
gern einige Scheffel, um es schnell zu trocknen, ehe es unbrauchbar
wurde. Das war ein Jubel! Und er wuchs noch, als ein zweites
Kornschiff nahte, denselben Weg, aber mit mehr Vorsicht, zu wagen.
Es kam glücklich an, wurde entladen und — die fremde Noth war
gestillt. Auf Wagen und Radwern führten die Landleute Vorräthe
in die Heimath, die Stadt und ihre Bewohner segnend, die so viel
für sie gethan.

Aus dem Jugendleben Napoleon III.

Ludwig Napoleon pflegte täglich von Arenenberg im Schweizer-
canton Thurgau aus, wo seine Mutter das Schloß an sich gekauft
hatte und in ländlicher Stille als Herzogin von St. Leu lebte, einen
Spazierritt zu machen. Eines Tages war er daran, ein Dorf zu
erreichen, das auf einer Anhöhe liegt, welche den See von Constanz
beherrscht. Plötzlich wird sein Ohr von dem Angstgeschrei der Dorf-
bewohner getroffen. Sein Auge gewahrt in einiger Entfernung die
Pferde einer Kalesche, worin eine Dame mit zwei Kindern sitzt, wie
sie in wilder Hast sicherem Verderben zueilen. Der Kutscher, der vergeblich ihrer Meister zu werden gestrebt hatte, liegt schon von seinem
Sitze heruntergeschleudert. Verzweifelt ringt die Dame in ihrer mütter-

lichen Angst die Hände um Hülfe. Blitzschnell sprengt Ludwig Na=
poleon auf seinem feurigen Renner über Felder und Gräben heran.
Gleichsam am Rande des Abgrundes erreichte er die Kalesche. Mit
fester Hand erfaßte er die Zügel der beiden Pferde und reißt sie so
gewaltig zurück, daß das eine Pferd sogleich zu Boden fällt und der
Wagen unmittelbar stehen bleibt unter dem lauten Beifall aller Zeugen,
welche den kühnen Muth des jungen Reiters zu bewundern Gelegen=
heit hatten. — Den Winter des Jahres 1828 — 29 brachte der Prinz
bei der Großherzogin Stephanie von Baden, die er stets wie seine
Mutter liebte und verehrte, zu. An einem kalten Decembertage wan=
delte er in Gesellschaft dieser Fürstin und deren beiden Töchter, der
Prinzessin Josephine und Marie, längs dem Ufer des Neckar. Das
Gespräch fiel auf die Blüthezeit der französischen Galanterie, wo das
ganze Leben eines echten Ritters nur um Gott, den König und seine
eigene Dame sich bewegte. Die Prinzessin Marie bedauerte, daß
jene schönen Zeiten für immer vorüber wären, indem nach ihrer An=
sicht die heutigen Franzosen mit ihren Vätern nicht verglichen werden
könnten. Ludwig Napoleon nahm mit Wärme sich der Sache seiner
Landsleute an, behauptend, daß jede Dame, welche echte aufrichtige
Anhänglichkeit einzuflößen vermöge, heute eben so gut wie sonst auf
die edle Hingebung und Aufopferung eines wahren Franzosen rechnen
dürfe. Während die Discussion zwischen Beiden sich immer lebhafter
gestaltet, gelangt die Gesellschaft an den Ort, wo der Neckar in den
Rhein stürzt, dessen aufbrausende Wogen hier dem Eindringling sich
entgegen zu thürmen scheinen. Der starke Nordwind, der aber jetzt
wehet, reißt plötzlich von dem Kopfputz der Prinzessin Marie eine
Blume und wirft sie in den Fluß. Mit dem Finger auf die arme
Blume, welche von den Fluthen fortgetragen wird, zeigend, meint
die Prinzessin: Dies wäre eine schöne Gelegenheit für einen Ritter
aus alter Zeit. Ludwig Napoleon läßt die Anspielung nicht fallen,
sondern das Wort durch die That bekräftigend, springt er, ganz ge=
kleidet wie er ist, in den Rhein hinunter, zur entsetzlichen Bestürzung
seiner Tante und seiner beiden Cousinen, denen, wie leicht zu denken,
bei einem solchen Anblick das Blut in den Adern stockt. Leichenblaß
starrt die Prinzessin Marie in den Rhein hinab, da ihr unüberlegter
Scherz dem hoffnungsvollen Prinzen das Leben zu kosten droht. Die
Wogen bedecken ihn anfangs wirklich wie ein Grab, doch er taucht
kräftig wieder empor und mit den Fluthen ringend, erfaßt er endlich
die verlorne Blume. Glücklich und wohlbehalten steigt er an das
Ufer, wenngleich halb erfroren, und seiner Cousine die Blume über=

reichend, sagte er: Nehmen Sie Ihre Blume hin, aber um Gottes=
willen, verschonen Sie uns ein anderes Mal, besonders im Winter,
mit ihren Rittern aus der alten Zeit.

Aus der Hand in den Mund.

Ein Sprüchwort, das man oft im Munde der Alten hört, lautet:

> Aus der Hand in den Mund —
> Macht im Alter die Rippen wund;
> Aus der Hand in den Kasten —
> Läßt im Alter sein ruhen und rasten!

Und das wäre fürwahr ein Text, über den man eine ganze Predigt
in vier Theilen halten könnte. Ein paar Worte können jedoch auch
hier nicht schaden, denn sie vermitteln das Verständniß. „Aus der
Hand in den Mund." Das, lieber Leser, ist leider vieler Leute Grund=
satz. Was sie verdienen, wird vergessen und selbst vertrunken. Ich
kenne Handwerker und Tagelöhner genug, die das thun, und wenn
sie einmal viel verdient haben, am lieben Brode sich nicht genügen
lassen, sondern Wecken kaufen oder Kuchen backen. Merkt aber auch,
was die zweite Zeile sagt. Die erste ist der Zettel, die zweite der
Einschlag. Sie sagt, daß „aus der Hand in den Mund," nämlich
das Aufzehren allen Verdienstes, ohne einen Nothpfennig zurück zu
legen für Miethe, Krankheit, Alter — im Alter die Rippen wund
mache, nämlich weil sie hart liegen müssen und nicht einmal ein
wärmend und weiches Bette haben für die alten Knochen. Das ist
ein goldnes, wahres Wort. Aber die „aus der Hand in den Mund"
Lebenden denken nicht ans Alter, leben in den Tag hinein, oder denken:
Betteln ist ein leichtes Handwerk und nährt seinen Mann! Pfui,
der Schmach und Schande! Aber wenn im Alter die Rippen sich
wund gelegen haben auf harter Pritsche, dann ist's zu spät für die
Reue, und die Thränen machen das Bette nicht weicher. Darum
laß dir rathen und beherzige bei Zeiten den zweiten Theil des Sprüch=
leins, der eine doppelt goldene Lehre dir giebt: „Aus der Hand in
den Kasten!" Nun das geht freilich nicht mit Allem, was verdient
wird. Man will ja auch leben und sich kleiden, und die Kinder wollen
auch essen und nicht nackt gehen! Gewiß, das ist wahr; aber Freund,
wer alle Tage einen Groschen in den Kasten legt, hat am 31. De=
cember 5 Groschen mehr als 12 Thaler; und wer alle Tage einen
guten Groschen einlegt, dem bringt's eine Summe von über 15 Thaler.

Wer es noch besser in die Sparkasse einlegt, und alle Jahre so viel hinzuthut, und die Zinsen der Sparkasse noch etwa dazukommen, — wahrlich der bringt es dahin, wovon das Sprüchwort in seiner letzten Hälfte redet, „daß es im Alter sein ruhen und rasten lasse," nämlich wenn's mit der Arbeit nicht mehr fort will und die Tage und Jahre kommen, von denen man sagt: „Sie gefallen uns nicht!" Ach, wie gut thut es da, wenn die Rippen nicht wund werden müssen vom harten Lager, oder in Summa, wenn die Noth nicht drückt. Wie erquickend, wenn man nicht ganz von den Kindern abhängig ist, oder gar vom Mitleiden Anderer leben muß. Sorg' darum in der Zeit, dann hast du's in der Noth! Häng dir jung den Brodkorb hoch, d. h. lerne dir etwas versagen, dann kannst du ihn im Alter tief hängen, d. h. sein ruhen und rasten — nach gethaner Arbeit.

Segen der Bibelsprüche.

Ein alter Bauer verlebte seine letzten Tage in dem Hause einer seiner verheiratheten Töchter. So wenig der Alte auch hatte, so reizte dies doch die Habgier der Tochter und ihres Mannes; besonders sannen diese beiden darauf, sich eines Schuldscheins von 25 Thlrn. zu bemächtigen, die er ihnen geliehen hatte. Eines Abends, als sie gerade wieder davon sprachen, mühte die dreizehnjährige Tochter, die etwas schwer auswendig lernte, sich ab, den vom Lehrer ihr aufgegebenen Spruch zu lernen: „Was hülfe es dem Menschen, wenn er die ganze Welt gewönne und nähme doch Schaden an seiner Seele; oder was kann der Mensch geben, daß er seine Seele wieder löse?" Nach ihrer Gewohnheit laut zu lernen, wiederholte das Mädchen wohl hundertmal in ihrer eintönigen, singenden Weise den Spruch. Dieser Spruch aber war den Eltern sehr lästig, weil er mit dem, was sie vorhatten, im geraden Widerspruch stand. Daher sagte der Vater: Du könntest auch leise lernen. Das Kind folgte eine Zeit lang, aber bald wurde es wieder laut. Endlich befahl der Vater barsch: Geh jetzt zu Bette, man kann ja kein Wort vor Deinem Gebrumme reden. Sie ging, aber noch aus dem Kissen tönte es mehremale heraus: Was hülfe es dem Menschen u. s. w., bis sie einschlief. Da besprachen die Eltern vollends den Plan. Am andern Morgen ging der Vater als Drescher nach der Scheune. Ehe er jedoch das Haus verließ, war die Tochter auch schon wieder aufgewacht, und hatte mit lauter Stimme probirt, ob sie noch den Spruch wisse. Der

Vater mußte also auch, ehe er an sein Tagewerk ging, die Warnung mitnehmen: Was hülfe es dem Menschen u. s. w. In der Scheune klang ihm immer der Spruch in den Ohren, und wie sehr er sich auch bemühte, ihn aus dem Sinn zu schlagen, es half nichts. Endlich konnte er es nicht länger aushalten, er warf den Dreschflegel weg und ging nach Hause, um seiner Frau zu sagen, aus ihrer gestrigen Verabredung könne nichts werden; er wolle um ein paar schnöder Thaler willen sein Seelenheil nicht verlieren. Die Frau kam ihm schon an der Thür entgegen, denn auch ihr hatte das göttliche Wort sich wie ein Haken ins Herz geworfen, der immer tiefer eindrang, je mehr sie ihn herauszureißen suchte. Sie ließen die Erbschaft des alten Vaters unberührt und erwarteten ruhig, was ihnen in recht= mäßiger Weise zufiel.

Neuer Wetterprophet.

Um diejenigen, die den Verlust des seligen Wetterprofessors Stiefel noch heute beklagen und dem Kalender auch keinen rechten Glauben mehr schenken, in wetterhinsichtlicher Beziehung wieder ei= nigermaßen wenigstens auf den Strumpf zu bringen, diene die Be= kanntmachung des folgenden, leicht selbst zu verfertigenden Wetter= glases, welches zuverlässiger als der Barometer, der eigentlich nur eine Luftwage ist, die Witterungsveränderungen vorher andeutet. Es erfordert folgende Bestandtheile: $\frac{1}{2}$ Loth Kampher, $\frac{1}{2}$ Loth Salpeter, $\frac{1}{8}$ Loth Salmiak. Jeder dieser Stoffe wird besonders in Kornbranntwein von mindestens 18 Grad aufgelöst, was bei den Salzen leicht erfolgt, beim Kampher aber langsamer, weßhalb man auch über gelindem Feuer oder durch Eintauchen des Gefäßes in warmes Wasser, etwas nachhelfen muß. Sind alle Stoffe aufgelöst, so werden sie zusammen vermischt und in eine längliche Glasflasche, am besten in die bekannten Kölnischen Wasserflaschen gegossen, die dann vorsichtig zu verpfropfen und zu versiegeln sind. Die Flaschen werden nun in freier Luft, an der Nordseite der Wohnung, aufge= hängt und können so Winter wie Sommer hängen bleiben.

Wetterveränderungen zeigen sich nun jedes Mal durch Krystall= Bildungen an und zwar nach folgender Erfahrung: Klare Flüssigkeit bedeutet heiteres Wetter; trübe zeigt Regen an. Eis auf dem Boden, dicke Luft und Frost im Winter. Trüb mit kleinen Sternen, Donner= wetter. Große Flocken, schwere Luft, bedeckten Himmel, Schnee im

Winter. Fäden im oberen Theil der Flüssigkeit, windiges Wetter. Aufsteigende Flocken, die in der Höhe bleiben, Winde in den obern Luftschichten, Kleine Sterne im Winter bei hellem Sonnenschein, Schnee am folgenden ersten oder zweiten Tage. Je höher das auf dem Boden des Glases befindliche Eis im Winter steigt, um so größer wird die Kälte.

Scharnhorst.
Zum Bilde.

Im vorigen Jahrgange unseres Kalenders haben wir dem Leser des Boten auf Seite 84 ein kleines Charakterbild des großen Mannes mitgetheilt. In dem Bilde, dem wir diese Zeilen zur Begleitung geben, hat der Maler den kleinen Scharnhorst dargestellt, wie er den Erzählungen eines alten Kriegsmannes aufmerksam zuhört, welcher die Schlachten des großen Friedrich mitgefochten. Von früher Jugend an hatte Scharnhorst eine große Vorliebe für das Soldatenleben gefaßt, der Umgang mit dem alten Krieger und ein Besuch auf der Feste Wilhelmstein waren für sein Schicksal entscheidend. Mit vieler Mühe wurde sein Vater, welcher den Sohn zum Landwirth heran-bilden wollte, bestimmt, der Neigung nicht in den Weg zu treten und mit der väterlichen Erlaubniß bezog er die Kriegsschule in Wilhelm-stein, auf welcher er, mit unermüdlichem Eifer seine Lebensaufgabe erfassend, den Grund zu seiner künftigen Größe legte. Er ist der Vater des neuen preußischen Heeres und der Landwehr, des Volkes in Waffen, welches, nachdem die alte Armee bei Jena dem Geist der neuen Zeit erlegen, auf zahlreichen Schlachtfeldern mit seinem Blute die Ehre des preußischen Namens wieder herstellte und das Vater-land von dem fremden Unterdrücker befreite.

Militairischer Humanitätsspiegel.

Präsentirt's Gewehr! — Vor wem? Zu Ehren des nun in Gott ruhenden preußischen Generallieutenants von Möllendorf. Er war zugleich Gouverneur von Berlin, und ließ unter Friedrich dem Großen im Jahre 1785 folgenden menschenfreundlichen Befehl den Officieren der zu Berlin garnisonirenden Infanterie-Regimenter bekannt machen.

„Seit zwei Jahren, als so lange ich das Gouvernement in den hiesigen Residenzen führe, ist eine meiner ersten Bemühungen mit gewesen, zur Ehre der Menschlichkeit die geringschätzige Art der Officiere gegen den gemeinen Mann auszurotten; nun muß ich zu meiner Beruhigung und Freude sagen, daß ich bei sechs in hiesiger Garnison stehenden Regimentern offenbar die Früchte davon gewahr werde. Nur bei einem Regimente, das ich bis jetzt noch nicht nennen will, ist die alte, auf Irrwegen beruhende Idee einiger Officiers, den gemeinen Mann durch Barbarei, tyrannische Prügelei, Stoßen und Schimpfworte zu seiner Schuldigkeit anzuhalten, noch Mode. Ich rathe aber denjenigen Herren Commandeurs, so sich solche Verfahrungsart bisher zu Schuld kommen lassen, an, davon abzustehen, und künftig sich zu bestreben, den gemeinen Mann mehr mit Ambition, als mit Tyrannei zur Ordnung und Kriegsgeschicklichkeit zu führen, die des Königs Majestät verlangen. Se. Majestät der König haben keine Schlingel, Kanaillen, Hunde, Grobzeug u. s. w. in ihrem Dienste, sondern rechtschaffene Soldaten, welche wir auch sind, denen nur das leidige Glück höhere Chargen gegeben, welchen unter dem gemeinen Mann viele so gut wie wir, und manche noch besser wie wir vorstehen würden. Ein jeder Officier sollte sich freuen ein Anführer ehrliebender Soldaten zu sein; das ist aber justement nicht, wenn er Diejenigen, deren Befehlshaber er ist, unter eine so geringe Race von Menschen setzt."

So sprach der ehrenwerthe alte General, wie dies im Hamburger Correspondenten Nr. 206 (Beilage) vom Jahre 1785 zu lesen. — Seit jener Zeit sind mehr denn siebenzig Jahre verflossen, aber noch heute könnte in diesen Spiegel Mancher schauen, der trotz der vorgeschrittenen Zeitbildung immer noch etwas Rohheit im Leibe stecken hat, wovon leider noch so mancher Exercierplatz Zeugniß giebt.

Gegen Hypochondrie.

Wir haben auch unsere Knownothings oder Nichtswisser. Es giebt jetzt mehr als je Menschen, die nicht wissen, wo es ihnen fehlt; sie sind mit sich und der Welt unzufrieden, leiden an hypochondrischen Verstimmungen und werden ihres Lebens nicht froh. Solchen Leuten, die man namentlich unter den höheren Ständen häufig trifft, will der Bote sagen, woran es ihnen mangelt, sie haben das alte Wort vergessen: „Im Schweiße Deines Angesichts sollst Du Dein

Brod essen," thun nicht nach diesem Worte und wissen deshalb auch nicht, was in diesem Fluche für ein Segen Gottes verborgen liegt. Die meisten von solchen Mißgestimmten gehören zu dem Volke, das sich niedersetzt, zu essen und zu trinken und aufsteht, um zu spielen; aber ehe der Mensch sich hinsetzt, zu essen und zu trinken, soll er gearbeitet haben und womöglich nicht blos mit dem Kopfe, wo oft blos der Geist spielt und der Körper ruht, sondern er schaffe mit den Händen etwas Gutes. Von der Stirne heiß, rinnen muß der Schweiß, also körperliche Anstrengung muß dem Essen vorausgehen. Probiren geht über Studiren. Wer an hypochondrischen Anwandlungen und Blähungen des Leibes und der Seele leidet, kurz jeder, dem hinten und vorn nichts recht ist, dem giebt der Bote aus Erfahrung den Rath, statt zu Hufelands Makrobiotik oder zu Pillen und Mixturen, z. B. zur Säge oder Holzaxt zu greifen; er wird bald genug inne werden, daß er damit zugleich den faulen Baum seiner Hypochondrie an der Wurzel gefaßt hat, und zu der Ueberzeugung kommen, daß das Wort der Schrift: Im Schweiße Deines Angesichts sollst Du Dein Brod essen, nicht etwa bloß für Landleute und Handwerker, sondern für Jedermann geschrieben steht.

Ein Büffelfang in Nordamerika.

Der lang ersehnte Tag, wo das Wild angetroffen werden sollte, brach endlich an, und ich selbst hatte die hohe Ehre, der Erste zu sein, der die großen Büffel nicht allein erblickte, sondern auch ein Paar ins Gras beißen ließ. Dieser Vorfall ereignete sich jedoch nicht ohne ein Abenteuer, und zwar eins, das weder sehr angenehm, noch gefahrlos war. Während einiger der letzten Tage unserer Reise hatten wir die Gewohnheit gehabt, uns zum Aufsuchen von Wild — von Hirschen, wenn wir solche finden konnten — aber ganz besonders in der Hoffnung Büffel anzutreffen, sehr zu vereinzeln. Wir zogen oft zu Zweien oder zu Dreien aus, aber eben so oft ritt einer aus der Gesellschaft allein fort, um zu jagen, wohin ihn seine Laune führte. Zuweilen fanden diese einsamen Ausflüge statt, während die Gesellschaft auf dem Marsche war, aber noch öfter in den Stunden, nachdem wir unser Lager für die Nacht aufgeschlagen hatten.

Eines Abends, nachdem unser Lager wie gewöhnlich abgesteckt worden war, und mein wackeres Pferd sein Maul voll Korn verzehrt hatte, sprang ich in den Sattel und ritt mit der Hoffnung, etwas

Frisches zum Abendessen zu finden, davon. Die Prairie, wo wir Halt gemacht hatten, war eine rollende, und da das Lager an einem Flüßchen zwischen zwei Erhebungen war, so konnte es in einer großen Entfernung gesehen werden. Sobald ich daher eine der Anschwellungen hinter mir hatte, war ich meinen Gefährten aus dem Gesichte. Ich verließ mich wegen der Richtung auf den Himmel, und ritt weiter.

Nachdem ich ungefähr eine Meile weit geritten war, traf ich auf Büffelspuren, welche aus mehreren kreisrunden, fünf bis sechs Fuß im Durchmesser haltenden, Aushöhlungen im Boden bestanden, welche unter dem Namen Büffeldrehen bekannt sind. Ich sah auf den ersten Blick, daß die Spuren frisch waren. Ich bemerkte mehrere Drehen und konnte in der Dämmerung an den Fährten sehen, daß Ochsen in dieser Gegend gewesen sein mußten. Deshalb trabte ich in der Hoffnung, die Thiere, welche sich gedreht hatten, zu sehen, weiter.

Kurz darauf kam ich zu einer Stelle, wo die Erde aufgerissen war, als ob eine Heerde Schweine dieselbe durchwühlt hätte. Hier hatte ein furchtbarer Kampf zwischen den Bullen stattgefunden. Dies war ein gutes Zeichen. Vielleicht sind sie noch in der Nachbarschaft, dachte ich, gab meinem Pferde die Sporen und galoppirte mit besserm Muthe vorwärts.

Als ich volle fünf Meilen vom Lager weggeritten war, wurde meine Aufmerksamkeit durch einen sonderbaren Lärm vor mir erregt. Es lag in dieser Richtung eine Erhöhung, welche mich hinderte zu sehen, woher das Geräusch komme, aber ich wußte, was es war — nämlich das Brüllen eines Büffelstieres.

Von Zeit zu Zeit gab es scharfe Stöße, als ob zwei harte Gegenstände in heftige Berührung mit einander kämen.

Ich erstieg vorsichtig die Erhöhung und schaute über den Kamm derselben. Jenseits lag ein Thal, von dessem Grunde sich eine Staubwolke erhob, und in der Mitte desselben konnte ich zwei große dunkle zottige Gestalten erkennen.

Ich sah sogleich, daß es ein paar im grimmigen Kampfe begriffene Büffelochsen seien. Sie waren allein, und weder im Thale, noch auf der Prairie jenseits desselben andere zu erblicken.

Ich hielt mich nicht länger auf, als nöthig war, um mich zu versichern, daß ich ein Zündhütchen auf meiner Büchse hatte, und um den Hahn zu spannen. Ich glaubte nicht, daß mich die Thiere bei ihrer Beschäftigung beachten würden, und wußte, daß ich, wenn sie die Flucht versuchen sollten, leicht einen von beiden einholen konnte, und ritt also ohne Zögern und ohne Vorsichtsmaßregeln auf sie zu.

Wider Erwarten witterten mich beide und trabten davon. Der Wind wehte heftig nach ihnen zu, und die Sonne hatte meinen Schatten zwischen sie geworfen, daß er ihre Aufmerksamkeit erregte.

Sie liefen jedoch nicht, als ob sie sehr erschrocken wären, sondern trabten im Gegentheil, augenscheinlich entrüstet darüber, daß sie in ihrem Kampfe gestört worden waren, davon, und beide drehten sich von Zeit zu Zeit kurz um, schnaubten und stampften heftig und erzürnt mit ihren Hufen auf die Prairie. Ein paar Mal glaubte ich, daß sie im Begriff ständen, mich anzugreifen, und wenn ich nicht gut beritten gewesen wäre, so würde ich mich wohl gehütet haben, ein solches Zusammentreffen zu wagen. Soweit das Aeußere in Betracht kam, hätte man sich nicht leicht ein paar gefährlichere Gegner denken können. Ihre ungeheure Gestalt, ihre zottige Vorderseite und ihre grimmig funkelnden Augen gaben ihnen ein wildes und bösartiges Aussehen, welches durch ihr Brüllen und die drohenden Stellungen, die sie fortwährend annahmen, noch erhöht wurde.

Da ich mich in meinem Sattel ganz sicher fühlte, so galoppirte ich auf den nächsten los, und schickte ihm meine Kugel zwischen die Rippen. Sie erreichte ihren Zweck. Er fiel auf die Kniee — erhob sich wieder — spreizte die Beine aus, wie um sich vor einem zweiten Falle zu bewahren — schwankte von einer Seite zur andern, wie eine Wiege — sank wieder auf die Kniee, und nachdem er ein paar Minuten in dieser Lage geblieben war, wobei ihm das Blut aus den Nüstern lief, glitt er langsam auf die Schulter nieder und lag todt da. Ich hatte diese Bewegungen mit Aufmerksamkeit beobachtet und den zweiten Stier entschlüpfen lassen; ein Seitenblick hatte mir gezeigt, wie er hinter dem Kamm der Anschwellung verschwand.

Es lag mir nichts daran, ihn zu verfolgen, da mein Pferd etwas ermüdet war und ich wußte, daß es mir einen scharfen Galopp kosten würde, ihn wieder einzuholen. Deshalb dachte ich jetzt nicht weiter an ihn, sondern stieg ab und schickte mich an, mit dem bereits erlegten weiter zu verfahren.

In der Nähe des Ortes stand ein einzelner Baum — es war ein verkrüppelter Baumwollenbaum. Es gab noch andere auf der Prairie, aber sie waren entfernt, während dieser keine zwanzig Schritte von dem Leichname entfernt stand. Ich führte mein Pferd zu demselben, nahm den Lariat vom Horne des Sattels, befestigte das eine Ende desselben an den Gebißring und das andere an den Baum.

Dann ging ich zurück, zog mein Messer heraus und schickte mich an, den Büffel auszuweiden.

Als ich kaum mein Messer gewetzt hatte, brachte mich ein Geräusch hinter mir zum Aufspringen und Umschauen und ich begriff auf den ersten Blick die Ursache desselben. Ueber den Kamm der Erhöhung kam ein großer, dunkler Gegenstand und stürzte den Hügel hinab auf die Stelle zu, wo ich stand. Es war der Büffel — der nämliche, der mich eben verlassen hatte.

Im ersten Augenblicke gefiel mir der Anblick eher, als nicht. Wenn ich auch kein Fleisch weiter brauchte, so würde ich doch den Triumph haben, zwei Zungen anstatt einer ins Lager zu bringen. Ich schob daher eilig mein Messer in die Scheide und ergriff meine Büchse, die ich dem Gebrauche gemäß vorsichtigerweise wieder geladen hatte.

Ich war einen Augenblick unschlüssig, ob ich zu meinem Pferde eilen und es besteigen oder von dem Orte aus schießen solle, wo ich stand. Diese Frage wurde jedoch durch den Büffel entschieden. Der Baum und das Pferd befanden sich auf der einen Seite der Richtung, in welcher er lief, aber da der Büffel durch das laute Schnauben des Pferdes, welches angefangen hatte sich zu bäumen und heftig auszuschlagen, angelockt wurde und dies wahrscheinlich für eine Herausforderung hielt, so schwenkte er plötzlich im Laufen ab und stürzte in großer Eile auf das Pferd los. Dieses schoß augenblicklich in der vollen Länge des Lariats vorwärts — ein lautes Krachen drang zu meinen Ohren, und im nächsten Momente sah ich mein Pferd vom Baume fort und über die Prairie galoppiren, als ob es eine Distel unter dem Schweife habe. Ich hatte den Lariat nachlässig an den Gebißring geknüpft und der Knoten sich gelöst.

Ich war ärgerlich, aber noch nicht unruhig. Mein Pferd ging ohne Zweifel auf seiner eigenen Spur zurück und im schlimmsten Falle würde ich nur bis zum Lager marschiren müssen. Ich konnte das Vergnügen erwarten, den Büffel für den Streich zu bezahlen, den er mir gespielt hatte, und wendete mich in dieser Absicht gegen ihn.

Ich sah, daß er nicht dem Pferde gefolgt war, sondern in der Richtung nach mir zukam.

Jetzt kam mir zum ersten Male der Gedanke, daß ich mich einigermaßen in einer Patsche befinde. Der Büffel stürzte ergrimmt heran. Wie sollte ich entkommen, wenn ich fehlte oder ihn nur verwundete. Ich wußte, daß er mich in drei Minuten einholen würde.

Es blieb mir nicht viel Zeit zur Ueberlegung — in der That

lein Augenblick; das wüthende Thier war nur zehn Schritte von mir. Ich erhob die Büchse, zielte nach seiner Schulter und feuerte.

Ich sah, daß ich ihn getroffen hatte, aber zu meinem Schrecken fiel er weder, noch strauchelte er, sondern fuhr fort, ergrimmter als zuvor, auf mich loszustürzen.

Wieder zu laden, war unmöglich. Meine Pistolen waren mit dem Pferde und den Holftern verschwunden. Selbst den Baum zu erreichen war unmöglich. Der Büffel befand sich zwischen mir und demselben.

Das Einzige, was mir auf fünf Minuten Sicherheit versprach, war in der entgegengesetzten Richtung zu entfliehen. Ich drehte mich um und lief.

Ich kann besser laufen, als die meisten Menschen und that bei dieser Gelegenheit mein Möglichstes. Aber ich war noch keine zwei Minuten unterwegs als ich auch schon fühlte, daß mir der Büffel näher kam und mir fast auf die Ferfen trat; ich bemerkte es nur mit Hülfe der Ohren, ich durfte es nicht wagen, mit dem Umsehen Zeit zu verschwenden.

In diesem Augenblicke zeigte sich vor mir etwas, das die Jagd auf irgend eine Weise zu unterbrechen versprach. Dies war ein Graben und eine Schlucht, welche meinen Weg in gerader Richtung durchschnitt. Sie war mehrere Fuß tief, auf dem Grunde trocken und hatte senkrechte Seiten. Ich befand mich fast am Rande derselben, ehe ich sie bemerkte. Aber im Augenblicke, wo sie vor meine Augen trat, sah ich, daß sie ein Mittel zu wenigstens zeitweiliger Sicherheit bot, wenn ich nur darüber wegspringen konnte, denn ich war überzeugt, daß der Büffel dies nicht könne.

Es war ein tüchtiger Sprung — wenigstens 17 Fuß von einer Seite zur andern, aber ich hatte in meinem Leben mehr als das ausgeführt, und eilte, ohne im Laufe inne zu halten, auf den Raand zu und sprang hinüber. Ich kam glücklich auf der entgegengesetzten Seite an, wo ich mich umdrehte, um meinen colossalen Verfolger zu beobachten. —

Jetzt wurde ich gewahr, wie nahe mir mein Ende gewesen war, denn der Büffel stand bereits dicht am Rande der Schlucht. Wenn ich den Sprung in dem Augenblicke nicht gethan hätte, wo ich ihn ausführte, so würde ich jetzt auf seinen Hörnern getanzt haben. Er selbst war vor dem Sprunge zurückgeschreckt, die tiefe, abgerundete Oeffnung hatte ihn eingeschüchtert. Er sah, daß er nicht darüber gelangen konnte, und stand jetzt mit gesenktem Kopfe und aufgeblasenen

Nüstern am entgegengesetzten Rande und peitschte sich die blauen Flanken mit dem Schweife, während sein funkelndes schwarzes Auge die ganze Größe seiner in ihrer Hoffnung getäuschten Wuth zu erkennen gab.

Ich bemerkte, daß mein Schuß die Schulter getroffen hatte, da das Blut an seinen langen Haaren herab rann.

Ich hatte fast angefangen, mir zu meinem Entkommen Glück zu wünschen, als auch schon ein eiliger Blick nach links und rechts meiner Freude ein Ende machte. Ich sah, daß sich die Schlucht auf beiden Seiten in einer Entfernung von weniger als funfzig Schritten in die Ebene abflachte und auf beiden Seiten natürlicher Weise gangbar war.

Der Büffel wurde dies fast zu gleicher Zeit mit mir gewahr, wendete sich plötzlich von der Schlucht ab und lief am Rande derselben hin, augenscheinlich in der Absicht, sie zu umgehen.

In weniger als einer Minute befanden wir uns wieder auf der nämlichen Seite und meine Lage erschien so furchtbar als zuvor, aber ich trat zu einem kurzen Anlauf zurück, sprang wieder über die Schlucht und nochmals standen wir auf einander entgegengesetzten Seiten. —

Während aller dieser Manöver hatte ich meine Büchse festgehalten und da ich jetzt bemerkte, daß mir vielleicht Zeit bliebe zu laden, so fing ich an, nach meinem Pulverhorn zu fühlen. Zu meinem Erstaunen konnte ich es nicht finden, und blickte nach dem Riemen auf meiner Brust nieder — er war eben so wenig da wie Gürtel und Kugelbeutel — sie waren alle verschwunden. Ich erinnerte mich, daß ich sie über den Kopf erhoben hatte, als ich mich zum Ausweiden des todten Büffels anschickte. Sie lagen neben der Leiche.

Diese Entdeckung war eine Quelle neuen Verdrusses. Ohne meine Nachlässigkeit hätte ich meinen Gegner bemeistern können.

Die Munition zu erreichen, wäre unmöglich gewesen, denn ich würde eingeholt worden sein, ehe ich die Hälfte des Weges nach derselben zurückgelegt gehabt hätte.

Es wurde mir nicht viel Zeit gewährt, mich meinem Bedauern hinzugeben, denn der Büffel hatte wieder die Schlucht umgangen und befand sich nochmals auf derselben Seite, wie ich, so daß ich gezwungen war, einen neuen Sprung zu thun.

Ich erinnere mich wirklich nicht, wie oft ich über diese Schlucht hin- und hersprang, aber ich sollte meinen, wenigstens ein Dutzend Mal und ich wurde durch die Anstrengung ermüdet, der Sprung war gerade, was ich möglicher Weise thun konnte, und da ich bei jedem neuen Satze müder wurde, so gelangte ich zu der Ueberzeugung, daß ich bald zu kurz springen und mich an den steilen, felsigen Seiten der Schlucht zerschmettern würde.

Wenn ich auf den Boden derselben stürzte, so konnte mich mein Verfolger leicht erreichen, indem er an einem Ende hineinging, und ich fing an, ein solches Ende zu fürchten. Das rachgierige Thier zeigte keine Neigung, sich zurückzuziehen, im Gegentheil schien es die oft= malige Täuschung seiner Erwartung in seinem Entschlusse nur noch mehr zu bestärken.

Jetzt schoß mir ein neuer Gedanke durch den Kopf.

Ich hatte mich umgeschaut, um zu sehen, ob nicht etwas vor= handen wäre, was mir größere Sicherheit verspräche. Es waren Bäume vorhanden, aber sie standen zu entfernt, der einzige in der Nähe befindliche war derjenige, an welchem ich mein Pferd angebun= den gehabt hatte. Er war klein und hatte wie die meisten seiner Art — es war ein Baumwollenbaum — keine Zweige in der Nähe seiner Wurzel.

Ich wußte, daß ich ihn erklettern konnte, indem ich den, keine zehn Zoll im Durchmesser haltenden Stamm umklammerte. Wenn es mir nur gelang, ihn zu erreichen, so konnte er mich wenigstens besser schützen als der Graben, dessen ich herzlich müde wurde.

Nun war eine Frage, ob ich ihn vor dem Büffel würde er= reichen können.

Er stand in einiger Entfernung von ungefähr dreihundert Schritten. Durch richtiges Manövriren konnte ich einen Vorsprung von fünfzig Schritten gewinnen. Selbst damit mußte es ein haar= scharfes Entrinnen sein, und als solches erwies es sich denn auch.

Ich kam jedoch bei dem Baume an und sprang hinauf, wie ein Seiltänzer. Aber der heiße Athem des Büffels stieg hinter mir auf, während ich hinaufkletterte, und der Stoß seines harten Schädels gegen den Stamm warf mich fast auf seine Hörner zurück.

Nach einer tüchtigen Anstrengung gelang es mir, mich zwischen den Zweigen festzusetzen.

Jetzt war ich sicher vor jeder unmittelbaren Gefahr, aber wie sollte die Sache enden?

Ich wußte aus Erfahrung Anderer, daß mein Feind Stunden, vielleicht Tage lang bei dem Baume bleiben werde.

Es genügte an Stunden. Ich konnte es nicht lange aushalten. Ich hungerte bereits, aber ein ernstlicheres Bedürfniß fing an, mich zu peinigen, nämlich der Durst. Die Sonnenhitze, der Staub, die heftige Anstrengung der vergangenen Stunden, Alles vereinigte sich, um mich durstig zu machen. Selbst in diesem Augenblicke würde ich um einen Schluck Wasser das Leben aufs Spiel gesetzt haben. Wozu mußte es kommen, wenn ich nicht erlöst wurde.

Ich hatte nur eine Hoffnung: nämlich daß meine Gefährten zu meiner Rettung herbeikommen würden, aber ich wußte, daß dies nicht vor Morgen geschehen werde. Natürlicherweise mußten sie mich vermissen. Vielleicht kehrte mein Pferd nach dem Lager zurück — dies würde sie veranlassen, nach mir zu suchen, aber freilich nicht vor Einbruch der Nacht. In der Finsterniß konnten sie meine Spur nicht verfolgen. War dies bei Tageslicht möglich?

Diese letzte Frage erschreckte mich, als ich mir sie vorlegte. Ich befand mich gerade in der Lage, alles von der düstern Seite anzusehen, und es fiel mir jetzt ein, daß sie vielleicht nicht im Stande wären, mich zu finden.

Es waren viele Wahrscheinlichkeiten dafür vorhanden. Es fanden sich zahlreiche Pferdespuren auf der Prairie, wo Indianer geritten waren. Ich hatte dies gesehen, während ich die Büffelfährten verfolgte. Außerdem konnte in der Nacht Regen fallen und sie alle — und die meinigen mit den übrigen — verwischen. Es war nicht wahrscheinlich, daß man mich durch Zufall fände. Ein Kreis mit einem Durchmesser von 10 Meilen ist eine beträchtliche Strecke. Wie bereits bemerkt, war es eine rollende Prairie voll Unebenheiten und Erhöhungen, mit Thälern zwischen denselben; der Baum, auf welchem ich saß, stand im Grunde eines der Thäler, er konnte von keiner über dreihundert Schritte entfernten Stelle gesehen werden. Die mich Rufenden konnten in Gehörweite vorbeikommen, ohne den Baum oder das Thal zu bemerken.

Ich war lange Zeit mit solchen düsteren Gedanken und Befürchtungen beschäftigt. Die Nacht brach herein, aber das grimmige und starrköpfige Thier zeigte keine Neigung, die Belagerung aufzuheben. Es blieb so wachsam wie zuvor, lief von Zeit zu Zeit im Kreise um den Baum, peitschte sich mit dem Schweife und stieß jenen, dem Prairiejäger wohlbekannten schnaubenden Laut aus, der dem Grunzen eines plötzlich erschreckten Schweines so sehr ähnelt. Zuweilen brüllte es laut, wie ein gewöhnliches Thier.

Während ich seine verschiedenen Bewegungen beobachtete, zog ein an der Erde liegender Gegenstand meine Aufmerksamkeit auf sich — es war der von meinem Pferde zurückgelassene Lariat. Das eine

Ende desselben war durch einen guten Knoten an den Stamm be=
festigt, das andere lag weit draußen auf der Prairie, wohin es ge=
schleppt worden war. Meine Aufmerksamkeit wurde durch den Büffel
selbst darauf gelenkt, der ihn beim Darüberlaufen bemerkt hatte und
von Zeit zu Zeit mit den Füßen darauf stampfte.

Auf einmal blitzte mir ein freudiger Gedanke auf — in meinem
Innern erwachte eine plötzliche Hoffnung — es zeigte sich vor mir
ein ausführbarer und möglicher Fluchtplan, so daß ich von meinem
Sitze aufsprang, als mir die Idee in den Sinn kam. Der erste
Schritt war in den Besitz des Lariats zu gelangen. Dies ging nicht
so leicht. Er war um den Baum befestigt, aber der Knoten am
Stamme hinuntergeglitten und lag am Boden. Ich durfte nicht dar=
nach hinuntersteigen.

Die Nothwendigkeit gab mir einen Plan ein.

Meine Raumnadel — ein Stück gerader Draht mit einem
Ringe — hing mit einem der Köpfe auf meiner Brust. Diese ergriff
ich und bog sie zu einem Haken. Ich hatte keine Leine, aber mein
Messer stak wohlbehalten in der Scheide. Dies zog ich heraus und
schnitt mehrere Riemen von dem Rande meines Hirschlederhemdes
los, welche ich zusammenknüpfte, so daß sie eine Leine bildeten, die
lang genug war, um auf die Erde zu reichen. An das eine Ende
derselben befestigte ich die Raumnadel, ließ sie dann heruntergleiten
und fing an, nach dem Lariat zu angeln.

Nach mehrmaligem Hin= und Herziehen erfaßte der Haken den=
selben und ich zog ihn an dem Baume herauf, indem ich ihn ganz
aufnahm, bis ich das lose Ende in der Hand hatte. Das andere
Ende ließ ich an seiner Stelle; ich sah, daß es fest um den Baum ge=
knüpft war, und dies wünschte ich gerade.

Ich beabsichtigte, den Büffel mit dem Lasso zu fangen, und zu
diesem Zwecke schickte ich mich an, am Ende des Lariats eine laufende
Schlinge zu machen.

Dies führte ich mit höchster Sorgfalt und allermöglichster Ge=
schicklichkeit aus. Ich konnte mich auf den Lariat verlassen, denn der=
selbe war aus Wildhaut gemacht und einen bessern hatte noch Nie=
mand geflochten. Aber ich wußte, daß es mir das Leben kosten würde,
wenn in einem gefährlichen Augenblicke etwas riß. In diesem Be=
wußtsein knüpfte ich daher die Oese und machte den Knoten so fest
als möglich, dann zog ich den Lariat hindurch und das Ding war fertig.

Ich konnte den Lasso ziemlich gut werfen, aber die Zweige hin=
derten mich, ihn über den Kopf zu schwingen. Es war deshalb nöthig,

das Thier unter dem Baume in eine gewisse Stellung zu bringen, was ich durch Schreien und andere Demonstrationen endlich bewerkstelligte. —

Der Augenblick des Erfolges war gekommen. Der Büffel stand fast gerade unter mir, die Schlinge schoß hinab — ich hatte das Vergnügen, sie sich um seinen Hals legen zu sehen, und zog sie mit einem schnellen Rucke zu.

Der Lariat glitt prächtig durch die Oese, bis Oese und Schlinge unter dem zottigen Haare des Halses des Thieres vergraben waren. Letztere umschloß seinen Hals an der rechten Stelle, und ich hegte das Vertrauen, daß sie halten würde.

Im Augenblicke, wo der Büffel den Ruck am Halse fühlte, stürzte er wie rasend von dem Baume fort und fing dann an, im Kreise um denselben zu laufen.

Der Lariat war mir wider meinen Willen bei dem ersten Zerren des Büffels aus den Händen geglitten. Ich befand mich in einer ziemlich unsichern Lage, denn die Aeste waren schwach, und ich konnte die Sache nicht so gut lenken, als ich wohl gewünscht hatte.

Aber ich fühlte jetzt hinreichend Zuversicht. Der Büffel war festgebunden; und ich hatte jetzt weiter nichts zu thun, als mich über die Länge seiner Fessel hinauszubringen, und mich auf die Socken zu machen.

Meine Büchse lag in der Nähe des Baumes, wo ich sie bei meinem Laufe hatte hinfallen lassen, und diese beabsichtigte ich natürlicherweise mitzunehmen.

Ich wartete daher, bis das Thier in einem seiner Kreise auf die entgegengesetzte Seite gekommen war, und ich glitt geräuschlos am Stamme hinunter, sprang davon weg, hob meine Büchse auf und lief.

Ich wußte, daß der Lariat ungefähr zwanzig Ellen lang war, aber ich lief wenigstens hundert, ehe ich Halt machte. Ich dachte selbst daran, so fortzufahren, da ich immer noch nicht umhin konnte, einige Befürchtungen über den Lariat zu hegen.

Der Büffel war einer der größten und stärksten. Der Lariat konnte reißen, der Knoten am Baume nachlassen, oder die Schlinge über seinen Kopf gleiten.

Die Neugierde, oder vielmehr der Wunsch, über meine Sicherheit Gewißheit zu erlangen, veranlaßte mich zum Zurückblicken. Da sah ich zu meiner Freude das riesige Ungeheuer auf die Ebene hingestreckt. Ich konnte sehen, daß der Lariat so scharf gespannt war, wie eine Bogensehne, und die aus dem Rachen des Thieres hängende

Zunge zeigte mir, daß es sich so schnell erwürgte, als ich nur wün=
schen konnte.

Bei dem Anblicke kehrte der Gedanke an Büffelzungen zum
Abendeffen in seiner ganzen Stärke zurück und es fiel mir jetzt ein,
daß ich gerade diese und keine andere essen wollte.

Ich wendete mich sofort um, lief nach meinem Pulver und den
Kugeln — die ich in meinem Eifer, zu entfliehen, ganz und gar ver=
geffen hatte — ergriff Horn und Beutel, schüttete eine Ladung ein,
rammte die Kugel in den Lauf, schlich mich dann leise hinter den noch
sich abmühenden Büffel, erhob die Mündung auf drei Schritte von
seiner Brust und feuerte. Er that ein paar Todeszuckungen und lag
dann still. Es war mit ihm vorbei.

Ich hatte ihm im Handumdrehen die Zunge herausgeschnitten
und verfügte mich nun zu dem andern Büffel, um die Operation zu
vollenden, welche ich an demselben angefangen hatte. Ich war zu
müde, um daran zu denken, eine sehr große Last zu tragen. Deshalb
begnügte ich mich mit den Zungen, welche ich über den Lauf meiner
Büchse schlang und schickte mich an, nach dem Lager zurückzutappen.

Der Mond war aufgegangen, und es wurde mir nicht schwer,
meine Spur zu verfolgen, aber ehe ich die Hälfte des Weges zurück=
gelegt hatte, traf ich mehrere meiner Gefährten, welche riefen und von
Zeit zu Zeit ihre Büchsen abschossen.

Mein Pferd war vor Sonnenaufgang zurückgekehrt. Sein Er=
scheinen hatte natürlich Unruhe erweckt und die Lagergesellschaft war
ausgezogen, mich zu suchen.

Mehrere, die Freunde von frischem Fleische waren, galoppirten
zurück, um die Büffel der noch übrigen Leckerbissen zu entledigen, aber
vor Mitternacht waren alle wieder beisammen, und bei der Musik
der an der flammenden Gluth spritzelnden Feistrippen erzählte ich die
Einzelnheiten meines Abenteuers.

Sorget nicht!

Ein Geistlicher in einem Seestädtchen fuhr auf einem kleinen
Schiffe vom Ufer nach der gegenüberliegenden Insel. Am Hinter=
theile des Schiffes stand der Steuermann, vorne saßen zwei Ma=
trosen, Vater und Sohn, und handhabten die Ruder. „Ihr seid
heute wieder traurig, Jack," sagte der Geistliche zu dem Vater. „Frei=
lich," antwortete der Matrose, „der Winter ist vor der Thüre, und

wie wirds werden mit meinen fünf Kindern? Ich bin den ganzen Tag voller Sorge!" „Das sollt ihr aber nicht sein, denn der Heiland sagt: Sorget nicht!" — „Den Spruch versteh' ich nimmer und nimmer! Also soll ich mich jetzt auf die faule Haut legen, von meinen paar ersparten Groschen mir einige gute Tage machen und es darauf ankommen lassen, ob der liebe Gott etwas bescheert für Weib und Kind oder ob sie hungern und frieren müssen?" — „Das nicht, aber — — holla Jack! was ist denn das?" rief plötzlich der Geistliche, „wir fahren eben durch die Klippen und ihr schaut euch nicht einmal darnach um? Thut eure Schuldigkeit!" — „Ei," sagte der Matrose gleichgültig, „das ist Sache des Steuermanns."—„Thut eure Schuldigkeit, Jack! sage ich noch einmal, und dämmert nicht so vor euch hin, seht ihr denn die Klippen nicht? Wir gehen zu Grunde, wenn ihr's so leichtsinnig mit eurer Arbeit nehmt." — „Schuldigkeit thun — leichtsinnig nehmen?" erwiederte der Matrose, „Herr, wie kommt ihr mir vor? Arbeit' ich nicht aus Leibeskräften, soll ich vielleicht mit steuern helfen?" — „Freilich, freilich," sagte der Geistliche, „damit es glücklich vorwärts geht." — „Ach, das wäre ja eine unnütze Geschichte, Herr. Jeder thut eben das Seine, dann wird schon alles recht werden, — der Steuermann steuert und ich führe das Ruder. So ist's Schiffbrauch!" — „Nun, nehmt's nur nicht übel, Jack!" erwiederte lächelnd der Geistliche, „im Reiche Gottes ist's eben auch so Brauch. Das Arbeiten ist eure Sache, das thut aus Leibeskräften und seht dabei nicht rechts und nicht links! — Die Sorge aber, daß ihr bei eurer Arbeit zu Grund gehen und nicht vorwärts kommen möchtet, die erspart euch und laßt sie dem, der am Steuer sitzt, und von dem geschrieben steht: All' eure Sorge werfet auf ihn, denn er sorget für euch!"

Streit und Vergleich.

Recht und Unrecht sind viel seltener Ursache von Streit und Feindschaft als der dumme Stolz und die falsche Scham. Aus Geringschätzung wird unvermerkt ein langer Hader, denn das kleine Flecklein Rost, das sich zu Anfang ansetzt und vielleicht nur wie ein Hauch aussah, frißt um sich, immer weiter und tiefer. Wird nicht gleich dagegen gethan und sieht man nach einiger Zeit einmal wieder auf, so entdeckt man mit Schrecken, wie man unvermerkt ein ganzes Leben weit auseinander gekommen, wo sich doch zuerst nur ein Härlein zwischeneingelegt hatte. Und es hat vielleicht blos gefehlt, daß der Eine den ersten Schritt that; der Andere wartete schon darauf und schickte sich an, den zweiten entgegen zu thun. Es käme so oft einzig auf's Probiren an, eine Schande wäre es nimmermehr und gewiß, unter zehn Malen geriethe es neun Male. Hierzu gehört freilich etwas mehr als ein Purpur, den das souveraine Ich vom Trödel= juden erhandelt, nämlich ein ganz hoher oder ein ganz niedriger, d. h. christlicher Sinn. Einen solchen zeigte Rudolf von Habsburg in seinem Streite mit dem Abte von St. Gallen. Dieser Abt, Berthold von Falkenstein, hatte sich gerüstet, den Grafen mit Krieg zu überziehen. Der Graf aber hatte keine besondere Neigung dazu. Eines Abends, als der geistliche Herr in der Stadt Weil zu Tische saß, kam die Wache ihm zu sagen, der Herr von Habsburg stehe vor dem Thore. Der Abt erschrak erst hinter seinem Tische, träumte schon von Spießen, Schwertern und Ueberfall, denn er ahnte es nicht, daß Rudolf den Grafen= und künftigen Kaiserstolz ruhig daheim an den Nagel gehängt hatte und mutterseelallein am Thore stand. Seine Leute beruhigten ihn darum, und so gab er den Befehl, den Feind einzulassen. Der Graf saß ab und ging zum Abte, der ihn nun höflich empfing. „Herr von St. Gallen," sagte der Habsburger offen heraus, „wir haben einen Streithandel und ich bin gekommen Alles nachzugeben, was ihr mit Recht fordern könnt!"— Der geistliche Herr mochte wollen oder nicht, er mußte Gefallen finden an diesem Zutrauen, womit sich der Feind in seine Gewalt geliefert, und da gings denn schneller und besser, als mit den feinsten Winkelzügen und allen diplomatischen Kniffen der Welt. Nach wenig Reden verglichen sich die Beiden und schlossen Frieden. —

Wie Sie belieben.

Der Oberst Rieger, der Würtemberger, ist bekanntlich ein Hitz= kopf gewesen, den seine Frau nicht anders abkühlen konnte, als daß sie die Schachtel holte, worin er den Bart aufbewahrte, der ihm einst in langer Gefängnißhaft gewachsen war. Sah der Hitzkopf den Bart, dann schwieg das Gewitter plötzlich stille, das sich mit Donner und Blitz aus dem Munde des Trotzkopfs entleerte. Was hätte jene Schneidersfrau darum gegeben, eine solche Schachtel zu haben, die sie ihrem Manne vorhalten konnte, wenn der Raptus den erfaßte und er aus der Hölle sprang und auf sein Weib losschlug, und dabei in einem fort schrie: „Willst Du noch mehr? willst Du noch mehr?"

Sagte sie dann: „Ach nein, ach nein, ach nein, lieber Mann!" so
brachte das Bittwort doch keineswegs den Schneider zur Ruhe, er
schlug und schlug, bis ihm selber der Athem ausging.

Einst in einer guten Stunde, wie sie ja auch im Leben eines
Schneiders vorkommen, war es am Abend eines blauen Montags
oder sonst an einem blauen Tage, da faßte sich die Frau ein Herz,
ihren gestrengen Eheherrn zu fragen: „Aber sage, Andres, was willst
Du denn eigentlich für eine Antwort, wenn Du mich schlägst und
fragst, ob ich noch mehr wolle?" Da sagte der Schneider mit Ernst
und Würde: „Du weißt, Lore, wie ich gleich bin, und Deine Hart-
köpfigkeit bringt mich immer noch mehr auseinander. Warum, wenn
ich hitzig bin und frage: willst Du noch mehr, sagst Du niemals:
„wie Sie belieben?" Das Wort macht mich zum Lamm!" —
Und die Lore hat sich das Wort gemerkt und hat damit aus einem
hitzigen Schneider ein zahmes Lamm gemacht.

Wer nun keine Schachtel mit einem Bart im Hause hat, aber
dafür einen Hitzkopf, der passe doch auch einen blauen Tag ab und
frage nach dem Worte, das solche Wunder thun kann.

Ein Gläubiger und sein Schuldner.

In Stadthagen in Westfalen und da herum giebt's viele Weber,
Knopfmacher und dergleichen Gewerbsleute und sie plagen sich ehrlich um ihr Stücklein Brod. Gott lohn's! Ein Stücklein selbstver-
dientes Brod schmeckt und gedeiht besser, als der köstlichste erbettelte
Braten. Wenn freilich das Gewerbe nicht geht, kann man garstig
hinten dran kommen; aber da heißt's wieder mit dem Sprüchwort:
„Besser geleiert," und man muß es nicht machen wie der zu Lübbecke,
mit dem der Meister Wiebe von Stadthagen zu thun hatte. Der
machte Schulden, und dachte nicht dran, sie zu bezahlen.

Das war nämlich so. Der Meister Wiebe zu Stadthagen war
ein wohlhabender, aber auch zugleich wohlmeinender und braver
Mann. Er hielt sich zu seinem Geschäfte immer einen Vorrath von
Kameelgarn und dergleichen, was man zum Knopfspinnen nöthig hat,
und gab's auch andern Gewerbsgenossen um ein Billiges ab, ließ es
ihnen überdies noch stehen, bis sie es bezahlen konnten, und drängte
sie auch nicht. Da war denn auch Einer in Lübbecke, der wacker borgen
kam zum Meister Wiebe, aber ans ehrliche Bezahlen dachte er, wie
es schien, gar nicht; er verdiente aber doch mit dem erborgten Garne

Geld! — Wiebe mahnte ihn freundlich, aber es blieb beim Alten. Da dachte Wiebe: Ein Jeder ist des Seinigen werth. Der zu Lübbecke ist ein Schuldenmacher und Tagedieb. Da wird's nicht ausbleiben können, daß ich ihn, nachdem ich ihn oft und brüderlich vermahnt und er darauf nicht geachtet hat, vor's Amt muß laden lassen! Wer nicht hören will, muß fühlen!

Solche Gedanken waren dem Meister Wiebe nicht zu verargen, denn er war glimpflich und säuberlich verfahren mit dem „Knaben Absalon." Er war eben selbst kein r e i ch e r Mann, und 50 Thaler, bis zu welcher Summe der Lübbecker die Schuld hatte auflaufen lassen, sind für einen Geschäftsmann in Westfalen eben so viel werth, wie in Bayern neunzig Gulden, und die kann keiner so leicht missen.

So machte sich denn, als alle gütlichen Versuche ohne Erfolg geblieben waren, Meister Wiebe auf die Sohlen, und wanderte nach Lübbecke, um seinen Schuldner vor's Amt laden zu lassen. Als er aber dort ankommt, denkt er: Geh' noch einmal an's Aeußerste; geh' selber zu ihm in's Haus, wo du doch noch nicht gewesen bist, und sieh' dich da mal um, und versuche das Letzte!

Gedacht, gethan! Statt auf's Amt geht er zu seines Schuld= ners Wohnhaus und tritt hinein.

Aber, du lieber Gott! — wie sieht's da aus! Ueberall Armuth, Noth, Schmuz — kurz, Wiebe wird im Herzen bewegt, und als er in die Stube tritt, steht vor ihm ein Bube, der frech und roh ihn höhnisch ansieht, und es klar erkennen läßt, der wachse auf zu einer Brennnessel, weil Vater und Mutter nicht wissen, „daß Gott durch ihre Hand die Kinder regieren will," wie der Heidelberger Katechismus sagt, das heißt, erziehen für das Reich Gottes. Das fällt dem guten Wiebe noch schwerer auf die Seele, und es wird ihm zu Muthe, als müsse er weinen. Sein Schuldner aber steht da, als solle er jetzt gleich gehängt werden. Wiebe sieht ihn eine Weile fest an, dann sagt er: Lieber Meister, ich seh's wohl, Geld werdet Ihr mir jetzt nicht geben wollen und können, so will ich denn Euren Sohn hier an Zahlungsstatt annehmen.

Da reißt der Schuldner die Augen groß auf und ruft aus: Seid Ihr ein Seelenverkäufer, wie die Gottesfeinde zu Tunis, Algier und Marokko, daß mein Kind Euer Sklave werde. Nun und nimmer= mehr!

Davor behüte mich mein Gott und Herr, sagte ruhig der Meister Wiebe, daß ich solch einem gottlosen Gedanken sollte Raum geben in meiner Seele! Nein, ich mein' es christlich. Ich sehe, Euer Büblein ist schlecht gezogen, und mit seinem christlichen Unterricht wird's auch nicht weit her sein. Ich sehe ferner, Ihr seid ein armer Mann. Die Schuld von fünfzig Thalern will ich Euch schenken und Euer Kind zu mir nehmen, es nähren, kleiden, christlich erziehen und das Handwerk lehren, weil's Euch doch zu schwer ist.

Da fällt's wie Schuppen von des Lübbecker's Augen, und in die Seele kommt Scham und Reue, aber noch mehr, auch Rührung und Dankbarkeit für solche christliche Barmherzigkeit. Mit Thränen in den Augen ergreift er des braven Wiebe Hand, drückt sie, dankt und sagt: Ja, nehmt das Kind in Gottes Namen mit. Bei Euch geräth es wohl besser, als bei mir; aber, das gelob ich Euch und dem lieben Gott und Herrn: es soll auch bei mir anders werden, und Ihr sollt es erfahren!

Solch reumüthiger Gesinnung half Wiebe durch guten Rath und Zuspruch auf, dann ging er und nahm den Buben mit. Aus dem rauhborstigen Schlingel wurde ein gottesfürchtiger Mensch, und daheim ging's wirklich fortab mit Gottes Hülfe besser, denn der Wiebe kam öfter und half stützen und stärken.

Der Wiebe war um fünfzig Thaler ärmer und um einen Mitesser reicher, aber in seiner Seele war er um ein großes Kapital reicher geworden, und — meint ihr nicht, liebe Leser, das sei einer von den Schätzen im Himmel, von denen der Herr Jesus redet?

Die Grabschrift.

Der reichste Mann im Dorf war gestorben, aber er war nicht von allen Leuten bedauert und betrauert worden, weil er immer so hoch hinausgewollt hatte und sich für besser hielt als andere ehrliche Dorfleute. Das war aber daher gekommen, daß sein Geschäft, das er trieb und das ihm viel eingebracht hatte, ihn weit in der Welt herumgeworfen hatte und er auf seinen Geschäftsreisen mit hohen Herren viel zusammengekommen war. Wenn er nun nach Hause kam von seinen weiten Reisen und viel Geld sich verdient hatte, da pflegte er selbst den Herrn im Dorfe zu spielen und wenn er in die benachbarte Stadt fuhr, da ließ er sich ordentlich sehen und erzählte den Leuten von den Lazzaronis in Italien und von den Sitten und Gebräuchen in Holstein und Mecklenburg, daß sie Maul und Nase aufsperrten. Nun war er aber todt und wurde begraben wie ein Reicher und seine Kinder erbten seine Schätze. Die kindliche Liebe fand es für passend, den Vater auch im Tode noch vor andern Dorfleuten auszuzeichnen und ihm ein Monument auf das Grab zu setzen. Ein sehr geschickter Tischler war im Orte und dieser machte den Entwurf, der die Genehmigung der Familie erhielt und auch ausgeführt wurde. Nur die Grabschrift fehlte noch, allein auch dazu fand sich bald Rath, da unter den Söhnen des Verstorbenen einer studirt hatte. Ihm wurde aufgetragen, die Grabschrift aufzusetzen. Das ging nun freilich nicht so geschwind und kostete viel Kopfzerbrechens. Endlich war sie fertig und der Tischler wurde gerufen, sie in Empfang zu nehmen. Sie begann mit den hochpoetischen Worten, daß es dem schwarzen Gott der Schatten gefallen habe, N. N. von dieser Welt abzurufen. Der Tischler stand wie versteinert, wurde leichenblaß und sagte kein Wort. Ist das nicht schön? fragte endlich der Grabschriftsteller. Der Tischler griff nach dem Hut, als sei es ihm nicht recht wohl zu Muthe in der Nähe des Dichters. „Das schreibe ich nicht," sagte endlich der Tischler und ergriff die Thüre, „hat denn Ihren Vater der ††† geholt?"

Gaunerstreich.

Vor einiger Zeit traf mit dem Dampfer von Dover ein Engländer in Havre ein. Sein gepflegter Backenbart, der feine schottische Plaid und die vielen Ledertaschen, welche er um Hüfte und Brust trug, ließen eben so wie die schwere Bagage, welche ihm nachgetragen wurde, vermuthen, daß der Mann die Paß-Controle nicht zu fürchten hatte. Er ließ sich einen Gasthof zeigen, dessen Adresse er bei sich trug, setzte sich an die Table d'hôte und speiste wie ein Lord. Beim Dessert wandte er sich an einen Nachbar, der während der Tafel sehr zuvorkommend gegen ihn gewesen war und fragte: „Können Sie mir nicht einen Banquier anweisen, bei dem ich einige Wechsel discontiren kann?" — „Das trifft sich ja schön. Ich bin selbst Banquier und wohne wenige Schritte von hier; wenn die Wechsel von bekannten Firmen sind, werde ich solche gern annehmen, sollten es selbst 300,000 Franks sein." Die letzten Worte betonte der Banquier besonders. „Ei, das ist herrlich, ich bin froh, ihre Bekanntschaft gemacht zu haben. Sollen wir gehen?" Als die Beiden im Comtoir des Banquier angekommen waren, zeigte der Engländer seine Wechsel vor. Der Banquier betrachtete solche anscheinend sehr aufmerksam, näherte sich der Thüre und verriegelte dieselbe, worauf er mit der einen Hand die Wechsel in die Tasche steckte, mit der andern dem Engländer ein gespanntes Pistol entgegenhielt. „Herr," sagte er, „Sie sind ein

Schurke; ich war von Ihrer Ankunft unterrichtet. Sie waren Kaf-
firer des Hauses W. u. Comp. in London, dessen Correspondent ich
bin. Sie haben dem Hause 300,000 Franks in Wechseln entwendet,
ich werde solche behalten und Ihnen eine Kugel durch den Kopf jagen,
wenn Sie Miene machen, solche etwa mit Gewalt wieder zu nehmen.'
„O! O! O!" rief der Engländer und blieb kaltblütig stehen. Der
Banquier fuhr fort: „Danken Sie es der Großmuth Ihrer ehemaligen
Chefs. Sie hätten Sie an den Galgen bringen können, statt dessen
haben sie sich an mich gewandt. Ich folgte Ihnen bei Ihrer Landung,
setzte mich absichtlich mit Ihnen zu Tische, ich vermuthete, daß Sie
Ihre Papiere rasch versilbern würden. Alles traf ein." „O! O!
O!" wiederholte der Engländer. Der Banquier sprach weiter: „Die
Großmuth des Hauses W. u. Comp. will die Sache nicht nur ver-
schweigen, sie will sogar Ihrer Frau und Kinder wegen Ihnen Mittel
geben, ein ehrliches Leben führen zu können. Sie haben drei Kinder."
— „Fünf," murmelte der Engländer. „Einerlei, ich bin beauftragt,
Ihnen 60,000 Franks baar auszuzahlen . . . hier sind sie in Bankbillets. Suchen Sie ein ehrlicher Mann zu werden und machen Sie,
daß Sie fortkommen. Der Engländer steckte die Bankbillets ein und
entfernte sich mit höflichen Verbeugungen.

Ohne Säumen eilte er nach der Eisenbahn, die ihn nach Paris
brachte. Unterdeß schrieb der Banquier nach London, daß er sich seines
Auftrages entledigt habe. Er schickte die dem Engländer abgenom-
menen Wechsel ein und bat, ihn für die demselben übergebenen 60,000
Franks zu erkennen, nicht ohne eine Warnung beizufügen, in Zukunft
doch keinem Dieb mehr eine Belohnung zuerkennen zu wollen. Drei
Tage später empfing der Banquier einen Brief, worin es hieß, das
Haus W. u. Comp. sei gar nicht bestohlen, der Kassirer auf seinem
Posten und ein durchaus braver Mann. Die eingesandten Wechsel
seien falsch. Die dem Schwindler übergebenen 60,000 Franks möge
der Correspondent auf sein eigenes Verlust-Conto schreiben. Der
Engländer hatte, wie es sich herausstellte, selbst die Briefe an den
Banquier geschrieben, sich selbst darin denuncirt und die Belohnung
von 60,000 Franks zugesprochen.

Der Heldenkampf der Deutschen im Wyomingthale.

Es war während des amerikanischen Freiheitskrieges im Jahre
1778. Das Wyomingthal, eine blühende deutsche Colonie, hatte

seine waffenfähige Mannschaft, 350 Mann stark, unter ihrem An=
führer, dem Friedensrichter Hollenbach, zu dem Heere Washingtons
abgeschickt, das einige Tagreisen von Wyoming lagerte, um daselbst
die heranrückende Hauptmacht des Feindes zu erwarten.

Die braven deutschen Männer hatten den heimathlichen Heerd
verlassen, hatten Weib und Kinder unter den Schutz des Allmächtigen
gestellt, und waren ausgezogen, den Amerikanern ihre Freiheit er=
kämpfen zu helfen.

Da, während die Männer ferne waren, brach der Wolf in die
schutzlose Heerde. Der Feind, 2—3000 Mann stark, überfluthete
das von seinen Vertheidigern verlassene Wyomingthal und verwüstete
es mit Feuer und Schwert.

Es waren Banden amerikanischer Tories und Engländer, ver=
bunden mit jenen grausamen Indianerstämmen, welche als „Brants
Rothe" oder die „Verwüster der German Flats" sich einen so schreck=
lichen Ruhm erworben haben. Sie verläugneten auch hier ihren blut=
dürstigen Charakter nicht und verwandelten das blühende, glückliche
Wyomingthal in eine Stätte des Mordes und des Entsetzens. Die
unglücklichen Familien der entfernten Freiheitskämpfer erlagen Gräueln,
von denen der Tod noch der geringste war.

Das Gerücht von diesen Schreckensscenen war in das Lager
Washingtons gedrungen und hatte mit Geierskrallen in die Herzen
der deutschen Männer gegriffen. Da trat eines Morgens der Oberst
Hollenbach vor Washington, bleich und entschlossen, und sagte:
„General, der Feind mordet daheim unsere Weiber und Kinder, lasse
uns nach Hause ziehen, und die Unsrigen vertheidigen."

Washington war erschüttert, denn er hatte die Deutschen lieb
und Hollenbach insbesondere war ihm ein theurer Freund.

„Ich weiß," sagte der Obergeneral und drückte dem Freunde
die Hand, „man hat mir das Unglück berichtet. Aber ich weiß auch,
daß Ihr zu spät kommt; es ist Alles vorbei, Ihr könnt die Euren
nicht mehr retten."

„Dann wollen wir heimkehren, sie zu rächen," sagte Hollenbach
und Thränen des grimmigsten Schmerzes rollten über sein männliches
Antlitz. —

„General, ich habe daheim ein blühendes Weib und zwei wackere
Buben zurückgelassen, vielleicht habe ich sie nicht mehr. Aber ich will
heim, sie zu rächen und zu sterben. Wir sind entschlossen, wir Alle
denken wie ein Mann. General, lasse uns ziehen!"

Vergebens bot Washington Alles auf, sie zurückzuhalten, ver=

gebens stellte er ihnen vor, daß sie, das kleine Häuflein, der Ueber=
macht des Feindes erliegen, daß sie einem gewissen Tode verfallen
müßten. Die Männer waren starr und unerschütterlich, ihr Herz
war nur Ingrimm, Schmerz und Schlachtwuth. „Wir wollen Weib
und Kinder rächen, und wenn wir drüber sterben müssen."

„Nun so ziehet denn hin, ihr braven Helden," rief Washington,
indem er Hollenbach umarmte und küßte, „und Gott geleite Euch!"
Ihren Obersten Hollenbach an der Spitze, verließen sie unter dem
Schmettern der Hörner das Lager und marschirten, um die Heimath
zu erreichen, Tag und Nacht.

Es war am dritten Morgen, und noch war die Sonne nicht
aufgegangen, als sie zu den Grenzmarken ihrer Wohnungen kamen.
O, des herzzerreißenden Anblickes. Vor ihnen lagen statt des Frie=
dens, den sie verlassen, qualmende Brandstätten, rauchende Trümmer=
haufen, dazwischen die Zelte des Feindes um seine flammenden Wach=
feuer, genährt durch die Ueberbleibsel ihrer zerstörten Häuser. Die
Männer standen starr, die Faust auf das klopfende Herz gepreßt.
Jetzt unterschieden sie die einzelnen Haufen, wie sie um die Wachfeuer
gelagert waren, sie sahen bereits die entsetzlichen Rothhäute im Gluth=
scheine. —

„Lasset uns beten!" sagte Hollenbach mit schmerzerstickter Stimme,
und die Männer fielen auf die Kniee und hoben ihre Hände empor,
den Himmel um Rache anrufend.

„Jetzt drauf!" schrie Hollenbach, „drauf auf die Hunde! Drauf
für Weib und Kind!" und mit geschwungener Büchse stürzte sich
Hollenbach auf den Feind, die Männer unter wildem Schlachtrufe
stürmten ihm nach.

Schon die erste Salve der geübten Büchsenschützen kostete einem
Hundert der Rothhäute das Leben, die überrascht durch diesen uner=
warteten Angriff, von ihren Wachfeuern auftaumelten und die Luft
mit furchtbarem Geschrei erfüllten. Die Deutschen inzwischen knallten
grimmig drauf los, und manche Rothhaut mußte noch den Todes=
sprung machen, bis endlich der Lärm des Ueberfalles das ganze Lager
auf die Beine brachte, und die Feinde von allen Seiten herbeieilten.
Inzwischen ging die Sonne auf und ihr belebender Strahl gab den
durch den langen, rastlosen Marsch erschöpften Deutschen neue Kräfte,
verrieth aber auch dem Feinde die geringe Zahl der kecken Angreifer,
und jubelnd stürzte sich dieser in hellen Haufen auf die todesmuthige
Schaar, um sie im ersten Anrenn zu vernichten.

Die braven Deutschen hatten sich hinter den Trümmern eines

Hauses aufgestellt, es war Hollenbach's eigenes Haus gewesen, und empfingen hier die lärmend Andringenden mit der kalten Entschlossenheit von Männern, die dem Tode sich weihen, um den Feind zu vernichten. Ihr wohlgezieltes Feuer raffte die Stürmenden reihenweise hin und warf sie in Verwirrung zurück. So schlugen sie mehrfache Angriffe ab und schmetterten selbst im Handgemenge mit Kolben und Säbel einen übermächtigen Andrang auf ihren rechten Flügel darnieder. Zu Hunderten deckten die feindlichen Leichen bereits die Wahlstatt, aber auch das Häuflein der Deutschen war zusammengeschmolzen, manches brave Herz hatte ausgeschlagen und die Uebrigbleibenden sahen den gewissen Tod vor Augen.

Der beispiellose Widerstand weckte aber auch die ganze Wuth des Feindes. Sein ganzes Heer eilte zum Kampfe und stürzte sich in wilder Raserei auf die Verwegenen, die immer noch in grimmiger Todesverachtung ihm Trotz boten.

Da geschah es, daß ein wild aussehender riesiger Indianer, in der rechten Hand den Tomahawk schwingend, in der linken ein abgeschlagenes Haupt hoch empor haltend, mit Mordgebrüll gegen die Deutschen ansprang. Auf seinem halben Wege von einer Kugel durchbohrt, sank er nieder, im Fallen aber noch schleuderte er das blutende Haupt mitten unter die kleine Heldenschaar, daß es zu den Füßen Hollenbach's rollte. Hollenbach kannte dieses Haupt, er hatte diesen jetzt bleichen Mund zum letzten Male geküßt, als er auszog in den Befreiungskampf. Es war das Haupt seines jungen schönen Weibes, das zu seinen Füßen lag. Er hob dieses theure Haupt empor und preßte es an sein überströmendes Gesicht, dann, einen so herzzerreißenden Schrei ausstoßend, daß die Feinde erschrocken zurückwichen, warf er sich mit geschwungener Büchse mitten unter sie, und von ihren Speeren durchbohrt, hauchte er seine Heldenseele aus.

Zwölf volle Stunden lang hielt sich die Schaar deutscher Spartaner gegen die wuthschnaubende Uebermacht, in unerschütterlichem und Verderben bringendem Kampfe, gleich Würg-Engeln der Rache. Erst mit dem letzten Glühen des Abendrothes entschied sich das Geschick des Tages. 300 Deutsche waren gefallen und 50 Schwerverwundete rangen noch mit dem letzten Rest ihrer versagenden Kräfte gegen den Feind, bis auch sie endlich ihren Brüdern nachfolgten.

Tausend todte Feinde bedeckten das Schlachtfeld.

Solcher Manneskampf und solcher Mannestod über solcher Trümmerstätte vernichteten Familienglückes ist in Wahrheit ein Angedenken, das in die Reihe der ehrwürdigsten Erscheinungen tritt, die es von Heldenmuth und Opfergröße in einer Volksgeschichte nur geben kann.

Die That Hollenbach's und seiner Genossen ist, wenn auch auf fremder Erde vollführt, eine Ehre für Deutschland. Lasset uns Hollenbach und seine Genossen niemals vergessen.

Der Lohgerber Calm in Bernburg.

Deutschland kann stolz sein, denn, was ihm bis jetzt gefehlt hat, das ist gefunden, ein Mann. Rom hat seinen Horatius Cocles, Griechenland hat seinen Leonidas, Deutschland aber ist jetzt im Bunde der Dritte, denn es hat seinen Gerbermeister Calm in Bernburg. Bernburg ist nämlich, was vielleicht nicht Jedermann weiß, die Hauptstadt eines der 34 deutschen Bundesstaaten, Anhalt-Bernburg genannt, oder vielmehr war es; denn unser Herr Gott hat sich der deutschen Einheit erbarmt und hat dem Herzog Karl Alexander von Bernburg keine Kinder geschenkt, so daß dieses nach dem kürzlich erfolgten Tode des Herzogs an den Nachbarbundesstaat Anhalt-Köthen-Dessau fallen mußte, und Deutschland um den Mangel eines Bundesstäätchen reicher geworden ist. Als am frühen Morgen des 11. Mai 1863 der Gerbermeister Calm in Bernburg seine Fensterladen aufmachte, um nach dem Wetter zu schauen und eine schwarz-roth-goldene Fahne von selbstgegerbtem Saffianleder hinauszuhängen, da dachte er noch nicht daran, daß er, ehe die Sonne untergehe, die ganze Anhaltische Heeresmacht in schmachvolle Flucht gejagt haben werde, daß sie trotz allem „Halt an! Halt an! ohne Anhalt lief durch ganz Anhalt und beinahe über die anhaltische Grenze gestolpert wäre; daran dachte er nicht, der wackere Gerbermeister, daß er dem anhaltischen Bundeskontingente heute recht eigentlich das Fell gerben, daß er heute noch ein berühmter Mann sein, daß man von ihm in ganz Deutschland reden werde.

Am gedachten Tage nämlich wurde in Bernburg eine Viehausstellung oder Thierschau abgehalten, denn Bernburg hat ausgezeichnetes Vieh und unter sonstigen andern Schätzen auch noch einen Schätzell, der dazumal Bernburgs nicht genug geschätzter Minister war. Dieser Schätzell hatte merkwürdige Eigenschaften, z. B. auch die, daß er die Farben Schwarz-Roth-Gold nicht leiden konnte, sondern nur Grün-Weiß. Als nun der Herr Minister an diesem Tage der Viehschau durch die Straßen Bernburgs fuhr, um sich vor

ſeinen getreuen Bernburgern ſehen zu laſſen, da ergrimmte er ob des
Anblickes mehrerer ſchwarz-roth-goldenen Fahnen, mit welchen etliche
Bürger an dieſem Tage für zweckmäßig hielten, ihr deutſches Bewußt=
ſein zum Fenſter hinauszuhängen. Doch die Bernburger ſind gute
Deutſche und laſſen mit ſich reden, und da Herr Schätzell mit ihnen
redete, da zogen die Bürger ihre Fahnen wieder ein, und machten ihre
Fenſter zu. Nur einer nicht. Dieſer eine aber war der Lohgerber=
meiſter Calm. „Da ſchickt der Herr den Bunge aus, der
ſoll ihn Mores lehren.“ Der Bunge aber war ein Landrath,
und Schätzell's rechte Hand, und redete mit dem Gerbermeiſter, der
neben ſeiner Fahne zum Fenſter hinausſchaute. Der Gerber lachte
und ſagte: „Herr Landrath, ich kenne das Geſetz. Kennen Sie's
auch? Hier bin ich Herr und Meiſter! Zeiget mir erſt das Geſetz,
das die deutſchen Farben verbietet, und wenn ſie verboten ſind —
nun dort iſt das herzogliche Schloß; Sereniſſimus hat ſie auch einſt
vom Schloßthurme flattern laſſen und hat ſie mit Höchſt eigenen
Händen an unſre Bürgerwehrfahnen gebunden, „und zeigt' uns Alles
ſo und ſo“ wie man ſie tragen müſſe. Zeiget mir das Geſetz, ich
ſtehe auf dem Geſetz!“ — Da der Landrath das Geſetz nicht zeigen
konnte, ſo drohte er mit Gewalt, und da der entſetzliche Gerber der
Gewalt abermals das Geſetz entgegenhielt, und den Landrath freund=
ſchaftlichſt erſuchte, er möchte ſich doch nicht blamiren, ſo ließ der
kriegsluſtige Landrath einen ſtarken Bruchtheil der bernburgiſchen
Heeresmacht, 25 Mann ſtark, nebſt einer Pionier=Abtheilung, aus
einem mit einem Dietrich bewaffneten Schloſſergeſellen beſtehend,
gegen die feindliche Feſtung aufmarſchiren. Eine nochmalige Auffor=
derung zur Uebergabe beantwortete der geſetzeskundige Feſtungskom=
mandant mit Berufung auf § 9 der Verfaſſung „die Wohnung iſt
unverletzlich“ und nun begann der Sturm auf die Hausthüre. Der
erſte Angriff der Pionier=Abtheilung mit dem Dietrich ward glänzend
abgeſchlagen, denn der Gerbermeiſter war ſo vorſichtig geweſen, ſich
weniger auf den § 9 der Verfaſſung, als vielmehr auf einen achtung=
gebietenden Nachtriegel zu verlaſſen, den er von Innen vorgeſchoben
hatte. Nun rückte das Militär vor, um die Hausthür mit Gewehr=
kolben einzuſchlagen. Da aber der Gerber von ſeinem Fenſter aus
den Oberbefehlshaber der Truppen darauf aufmerkſam machte, daß
wenn die bernburgiſche Heeresmacht ihm ſeine ganz neue eichene Haus=
thüre zuſammenſchlage, ſo müſſe ſie ihm, nach Landrechtſatz ſo und
ſo, eine neue machen laſſen, ſo ließ der Oberbefehlshaber, der an
dieſer militäriſchen Action ohnedieß kein allzugroßes Vergnügen zu

haben schien, und da die Kosten für eine neue Hausthüre in dem bern=
burgischen Militärbudget pro 1862 auf 63 nicht vermerkt waren,
zum Rückzuge blasen. So war auch der zweite Sturm abgeschlagen
und die Heeresmacht zog ab unter dem Hohngeschrei der zahllosen
Straßenjugend, welche durch diesen seltenen Kriegsfall angelockt, das
Schlachtfeld umkreiste. Der Landrath aber ergrimmete sehr und kom=
mandirte die Polizeisoldaten und Gensd'armen zum Sturme. Diese
bezüglich des Budgets weniger gewissenhaft, machten sich ernstlich an
das Werk, und unter dem Schreien und Pfeifen der Menge arbeiteten
sie im Schweiße ihres Angesichtes mit Brechstangen, Radehacken und
ähnlichen Werkzeugen, die sonst und im gewöhnlichen Leben nur bei
polizeifeindlichen Genossenschaften gebräuchlich sind, Kurhessen aus=
genommen. Die Polizei machte der Viehschau so erfolgreiche Con=
currenz, daß kein Ochse groß genug war, um die Zuschauer von die=
sem Lustspiele, das Herr Landrath Bunge zum Besten gab, wegzu=
locken. Und auch dieser Schweiß war vergeblich geflossen, denn der
Gerber, der inzwischen vom Fenster verschwunden war, war hinter
der Thüre emsig damit beschäftigt, der Polizei noch mehr Riegel vor=
zuschieben, und so, nachdem sie der Thüre das Schloß abgeschlagen,
ohne daß diese wich, ließen auch die Gensd'armen ermattet die Arme
sinken. Der dritte Sturm war abgeschlagen, und Gerbermeister Calm
schaute wieder gemüthlich zum Fenster heraus.

„Sturmleitern her!" brüllt der Landrath, außer sich vor Wuth.
Eine Feuerleiter ward herbeigeschleppt, unter dem Proteste des be=
lagerten Gerbers gegen Mißbrauch der Amtsgewalt, gegen
das schwarz=roth=goldene Fenster geworfen und todesmuthig klimmten
die Polizeisoldaten hinan. Schon sind sie oben, schon streckt einer
mit Triumphgeschrei die Hand nach der Fahne aus, da plötzlich ver=
schwindet diese, wie auf ein Zauberkommando, und der Polizeiheld
greift in die leere Luft. Doch der Landrath triumphirt, hat der Feind
doch die Flagge gestrichen. Aber der Bedauernswürdige triumphirt
zu frühe, denn siehe da, neben an, außerhalb der Schußlinie der
Sturmleiter öffnet sich behend ein zweites Fenster und die schwarz=
roth=goldenen Farben funkelten abermals dem Landrathe in die zorn=
sprühenden Augen. Der auf dieses zweite Fenster befohlene Sturm
hatte keinen weitern Erfolg, als daß die Fahne auch aus diesem Fenster
verschwand, um unter dem ersten wieder zu erscheinen. So, unter
dem unsäglichen Gaudium der Hohn und Beifall brüllenden Zuschauer=
schaft werden auf der Sturmleiter 4 Stürme ausgeführt und abge=
schlagen. Da nahte, wenn auch nicht auf schaumbedecktem Roß, so

doch auf Schuhmachers Rappen, und wenn auch nicht ein Adjutant, so doch der Kanzleidiener des Herrn Ministers von Schätzell und gebot im Namen seines Herrn die Einstellung der Feindseligkeiten. Die Belagerung wurde aufgehoben, Herr Landrath Bunge zog mit seinen Truppen und mit seiner Feuerleiter ab, von einem „Ich wünsche wohl nach Hause zu kommen", des siegreichen Gerbermeisters begleitet. Kaum waren die Truppen abgezogen, so öffnete sich das Festungsthor und die Besatzung, in der Person des Gerbers, machte einen Ausfall, um sich des Belagerungsgeschützes, bestehend in zwei Hebeisen und einem Dietrich, als Corpora delicti zu bemächtigen, denn der brave Festungskommandant beabsichtigt seinen auf dem Schlachtfelde erfochtenen Sieg auch auf das Feld der Diplomatie zu verfolgen und die Großmacht Bernburg auf dem Wege Rechtens zu zwingen, ihm Schadenersatz zu leisten und die Kriegskosten zu bezahlen. —

So hat der brave Gerbermeister Calm in Bernburg seine schwarz-roth-goldene Fahne gegen die Macht Bernburgs siegreich vertheidigt und ist ein berühmter Mann geworden. Der Minister Schätzell und der Landrath Bunge waren's vorher schon. —

Und was ist die Moral von dieser Geschichte?

Diese That des Bernburger Lohgerbers gehört vielleicht nicht zu der sogenannten hohen deutschen Politik, obschon sie im zweiten Stockwerke vollbracht wurde, jedenfalls aber gehört sie zur besten deutschen Politik. Hätte Deutschland nur viele solche Bürger, die gleich diesem Bernburger ihr Recht und ihr Haus mit dem Gesetzbuche in der Hand gegen die Gewaltthaten der Behörden zu vertheidigen den Muth haben, wir würden weiter sein in Deutschland, als wir sind. —

Lerne das Gesetz und das Recht und führe es hinüber in das gesunde thatkräftige Leben, wie es der Lohgerber Calm in Bernburg gemacht hat.

Derfflinger.
Zum Bilde.

Die Geschichte des tapfern Kriegsmannes kennt Jedermann und wohl ebenso die Scene, welche sich unser Maler zu einem Bilde ausgewählt hat. An der Tafel des großen Churfürsten wagte es einmal der Herzog von Holstein-Beck in Gegenwart Derfflingers laut zu fragen: ob es denn wahr sei, daß einer der Generale des Churfürsten

Schneider gewesen sei. Der Churfürst über solche Unverschämtheit erbittert, wollte antworten, aber Derfflinger kam ihm zuvor. „Ja!" rief er mit seiner vollen starken Stimme, „hier steht der Mann, von dem das gesagt wird; hier aber," rief er an seinen Degen schlagend, „ist die Elle, mit der ich die Hundsfötter nach der Länge und Breite messe!"

Ein Zug aus dem Leben Friedrich Wilhelm IV. Königs von Preußen.

Das Jahr 1847 (das ist noch in manches Herz eingeschrieben) war ein schweres Jahr; denn das Brod war theuer, die Kartoffeln waren krank und dazu die Ernte geringe, und die Noth sah hohläugig in die Hütte der Armuth. Da hat Mancher gedarbt, der's sonst nicht gewohnt war, und mancher Vater und manche Mutter dachte mit hellen Thränen daran, daß, wenn nun morgen frühe die Kindlein nach Brod riefen, sie ihnen keins reichen könnten. Das war wohl eine schwere Heimsuchung für Viele! In selbigem Jahre ist die Geschichte passirt, die ich hier erzählen will.

Die Noth war besonders groß in Thüringen, Sachsen und daherum.

In dieser Zeit verbreitete sich in der Stadt Staßfurth die Nachricht, daß in dem Coethen'schen Dorfe Warmsdorf große Vorräthe von Kartoffeln aufgehäuft lägen, und was das Schlimmste war, es hieß eines Theils, es sollte Branntwein d'raus gebrannt werden, und wieder andern Theils, sie wären den Leuten noch zu wohlfeil; wenn sie erst noch theurer würden, wollte man damit losschlagen. Denke sich Einer, was da geurtheilt wurde! —

Wer in Staßfurth bekannt ist, der weiß, daß bis zur Anhalt-Coethen'schen Grenze sich einer nicht müde läuft, weil sie eben hart vor der Nase ist.

Da sollte man sich Kartoffeln holen und die Wucherer damit strafen! riefen da Etliche, bei denen die Noth größer war als die ehrliche Gesinnung. Das schlug ein und durch, und, nachdem Einzelne gewissermaßen den Weg gebahnt hatten, brachen die Leute mit Säcken in hellen, bedrohlichen Haufen auf nach Warmsdorf, Kartoffeln holen, ohne an die Zahlung zu denken. Zu ihrer Entschuldigung hatten sie das lodderige Sprüchwort zur Hand: „Noth kennt kein Gebot!" Sie bedachten aber nicht, daß solches Kartoffelkaufen auf Nimmerbezahlen auf gut deutſch rauben und ſtehlen heißt. Etwas mußten ſie doch davon fühlen, denn ſie zogen zwar am Tage aus, aber in der Nacht kamen ſie zu Hunderten mit Kartoffeln beladen heim.

Anfangs zeigte ſich die Polizei lax, weil ſie das Volk fürchten mochte; als man aber in Warmsdorf nach Hülfe rief, da mußte mit Macht und Gewalt eingeſchritten werden, damit dies Räuberleben ende, und die man da auf friſcher That beim Krips faßte, die wurden in Nummero Sicher untergebracht und gegen Alle, die ſchuldig waren, ein Prozeß eingeleitet. Und wie im A B C auf das B das W folgt, ſo folgte auch hier einem B, nämlich dem Verbrechen, das Weh. Die Haupthähne wurden eingeſpundet und es gab doch die theuerſten Kar= toffeln, die jemals in Staßfurth verzehrt worden waren, wenn ſie auch anfänglich, weil geſtohlen, nichts koſteten.

Ein Prozeß, wobei ſo Viele betheiligt ſind, geht nicht raſch, und wo ſie noch die heilloſe Prozeßſchreiberei haben, da meint man, die Advokaten hätten alle das Seilerhandwerk gelernt, die alles in die Länge ziehen, und fortſchreiten wie die Krebſe. Kürzer als der Prozeß, ſage ich, daß Anno 1851 endlich das Urtheil verkündigt wurde, das Einhundert und fünfzehn Männern aus Staßfurth, welche noch über= dies meiſtens Familienväter waren, auch ſchon geſeſſen hatten, näm= lich in der lieben Unterſuchungshaft, ein bis ſechs Jahre Zuchthaus verkündigte und die endloſen Prozeßkoſten überdies, für die Alle, die ſie nicht bezahlen konnten, ein Conto erhielten, wie der Kaufmann ſagt, das ſie noch extra abſitzen mußten. Das war für viele Familien der Ruin, der Todesſtoß für den Wohlſtand für immer.

Es iſt traurig für uns ſündhafte Menſchenkinder, daß die Reue allemal kommt, wenn es — zu ſpät, und die That gethan iſt. Das war auch in Staßfurth der Fall, und es war in der That ein Jammer in der Stadt, daß ſich ein ſteinern Herz hätte erbarmen mögen.

In Staßfurth wußte man zu ſelbiger Zeit auch, daß in Berlin ein Königsherz ſchlug, das reich an Erbarmen war. An dies Königs= herz ſich wenden und um Erlaß der ſchauderhaften Prozeßkoſten bitten, das hatte kaum Einer ausgeſprochen, ſo ſahen auch Alle darin einen Anker der Hoffnung. Es geſchah, und in dem milden Königsherzen hatten ſie ſich nicht getäuſcht. Friedrich Wilhelm der Vierte erließ ihnen ſämmtliche Koſten des Prozeſſes.

Da möget Ihr Euch denken, liebe Leſer, welch' eine Freude das war und wie der König geſegnet wurde; aber das Zuchthausſitzen blieb und hing wie ein Schwert an einem Haare über eines jeden Schuldigen Haupt.

Ach, sagten da die Schwerbetroffenen, verdient haben wir's, das ist wahr, aber was soll aus Weib und Kindern werden, wenn wir Männer, die wir sie ernähren sollen, im Zuchthause sitzen müssen? Hätten wir nur einen Fürsprecher! Der König, der so mild und gnädig ist, würde uns auch die Strafe erlassen, denn seine Kinder hungern sehen und selbst hungern ist doch arg; freilich — wir hätten nicht rauben sollen fremdes Eigenthum! Daran lag's. Hätten wir nur einen Fürsprecher! Gott ist ja barmherzig gegen den reuigen Sünder — sollt's denn nicht der König sein, der ja doch so gut ist? —

Ach, sagte Einer, wenn es unser Oberprediger Schild thäte! Der könnt's rund machen! —

Kaum war das ausgesprochen, als man den Mann auch von allen Seiten bestürmte, er solle nach Berlin reisen und um Gnade flehen. Das hatte für den Pfarrer auch seine Bedenken. —

Endlich sagte er Ja; aber es war dem braven Seelsorger denn doch auch nicht einerlei, und er dachte: Wenn dich der König fragt: Fühlen sie denn auch Alle ihre Schuld? Sind auch Aller Herzen voll wahrer, ächter Reue? Wie steht's? Kannst du dann auch Ja sagen, ohne daß du die Herzen einmal angefaßt hast?

Wahrlich, das war eine kitzliche Geschichte und das ehrliche Gewissen versteht keinen Spaß, wie der alte Heim in Berlin sagte, als er noch lebte, der wackere Mann.

Und was that der Geistliche? Er geht zu den Verurtheilten, und wie der Doktor seinem Kranken den Puls an dem Handgelenke fühlt, so fühlt er ihnen den Puls der Seele, und was er da fand, das war, mit einigen Ausnahmen verhärteter, roher Gesellen, der Art, daß er eine rechte Freudigkeit gewann, als Fürbitter vor seinen König und Herrn hinzutreten und zu sagen: Erbarmen ist der schönste Edelstein in deiner Krone, König und Herr, und es üben über unglückliche Schuldbelastete, das ist göttlich=schön!

So reiste er denn am 16. Februar 1852 in Gottes Namen und begleitet von vielen Gebeten nach Berlin ab, und zwei der Verurtheilten nahm er mit sich dorthin.

Sie kamen in Berlin glücklich an; aber der König hat mehr zu thun, als zu warten, bis die drei Staßfurther kommen und anklopfen. Das geht überhaupt nicht so leicht, wie bei unser Einem, wo es gleich heißt: Herein!

Es kostete sie Mühe und sie mußten auch ein Bischen warten, bis es hieß: An dem und dem Tage und zu der und der Stunde wolle sie der König sprechen.

Jetzt aber nahm der Oberprediger Schild seine beiden Begleiter vor die Schmiede und sagte ihnen: Daß, wenn nun der Herr im Himmel nicht helfe und des Königs Herz milde und gnädig stimme — da Er der Könige Herzen leite wie Wasserbäche — so sei's Matthäus am Letzten; der Herr aber gebe nur Gnade dem Demüthigen und wahrhaft Bußfertigen. Darum wollten sie gemeinsam zu dem Herrn flehen um Beistand, Gnade und Segen. Und er betete mit ihnen aus tiefster Seele und legte ihr Vorhaben an des Herrn Herz. Als dies geschehen war, sagte er: Auf denn im Namen des Herrn! Und sie machten sich auf den Weg und waren zur bestimmten Stunde, nämlich am 18. Februar, Morgens um zehn Uhr, in dem Vorsaale des Königs, in seinem Schlosse. Da saßen denn nun die Dreie und die Herzen pochten, als wollten sie heraus aus der Brust, aber die Herzen beteten auch: O Herr hilf, o Herr, laß es wohl gelingen! Und mit diesem Gebete kam Ruhe und Zuversicht in die Seelen.

Nachdem sie nun eine Zeitlang gewartet hatten, machte ein Adjutant die Thüre auf und rief: Seine Majestät, der König!

Der Oberprediger Schild trat in das Zimmer, aber als er sich darin umsah, war es leer; indessen brauchte er nicht lange zu warten. Der König stand plötzlich vor ihm. Er hatte nämlich in einer Fenstervertiefung gestanden und war dann, wie er es zu thun pflegte, rasch vor ihn hingetreten. „Sie wollen mich sprechen, mein lieber Herr Prediger," sprach der König mild und freundlich. „Ich freue mich, Sie hier zu sehen. Sagen Sie mir denn, was Sie wünschen!"

Da ging dem Prediger die Pforte des Herzens weit auf, und er fühlte die Bedeutung des hochwichtigen Augenblicks und begann seine Sache vorzutragen. Er schilderte zuvörderst die Noth, die im Jahre 1847 in Staßfurth geherrscht, und wie sie besonders Väter zahlreicher Familien zum Aeußersten gebracht; er schilderte das Entstehen jenes Gerüchtes von den Kartoffeln in Warmsdorf, und wie dann die Leute, ohne das Strafbare ihrer Handlungen zu erwägen, von Noth und Begierde, auch wohl von Zorn und Unmuth getrieben, jene Thaten verübt hätten.

Bewegt hörte der König die warmen Worte des Predigers Schild an, und fragte dann, wie sich die Leute in Staßfurth in dem Unheilsjahre 1848 gehalten hätten?

Da konnte denn der Fürsprecher ziemlich viel, von Vielen aber auch recht viel des Guten sagen, denn sie hatten sich in Staßfurth rühmlich in dem Gleise der Ordnung gehalten, das anderwärts arg verlassen war.

Der König hörte das mit Wohlgefallen an, sagte aber dann, dafür habe er aber auch schon theilweise Gnade geübt.

Ja, sagte der Prediger, Eure Majestät haben schon Gnade geübt, und wir sind dafür auch herzlich dankbar; aber die armen Leute haben auch schon jahrelang die Angst getragen, haben Alle ihre herzlichste Reue ausgesprochen, und die Strafe, welche die Väter, die Ernährer der Familien trifft, die trifft auch die schuldlosen Kinder, und die grade am Härtesten. — Und es war, als ob es ihm Gott in's Herz und auf die Zunge gäbe — er fuhr fort: Eure Majestät! Als ich noch ein kleiner Bauerjunge war, und Eurer Majestät hochseliger Vater den Fuß gebrochen hatte, da schon hat mich mein Vater gelehrt, wie ich meines leidenden Königs in meinen Abendgebeten gedenken müßte; diese Liebe ist vom Vater auf den Sohn übergegangen; ich bin mir bewußt, daß die Liebe zu meinem Könige nie und nimmer von mir verletzt worden ist — nun aber bitte ich um so mehr und um so herzlicher für meine armen Gemeindeglieder, und mit mir bitten Hunderte von Kindern und fassen die Hand Eurer Majestät — und so weiter, kurz, er redete frischweg vom Herzen, voll Freudigkeit, wie es ihm zu dieser Stunde der Herr in's Herz gab.

Da neigte sich der König dicht zu ihm hin, sah ihn immer genauer und schärfer an, und endlich richtete er sich wieder auf, und — eine Thräne stand in seinem Auge. —

„In diesem Falle würde ich ja wohl Gnade mit Freuden üben können," sprach darauf der König. —

Der Prediger war so ergriffen und erschüttert, daß er einhalten und sich sammeln mußte.

Der König fuhr fort: „Also Alle haben Ihnen ihre Reue ausgesprochen?"

Der Prediger fühlte, daß, dem Könige gegenüber, Wahrheit über Alles gehe, und daß er auch zu einem von ihm gewünschten Zwecke keine Unwahrheit sagen dürfe.

Ja, Majestät, erwiderte er, Alle — bis — auf dreie.

„Bis auf dreie?" wiederholte der König. „Und wie ist's mit diesen dreien? Denen kann ich doch keine Gnade zu Theil werden lassen?"

Der Prediger berichtete: Der Eine von diesen dreien hat hartnäckig geläugnet, bei dem Raubzuge gewesen zu sein. Er meint, er brauche keine Gnade. Der zweite ist ein notorischer Säufer, ist betrunken zu mir gekommen, führt sich leider überhaupt schlecht auf. Der dritte — nun — gegen den weiß ich selbst nichts Bestimmtes

— doch — und nun sprach er aus, was die Gemeinde über den Menschen urtheile. Für diese drei wage er nicht um Gnade zu bitten, fuhr er fort, erachte es für sie vielmehr heilsam, wenn sie Strafe erlitten und die Andern sähen, daß ein Gesetz da sei.

Der König brach nun kurz ab, und hob an, über andere Dinge zu reden. Plötzlich aber sagte er wieder: „Aber die drei! Ich kann die drei noch nicht los werden. Wenn Sie zu Hause kommen, wird Alles sich freuen, und ich kann mir denken, wie Sie werden empfangen werden; doch nun aber die drei! Es geht nicht, daß diese sollten gar nichts haben, gar nicht sich freuen sollten! — Ich kann ihnen ja die schwere Eisenstrafe in leichte Zuchthausstrafe verwandeln?"

Der Geistliche dankte im Namen der drei auf's Wärmste und wünschte nur, daß sie selbst diese Gnade dankbar annehmen möchten.

Der König ging wieder auf einen andern Gegenstand über. Das Gespräch über diesen Gegenstand dauerte etwa eine Viertelstunde.

„Aber nein," brach er plötzlich ab, „es geht mit den dreien so nicht. Die müssen sich auch mit freuen! Ich werde ihnen die halbe Strafe erlassen!"

Der Geistliche war überrascht und betroffen von dieser plötzlichen Wendung des Gespräches und dankte nochmals auf's Herzlichste.

Wiederum sprach der König über andere Dinge, hielt aber dann plötzlich wieder ein, trat dicht an den Prediger heran, legte ihm die Hand auf die Schulter und sagte: „Jene drei — mein lieber Herr Prediger — Sie nehmen die Sache so genau, so gewissenhaft — wenn Sie mir schreiben, daß die drei Ihnen auch noch Reue beweisen, will ich sie auch noch begnadigen!"

Der Prediger hatte immer seinen König lieb gehabt, daß aber der König drei solcher Leute also auf seinem Herzen trug, daß er die Sorge um und für ihr Wohl und Wehe nicht los werden konnte, das hatte er sich denn doch nicht vorgestellt. Er nahm indessen mit vollster Dankbarkeit diese königliche Gnade an. Zuletzt fragte er, ob nicht der König seinen beiden Begleitern — vor der Thüre — die Gnade zu Theil werden lassen wolle, daß sie selbst ihren Dank aussprechen dürften? —

Der König erwiderte: „Wir sind jetzt Beide in einer Verfassung, daß wir am besten alleine bleiben, unter vier Augen; aber sagen Sie Ihren Staßfurthern, daß ich sie, und daß ich mein Volk lieb habe. Ich bin auch ein armer, sündiger Mensch, und kann nicht Jedem helfen, aber ich habe den Willen dazu; sie sollen sich nicht von mir loslügen lassen." Noch sprach der König unvergeßliche Worte zu dem

Prediger. Die Unterredung war zu Ende. Der Prediger wollte sich
verabschieden. Da faßte er sich noch einmal den Muth und sagte:
Eure Majestät haben jetzt meinen Staßfurthern so große Gnade er-
zeigt; durch Eurer Majestät Gnade ist so vielen Kindern der ehrliche
Vater erhalten, ich hoffe zu Gott, daß auch die Kinder diese Gnade
nicht vergessen sollen. Ihre Majestät, die Königin, haben die Kinder
so gerne, wir lasen ja so oft davon. Meine Kinder in Staßfurth
werden hoffentlich mit Eurer Majestät zugleich auch die Königin von
Herzen lieb behalten; dürfte ich nicht auch Ihrer Majestät der Königin sagen, daß wir sie lieb haben? —

Der König war sichtbarlich überrascht durch diese neue Bitte.

„Ach, das ist prächtig von Ihnen, mein lieber Herr Prediger,
prächtig! Sie sollen dies Ihrer Majestät sagen! Gehen Sie einst-
weilen nur hinüber zum Hofmarschall Grafen von Keller, und sagen
Sie ihm, daß ich wünsche, daß Sie um ein Uhr bei Ihrer Majestät
Audienz hätten. Sie kommen dann ja wohl noch einmal wieder
her!" —

Und der Prediger ging fröhlich und überglücklich von dannen.
Als er schon unten auf der Treppe war, wurde er noch einmal zu-
rückgerufen; es hieß: Seine Majestät wollten ihn noch einmal sprechen!

Der Prediger erschrak anfänglich, denn er dachte, daß vielleicht
der König andern Sinnes könnte geworden sein, und nun das zurück-
nehmen könnte, was er, überwältigt von seinem gefühlvollen Herzen,
gewährt; er trat mit größter Beklommenheit und Angst wieder in
das Zimmer, darin ihn der König zuerst empfangen hatte. Keine
Seele war darinnen. Plötzlich öffnete sich eine Thüre, die er vorher
gar nicht bemerkt hatte, und der König, die Königin an der Hand,
trat in das weite Gemach.

„Hier, Herr Prediger," rief der König mit strahlendem Ange-
sichte, „haben Sie Ihre Königin!"

Tiefgerührt sprach der Prediger der Königin seine Liebe und
Verehrung aus, und wurde dann sehr gnädig, ja väterlich, entlassen.

Ein Reiseabenteuer.

Ein Doktor und ein Apotheker machten eine Fußreise miteinander, sie aßen gut und tranken gut, und hielten gute Freund-
schaft. Und warum auch nicht? Diese beiden Arten von Menschen
sind ja von jeher und allenthalben gute Freunde gewesen, wo sie ihr

Handwerk recht verstanden haben. Nach einem guten Nachtquartier
also brachen sie früh Morgens wieder auf, trabten etwas schwer=
müthig neben einander her, klagten über schwere Beine und Blasen
an den Füßen, und ruhten schon nach einer Stunde in kühler Mor=
genluft am Rande eines Wäldchens aus. Da betrachtete der Apo=
theker seine Stiefel, sprang zornig auf und rief aus: Der verhenkerte
Kellner, der Spitzbube hat mir beim Putzen meine guten Stiefel
weggeputzt und andere dafür hingestellt, aber warte, ich will den
Kerl erwischen! und während der Doktor sich in aller Bequem=
lichkeit eine Pfeife stopft und gähnt, wie Einer, der nicht lange genug
geschlafen hat, macht Jener sich hinkend und scheltend, so schnell es
gehen mag, auf den Rückweg. Der Doktor streckte unterdessen seine
kurzen Beine von sich, so weit sie reichten und blieb liegen.

Nach zwei Stunden, die ihm recht angenehm verstrichen waren,
denn die Pfeife war ihm ausgegangen, und er hatte etwas von dem
abgebrochenen Morgenschlaf wieder eingebracht, sah er von weitem
den Reisegefährten daher traben, eben so mühsam und hinkend als
er fortgegangen, aber noch zorniger.

„Der Schuft im Wirthshause will nichts von meinen nagel=
neuen Stiefeln wissen," rief er schon von weitem dem Doktor zu,
„und wenn ich nicht mit meinen geflickten Stiefeln mich wieder aus
dem Staube gemacht hätte, so hätte er mir von ein paar Flegeln
von Hausknechten wohl noch einige grüne und blaue Flecken auf
dem Rücken anbringen lassen. Jetzt rathe mir Freund, was fang
ich an?"

„Ich weiß nicht," sagte der Doktor, sich die Augen ausreibend,
„mir kommt es vor, als hätte ich auch andere Stiefel an, die hier
sind funkelnagelneu und die meinigen waren geflickt." Und siehe da,
mit einem Satz riß der Apotheker sich die geflickten Stiefel des Dok=
tors, denn diese waren es, wie der geneigte Leser wohl schon errathen
hat, von den Füßen, warf sie ihm wüthend, den einen nach dem Kopf,
den andern auf den Bauch, packte darauf den Doktor an den Füßen,
und wenn dieser sich nicht an einer Hecke festgehalten, und die Beine
nicht fester angewachsen gewesen wären als die Stiefel, so hätte er
ihm gar die armen Beine vom Leibe gerissen.

Der Schatz.

Aus einer Stadt in Schwaben wird folgende komische Geschichte
berichtet: Der Moses Hirsch wohnt in einem kleinen Gäßchen im

zweiten Stock, in einem ganz schmalen Häuschen und ist ein armer Kerl, der sich nur kümmerlich vom Schacher ernährt. Eines Morgens springt er wie toll aus dem Bette und in der Stube herum, und wie seine Frau gar nicht weiß, was mit ihm ist und schon in aller Herzensangst fürchtet, er sei übergeschnappt, erzählt er ihr, er hätte die Nacht geträumt, daß er in seiner Stube einen Schatz finden würde. Die Frau meinte, das wäre Unsinn und nur ein Traum; er solle seinen Geschäften nachgehen und auf den Schacher, das wäre der einzige Platz, wo er wirklich einen Schatz finden könnte, wenn auch nicht mit einem Male. Moses Hirsch ließ sich aber nicht abbringen. Schon oft hatte er geträumt, aber noch nie so lebhaft, ging deshalb heute nicht auf den Schacher trotz dem Reißen und Bitten seiner Frau und fing an im Zimmer die Dielen aufzubrechen. Da fand er aber nichts als Staub und Schutt, und renkte sich bald die Arme aus, in alle Ecken und Winkel hineinzugreifen; er klopfte und hämmerte und machte einen Heidenspektakel, so daß die Leute, die unter ihm wohnten, ihn fragen ließen, ob er das Haus ihnen über dem Kopfe zusammenbrechen wolle. Unter den Dielen befand er sich nicht, also mußte er in der Mauer stecken. Die Mauer klang aber überall gleich voll, das war solider Stein — aber halt, an der einen Stelle — wie mit eiskaltem Wasser begossen lief's ihm den ganzen Leib hinab — an dieser Stelle klang es hohl — da steckt der Schatz! Kopfschüttelnd stand die Frau daneben und schaute ihm zu, wie er ohne Weiteres den Kalk von der Wand herunterbrach, den Mörtel herausbröckelte, und in wenigen Minuten ein Loch in die Wand gearbeitet hatte, in das er bequem mit der Hand hineinfahren konnte. Kaum hatte er aber den Arm hineingesteckt, als er seiner Frau hastig und vor Freude zitternd zuflüsterte, er fühle Holz. Das Loch mußte jetzt etwas größer gebrochen werden, und es erforderte auch einige Schwierigkeit, ohne die Wand total einzureißen, das Holz zu entfernen, was jedenfalls der Deckel oder die Seitenwand der Truhe war. Endlich gelang aber auch dieses. Moses Hirsch brachte glücklich ein kleines Loch hinein, groß genug für seine Hand, griff hinein und brachte — seine Frau wäre vor Schreck und Freude fast in die Kniee gesunken — einen silbernen Löffel und dann zwei silberne Gabeln und dann noch drei Löffel und dann ein paar große Münzen mit fremdem Gepräge, im Ganzen etwa sechs silberne Eßlöffel, sechs Theelöffel, ein Salz- und ein Pfefferfaß, einen Ausgebelöffel, einen Fischlöffel, einen Zuckerstreuer — Alles von Silber — und die Münzen hervor. Weiter ließ sich für den Augenblick und ohne das

Loch zu erweitern nichts erreichen. — Es kam auch Jemand, der zu Moses Hirsch wollte, und er mußte seine Arbeit unterbrechen, die er jedenfalls, wenn am Abend Alles still und zu Bette gegangen war, fortzusetzen gedachte. Seine Frau schloß indessen den Schatz in die Commode. Nachmittags poltern ein paar Leute die Treppe herauf und pochen an Moses Hirsch Thür. Moses geht hin, und wie er aufmacht, stehen zwei Polizeidiener da, fassen ihn am Kragen und beschuldigen ihn, bei seinem Nachbar eingebrochen zu sein und sämmt=liches Silberzeug gestohlen zu haben. Moses Hirsch denkt im ersten Augenblick, der Schlag rühre ihn. Er bei Jemand eingebrochen — er läugnet Stein und Bein. Einer der Leute hielt ihn und führte ihn in die Stube, wo der Kalk noch überall am Boden liegt und das Loch in der Wand noch bündig genug spricht. In der ersten Com=modenschatulle, die sie aufziehen, liegen auch schon die vermißten, angeblich durch Einbruch entwendeten Sachen und der arme Teufel erfährt jetzt, daß er, anstatt einen Schatz zu heben, in den Wand=schrank seines Nachbars hineingerathen sei.

Der wohlfeile Kauf.

Ein Gutsbesitzer kaufte vor einigen Monaten auf dem Markte zu Güstrow im Mecklenburgischen ein ausgezeichnetes Pferd zu einem fabelhaft billigen Preise. Nachdem der Kauf abgeschlossen und der Verkäufer sein Geld erhalten hatte, sagte der Käufer zu dem letzteren: Lieber Mann! Ich habe Euch das Pferd abgekauft, Ihr habt Euer Geld; nun sagt mir aber aufrichtig, was das Pferd für einen Fehler hat, denn daß dasselbe ohne Fehler zu diesem Spottpreise verkauft wäre, werdet Ihr mir nicht einreden. Bester, charmanter Herr, sagte der Verkäufer, Sie sind so nobel beim Handel gewesen, daß sie mir auch keinen Thaler abgezogen haben, ich will Ihnen reinen Wein einschenken, sehen Sie, das Pferd hat nur einen Fehler und der be=steht darin, daß das Pferd nicht im Zickhuser Kruge in den Stall zu bringen ist. Wenn's weiter nichts ist, versetzt der Käufer, so bin ich mit meinem Kaufe zufrieden, denn hoffentlich komme ich nicht in die Verlegenheit, mein Pferd nach dem Zickhuser Kruge zu senden. Wenige Wochen darauf hatte unser Gutsbesitzer aber dennoch Ge=schäfte in der Schweriner Gegend und so führte ihn denn sein Weg richtig zum Zickhuser Krug. Da fiel ihm denn der Fehler seines Pferdes wieder ein und um sich von demselben zu überzeugen, beschloß er im Zickhufer Kruge vorzusprechen. Statt aber, wie er sich gedacht. im höchsten Grade widerspenstig zu sein, lief das Pferd wiehernd in den Hof hinein, und wie groß war sein Erstaunen, als der Wirth erschien und dem Pferde liebkosend den Nacken streichelte und sprach: Sieh' Fuchs, krieg ich dich wirklich noch einmal wieder? Das Pferd war dem Wirth vor einem halben Jahr gestohlen worden.

Wirkung der Sonnenfinsterniß auf verschiedene Thiere.

Das unheimliche Gefühl, welches bei einer Verfinsterung des leuchtenden Taggestirnes auch den denkenden Menschen beschleicht, und welches bei dem Wilden seine ganze natürliche Wirkung übt, äußert sich um so stärker in den Thieren.

Als vor einigen Jahren die große Sonnenfinsterniß stattfand, wurden in dieser Hinsicht vielfache Beobachtungen angestellt, wovon wir einige mittheilen wollen.

Die Hähne, mehr aber noch die Hühner, flogen auf ihre Stangen, bevor noch die Sonne ganz verfinstert war. Wie die Sonne wieder hervortrat, begann der Hahn laut zu krähen, als begrüße er den jungen Tag. —

Alle Vögel der Luft stellten den Flug ein. Die Schwalben schienen ganz besonders erschreckt, sie krochen während der Verfinsterung in ihre Nester und kamen mit großem Geschrei wieder hervor, wie denn überhaupt die Schwalben alle Erscheinungen des Lebens stets sehr lebhaft zu bezwitschern pflegen und zu der Klasse jener Vögel gehören, die wie Elstern und Spatzen, Mordthaten und andere Geheimnisse ausplaudern, obschon nicht alle Leute sie verstehen.

Die Tauben legten nicht minder ihre Furcht an den Tag. Bei Annäherung der Finsterniß schwärmten sie wild und verwirrt in ganzen Flügen umher und schienen in ihrer Angst den Taubenschlag nicht finden zu können.

Hier und da kamen Fledermäuse aus ihren Schlupfwinkeln hervor und glaubten es bräche eine lange Nacht an. Sogar eine Eule ließ sich sehen.

Ein Ackersmann erzählt, beim Beginn der Finsterniß wären seine Ochsen, so er vor den Pflug gespannt, plötzlich in der Furche stehen geblieben. Selbst tüchtige Hiebe vermochten sie nicht weiter zu treiben. Anderes Rindvieh, das einzeln auf der Weide war, erhob ein schauerliches Gebrüll. Ein Heerde stellte sich kreisförmig mit den Köpfen zusammen, wie beim Herannahen eines Sturmwindes, und eine andere ordnete sich im Kreise mit nach auswärts gekehrten Köpfen und gesenkten Hörnern, als gält' es einen Angriff abzuschlagen.

Der großmüthige Bettler in Paris.

Ein vor einer Kirche vorübergehender Herr hört den eintönigen traditionellen Refrain: „Vergessen Sie den armen Blinden nicht!" Er greift unwillkürlich in die Tasche und wirft zerstreut ein Geldstück in den zur Aufnahme der Mildthätigkeit bestimmten Beutel. Als er einige Stunden später die Häupter seiner Lieben zählt, siehe, da fehlt ihm ein doppelter Napoleonsd'or. — Kein Zweifel, er hat Gold statt Kupfer hingegeben und der Blinde erfreut sich des Vortheils des Versehens. — Man mag ein noch so gutes Herz haben, 40 Franken sind für das Budget, Kapitel Almosen, etwas schwer — und der Zerstreute entschließt sich, seinen Blinden aufzusuchen. Unter der Zeit aber war es dunkel geworden, der Bettler hatte seinen Posten verlassen, und nicht ohne Mühe kann er dessen Wohnung vom Sacristan der Kirche erfahren. Er läuft dahin. Man weist ihn in den dritten Stock eines reinlichen gut gehaltenen Hauses. Oben angekommen, wo ihm die Aufforderung: „Die Füße abzuputzen, wenns beliebt!" entgegenstarrt, läutet er und ein Dienstmädchen thut ihm auf. Er fragt nach dem Herrn ... Monsieur ist bei Tische, antwortete das nette Ding, aber wenn es Ihnen gefällig ist, in den Salon einzutreten? Recht gerne. Er tritt ein. Einen Augenblick später kommt Jemand. Es ist der Blinde in Pantoffeln und Schlafrock! „Mein Herr," sagte er, „darf ich bitten, was mir das Vergnügen verschafft?" Der nicht wenig erstaunte Almosenspender bringt sein Anliegen vor. Das ist möglich, mein Herr, erwiderte der Blinde, ich habe noch nicht „Cassa" gemacht. ... Er leerte seinen Beutel auf ein Schränkchen: „Ist Ihr Napoleon darunter? .... Da nehmen Sie!"

Eine schauerliche Scene.

Der Wärter einer in Cincinati aufgestellten Menagerie wilder Thiere ging in der Mittagszeit, wie gewöhnlich, zum Essen, in der Meinung, daß seine vierfüßigen Schauspieler wohlbehalten in ihrem

Käfig wären. Es war dem nicht so. Der Käfig, welcher einen Tiger und eine Tigerin enthielt, war in baufälligem Zustande, so daß das wilde Paar ausbrach. Während der Wärter am Mittagstisch ruhig schmauste, kamen die beiden Thiere, nachdem sie ihr Gefängniß verlassen hatten, und sich in Freiheit befanden, auf den Einfall, sich noch einmal etwas mehr zu Gute zu thun, als was ihnen sonst geboten wurde. In der großen Menagerie befand sich auch ein Lama und dieses hatten sich der Tiger und die Tigerin zu ihrem Schmause erwählt. Bei Annäherung des Tigerpaares wurde das Lama scheu und befreite sich ebenfalls aus seinem Gefängnisse. Unbarmherzig sprang nun der eine von der Tigerfamilie ihm an die Gurgel, warf es nieder und riß ihm in einem Nu die Halsader auf. Hierauf machten sich nun beide Thiere mit großer Eßlust an das arme Lama. Als der Wärter sein Mittagsessen beendet hatte und wieder zu seinen Thieren kam, sah er mit Schrecken, was hier vorging. Muthig warf er sich in den Kreis der Thiere, mit einer Schlinge, die er den beiden Bestien über den Kopf werfen wollte, während sie schon den letzten Tropfen Blut aus dem armen Lama sogen. Die Tigerin aber, mit ihrer Mahlzeit früher fertig als der Tiger, drehte sich herum, als der Wärter eben im Begriffe war, sie zu fangen, und faßte ihn bei der Kehle, so daß der Unglückliche nur noch einige schwache Laute ausstoßen konnte, welche von dem zufällig herbeikommenden Menagerie= besitzer von außen vernommen wurden. Der Tumult, sowie diese Schmerzenslaute erregten Verdacht und er trat mit der stets bei sich geführten geladenen Pistole in das Innere der Menagerie, wo er sofort mit der größten Fassung der Tigerin durch einen Schuß in den Kopf den Garaus machte. Die Bestie hatte nämlich, als die Thüre aufging, ihr Opfer losgelassen, so daß ein glücklicher Schuß möglich wurde. Der Tiger sprang aus instinctmäßiger Furcht in den Käfig zurück und der unglückliche Wärter kam außer einigen Bißwunden am Halse, doch mit dem Leben davon.

Meister Müller.

I.

Es war ein herrlicher Frühlingsmorgen des Jahres 1808. Die Sonne war zeitig aufgestanden und heruntergestiegen von den Bergen und war zuerst durch den Wald gezogen und hatte die Vögel zum fröhlichen Morgengesange geweckt; dann ist sie über Wiesen und Fluren geschweift, daß ihr langes goldnes Haar leuchtende Furchen zog in dem glänzenden Morgenthau; dann ist sie in das Dorf hinein= geschritten, von Haus zu Haus, und hat die Ritzen der Thären und Läden gesucht, um ihren goldenen Morgengruß in die menschlichen Wohnungen hineinzusenden und den Menschen selbst eine Mahnung zur Arbeit und Thätigkeit. Denn: „Morgenstund hat Gold im Mund."

An einem kleinen unscheinbaren Häuschen am äußersten Ende des Dorfes brauchte die Sonne den Weg in die Stube nicht erst durch die Ritze eines Ladens zu suchen, sie konnte voll eintreten durch das geöffnete Fenster und nach Bequemlichkeit Umschau halten in der un= scheinbaren Hütte. Die kleine Stube trug den Stempel der bittersten Armuth, aber einer Armuth, die noch mit dem Schicksale rang, die sich noch nicht aufgegeben hatte, die noch nicht in den Schmuz des Elendes herabgesunken war. Alles in dem kleinen Zimmerchen war nett und reinlich; die Wände blendend weiß getüncht, der Boden sauber, der kleine Tisch frisch gebohnt, der handgroße Wandspiegel hell wie Krystall und über dem Kruzifix ein frischer Rosmarinzweig aufgesteckt. Es war offenbar eine weibliche Hand, die selbst dieser Armuth noch ein Lächeln abzugewinnen wußte. An dem offenen Fenster saß ein junger Mann von nicht viel mehr als dreißig Jahren, der nicht so recht zu dem heitern Sonnenstrahl passen wollte, der sein braunes Haar vergoldete; denn er starrte finster und in schwere Gedanken vertieft in den frischen Morgen hinaus; seine Faust war geballt, seine Stirne gerunzelt, und aus seiner schwer arbeitenden Brust drang von Zeit zu Zeit ein halb unterdrücktes Stöhnen hervor. In dem Hinter= grunde des kleinen Zimmers, in einem ärmlichen, aber reinlichen Bette, saß halb aufgerichtet ein bleiches junges Weib und schaute bekümmert nach dem Fenster hin, und Thräne um Thräne schlichen langsam über ihre schmalen Wangen herab.

„Christian," sagte das bleiche Weib mit weicher, schwacher Stimme, „Christian, hörst Du mich nicht?"

Der junge Mann fuhr mit der Hand über die Stirne und wen= dete den Kopf nach dem Bette zu.

„Christian," fuhr die Frau fort, „wenn Du so finster drein= schaust, will mir's das Herz abdrücken. Was soll denn aus uns wer= den, aus mir und den Kindern, wenn auch Du den Muth verlierst?"

„Ich verliere den Muth nicht," sagte der Mann fast unwirsch, „ich will ihn aufrecht halten, so lange ich kann. Wenn ich aber an die nächsten acht Tage denke, so wird mir's schwarz vor den Augen."

„Doch, Du verlierst ihn, und das darfst Du nicht thun," sagte das Weib. „Du hast Deine gesunden Glieder und arbeitest für uns, wie ein braver Mann soll, und wenn Gott mir wieder Gesundheit schenkt, so ...."

„Das ist's ja eben," sagte der Mann und erhob sich, „wie kannst Du gesund werden bei diesem elenden Leben? Ich schinde mir fast die Haut von den Händen und bringe kaum das Brod auf für Dich und die Kinder, daß Ihr nicht Hungers sterbet. Und Du sollst kräftige Kost haben und ein Glas Wein, wie der Doktor sagt, sonst kannst Du Dich nicht erholen. Und daß ich Dir's nicht schaffen kann, siehst Du, das ist's, was mich noch verrückt macht. Ha, ha, ha! der Doktor hat gut verordnen, der. Und seit er gemerkt hat, daß ich ihn nicht bezahlen kann, kommt er mir auch nimmer über die Schwelle."

„Aber der Herr Pfarrer war bei mir, Christian, gestern ist er da gewesen, und unser Herr Pfarrer ist ein braver Mann; er hat mich Alles ausgefragt und hat mich getröstet, und hat mir versprochen, Frau Jukunde, seine Haushälterin, solle mir jeden Tag eine kräftige Suppe bringen; und siehst Du, da werde ich wohl bald wieder auf den Füßen sein."

„Freilich, freilich," entgegnete der Mann mit bitterm Lachen, „und ich, der Maurermeister Christian Müller, der vor zwei Jahren noch zehn Gesellen im Lohne hatte, ich muß es ertragen, daß mein Weib von Almosen lebt! Schau, Marie, daß ich in der Stadt als Geselle arbeiten muß, ich, der ich ein Meister bin, und wenn mir's auch am Herzen frißt, ich will es gerne thun, um Deinetwillen; aber Almosen nehmen? Nein, das kann ich nicht, und wenn wir Alle zu Grunde gehen sollten."

Der Mann hatte mit lauter, heftiger Stimme gesprochen und schritt in großer Aufregung in der kleinen Stube auf und ab.

„Und," sagte er, vor dem Bette stehen bleibend und die Arme kreuzend, „und wie ist's dann, wenn wir in acht Tagen das Häuschen verlassen müssen und auf die Straße gesetzt werden? Du weißt, der gnädige Herr läßt das Häuschen zusammenreißen, weil es ihm die Aussicht versperrt. Ha, ha, ha, der gnädige Herr will ja eine schönere Aussicht haben! Und wenn der Vogt uns auspfänden läßt, wie auch in acht Tagen geschehen wird, und wenn sie Dir das Bett nehmen, in dem jetzt Deine armen kranken Glieder ruhen? Gott sei uns gnädig und barmherzig! Nun, Marie, wie ist's dann?"

„Dann wird Gott uns weiter helfen; denn er wird uns gnädig und barmherzig sein," sagte die arme Frau und faltete weinend die

Hände. „Vertraue ihm, Christian, vertraue ihm, und sei nicht so kleinmüthig und nicht so ungestüm und hoffährtig. Es ist genug, daß wir unglücklich sind; wir wollen's nicht auch noch verdienen, daß wir's sind." —

Der Mann war gerührt und faßte die Hand seiner Frau. „So sei es, Marie. Du bist ein braves, tüchtiges Weib; Du bist besser, Du bist stärker als ich, troß Deinem kranken Körper, ich weiß es wohl. Aber ich will mich bessern, ich will mich demüthigen, ich will — — — ja, nächsten Sonntag nach der Kirche will ich's thun; ich will zum Herrn Pfarrer gehen und — und will ihm danken für — für die Suppe, die er Dir schickt. Gott erbarme sich meiner, ist es dahin mit uns gekommen?!"

„So, Christian," sagte seine Frau und strich ihm mit ihrer magern Hand die Falten von der Stirne, „so ist's recht. Und jetzt, ehe Du gehst, schaue mich noch einmal freundlich an, ich habe ja nichts von Dir den ganzen langen Tag, als Dein freundliches Gesicht. So, Christian, jetzt bist Du wieder, wie Du mir gefällst, und jetzt gehe an Dein Geschäft und arbeite mit frohem Herzen. Gott wird uns nicht verlassen."

Meister Müller versuchte zu lächeln, als er seiner Frau einen Kuß gab. „Du bist meine gute Marie. So lange ich Dich habe, will ich den Muth nicht verlieren. Gottes Segen über Dein Haupt."

„Guten Morgen, Nachbar Müller," scholl jetzt eine tiefe Baß= stimme von dem offenen Fenster her, und das riesige Brustbild eines Mannes mit breitem, gutmüthigen Gesichte erschien unter dem Fenster= rahmen. „Brav von Euch, Nachbar Müller; ein Mann wie Ihr darf den Muth und die Hoffnung nicht aufgeben, und Euer Weib ist es werth, daß Ihr Euch um sie plaget. Hab' meine Freude an Euch Beiden, ja das habe ich."

„Guten Morgen, Meister Schmied," sagte der Maurer und wendete sich nach dem Fenster, „ich danke für Eure Freundlichkeit. Aber," setzte er hinzu und drohte lächelnd mit dem Finger, „seit wann denn schleichet Ihr im Dorfe herum und horchet an den Fenstern?"

„Ho, ho, ho!" lachte der Schmied, daß das Fenster dröhnte, „poß Hammerschlag und Blasebalg, da möchte man ein Ambos sein, ich und horchen! Da war was zu horchen. Habt Ihr doch geschrieen, als stündet Ihr auf der Kanzel. Aber Euere Predigt hat mir wohl= gefallen, fast besser als unserm Herrn Pfarrer seine."

„Wart', Meister Ullrich, ich will Euch," sagte Frau Marie und streckte den Kopf zwischen den Bettvorhängen vor, die sie zugezogen hatte, „über unsern Herrn Pfarrer lasse ich nichts kommen, der ist ein rechtschaffener, braver Herr und ....."

„Respekt davor, ja das ist er," sagte der Schmied und griff an seine Ledermütze. „Bin sonst kein großer Freund von den Schwarz= röcken, unserer aber hat ein braves Herz unter dem Schwarzkittel, und könnte unserm gnädigen Herrn ein Stück davon abgeben, der Euch von Haus und Hof vertreiben will, und unserm Vogte auch eines, dem scheinheiligen, psalmsingenden Schuften. Hole sie alle Beide der ..... Na, nichts für ungut! aber es ist noch nicht aller Tage Abend. Seht, wenn ich ein Stück Eisen probiren will, ob mich der Eisen= händler nicht angeschmiert hat, dann stecke ich's in's Feuer und wenn's rothglühend ist, nehme ich's auf den Ambos und bearbeite es mit dem Hammer, daß die Funken davonfliegen, und wenn's dann nicht wie Dreck auseinandergeht, sondern gut zusammenschweißt und sich streckt und dehnt, so ist's ein gut Stück Eisen, und unter meinem Hammer ist's noch einmal so gut geworden, als es vorher war. Gerade so ist's mit Euch beiden, will ich Euch sagen. Unser Herrgott, der auch etwas vom Schmiedehandwerk versteht, will einmal sehen, ob das Eisen an Euch gut ist, und hat Euch jetzt tüchtig eingeheizt und unter den Hammer genommen; Ihr aber werdet Euch wacker halten und gut zusammenschweißen, ich weiß es, und unser Herr Gott wird sagen: Recht tüchtig Eisen an dem Müller und seiner Frau, will mir ein extra gutes Werkzeug aus ihnen machen. Seht Ihr, Meister Müller, so ist es mit Euch, und das lernt man beim Schmiedehandwerk."

„Und ein braves Handwerk muß es sein, wo man so gute Sachen lernt," sagte Meister Müller, und seiner Frau einen freundlichen Blick zuwerfend, setzte er hinzu: „Und ich und mein Weib, Nachbar Ullrich, wir zwei wollen unserm Herrgott zeigen, daß der Eisenhändler ihn nicht angeschmiert hat. Ja, das wollen wir."

„So," sagte der Schmied lachend, „das wäre jetzt abgemacht. Ich bin heute ein wenig früher aus dem Neste gekrochen, um Euch Euer Werkzeug zurecht zu machen. Da habt Ihr's," und seine breite rußige Faust legte einen Zweispitz auf das Fensterbrett, „mit dem da könnt Ihr einen Felsen durchhauen, wie Butter; vom besten Stahle, kann ich Euch sagen, selbst dem Vogte seine hartgesottene Sünderseele wäre nicht zu hart dafür. Ho, ho, ho!"

„Danke, Nachbar," sagte Meister Müller und wog das Stück prüfend in der Hand, „ein braves Stück Werkzeug. Ja, ja, im Ver= stählen suchet Ihr Euers Gleichen, Nachbar, und die Karlsruher können von Euch lernen. Und meine Schuldigkeit?" setzte er in einiger

Verlegenheit hinzu und fuhr mit der Hand in die Tasche seiner lei-
nenen Hosen.

„Bah, Schuldigkeit,“ polterte der Schmied, „Ihr seid mir Nichts
schuldig. Zwischen Nachbarn ist es Schuldigkeit, daß sie einander
helfen. Ich flicke Euch Euer Werkzeug, und Ihr flicket mir meinen
Schmiedeheerd wieder, wenn er einmal zusammenfällt. Er wackelt
schon, kann ich Euch versichern, Ihr werdet's mir nicht lange schuldig
bleiben.“

Der Maurer reichte dem Manne gerührt die Hand. „Dank'
Euch, Meister, dank' Euch von Herzen. So soll es sein, Einer hilft
dem Andern, und so hilft sich Jeder selbst. Nein, Meister, jetzt werde
ich den Muth nicht verlieren, Ihr habt mir mit Eurer Freundlichkeit
das Herz wieder warm gemacht.“

„Macht nur kein solches Wesen; das versteht sich ja von selber,“
erwiderte der Schmied und verzog seinen breiten Mund zum Lachen,
daß zwei Reihen prachtvoller Zähne in seinem rußigen Gesichte
glänzten, „und wenn Ihr wollt, so könnet Ihr's gleich quitt machen;
gleich auf der Stelle.“

„Sprecht, mit Freuden soll's geschehen.“

„Ihr habt da,“ fuhr der Schmied fort, „einen Jungen, der ein
prächtiger Bursche ist. Trotz seiner 15 Jahre hat der kleine Racker
schon einen Arm wie Stahl, und gestern hat er meinen großen Zu-
schlaghammer geschwungen, als wäre er ein Besenstiel. Nun aber
haben wir zwei den Narren an einander gefressen, der Junge hat
Freude am Handwerk, ich habe ihn lieb und —. Nun wisset Ihr
was? gebt mir den Burschen, ich will einen tüchtigen Schmied aus
ihm machen; 's ist doch am Ende besser, als wenn er in der Stadt
als Speisbub' verdorben wird. 's wär Schad' um ihn. Lehrgeld
braucht er keines zu bezahlen, ich nehme ihn zu mir in die Kost und
uns ist beiden geholfen. Nun, was meint Ihr dazu, Frau Nachbarin?“

Frau Marie hatte der Rede des Schmieds mit steigender Theil-
nahme zugehört; jetzt faßte sie ihres Mannes Hand und mit vor
Rührung bebender Stimme sagte sie: „Siehst Du, Christian, daß
wir nicht verlassen und verloren sind? O, Meister Ullrich, welche
Freude machet Ihr meinem armen Herzen. 's ist meines Heinrich's
einziger Wunsch, Euer Handwerk zu lernen; wir hätten aber das
Lehrgeld nicht erschwingen können. Jetzt aber .....“

„Jetzt aber,“ rief eine helle, jugendliche Stimme, und die Kammer-
thüre wurde aufgerissen und ein bildschöner, kräftiger junger Mensch

von 15 Jahren, der seinem Vater wie aus dem Gesichte herausge=
schnitten war, sprang in das Zimmer und fiel seiner Mutter um den
Hals, „jetzt aber brauche ich kein Speisbub' zu werden, sondern werde
ein Schmied. Juchhe! Nicht wahr, Vater, ich darf?"

Der Vater nickte nur mit dem Kopfe, er konnte vor Rührung
nicht sprechen.

„Hurrah! Meister Ullrich, da habt Ihr mich," schrie der junge
Mensch und sprang mit einem gewaltigen Satze durch das niedere
Fenster, wo der Schmied ihn mit lautem Lachen in seinen kräftigen
Armen auffing.

„Ich habe ihn, Nachbar Müller, ich habe ihn, und gebe ihn
nicht mehr heraus. Jetzt, Heinrich, komm, ich habe ein Eisen im
Feuer stecken und —

„man muß das Eisen schmieden,
so lange es warm ist,"
vergiß den Spruch nicht, mein Junge —!"

II.

Leichteren Herzens, als er heute den Sonnenaufgang begrüßt,
schritt Meister Müller der Stadt zu, wo er als Maurergeselle in
Arbeit stand. Trotz seiner verzweifelten Lage war wieder Muth und
Vertrauen in seine Brust eingekehrt; der wackere Schmied hatte in
ihm wieder einen Schein von Hoffnung für eine glücklichere Zukunft
wachgerufen. Auf was diese Hoffnung sich gründe, darüber freilich
konnte sich der arme Maurer keine Rechenschaft geben; denn wenn
nicht ein Wunder geschah, so sah er sich in 8 Tagen mit Weib und
Kind auf die Straße geworfen, ein obdachloser Bettler; ja noch
Schlimmeres konnte geschehen; wenn seine anderen Gläubiger nicht
weichherziger waren, als der gnädige Herr und der Schulze, so konnte er
in den Schuldthurm wandern mit dem Bewußtsein, seine Familie im
Elende verkommen zu sehen. Aber dennoch verzweifelte er nicht, den=
noch hoffte er; das hatte seines Nachbars Ullrich kräftiger und mann=
hafter Zuspruch bewirkt.

„Bin ich doch vor zwei Stunden noch fast verzweifelt, was aus
meinem Heinrich werden solle, und hat es mir das Herz zusammen=
geschnürt, daß er verkümmern und mißrathen soll unter den verdor=
benen Speisbuben und Gesellen der Residenz, und jetzt, jetzt ist für
seine nächste Zukunft gesorgt und unter Ullrichs Leitung kann er ein
tüchtiger Mann werden, vielleicht einst die Stütze seiner Mutter und
seiner Geschwister. 'Dank dem braven Ullrich und Segen auf sein

Haupt. 's ist ja wahrhaftig ein kleines Wunder, und auf ein kleines Wunder kann auch ein großes folgen. Ich will vertrauen und Gott wird weiter helfen."

Es schlug eben auf dem Karlsruher Stadtkirchenthurm halb 7 Uhr, als Müller unter den alten ehrwürdigen Eichen dahinschritt, die zwischen dem Ettlinger Thor und dem Dörfchen Beiertheim eine der schönsten Waldparthien der waldreichen Umgebung Karlsruh's bilden, einen Spaziergang, den die Karlsruher Stadtherren gerne aufsuchen, um ihre steifgewordenen Kanzleiglieder wieder etwas gelenkig zu machen und ihre in der Kanzleiluft ausgetrockneten Lungen in Waldesduft und Waldesgrün wieder zu erfrischen.

In dieser frühen Morgenstunde freilich war von solchen Spaziergängern in dem „Beiertheimer Wäldele" noch nichts zu gewahren, und die erhabene Stille des Eichenwaldes wurde nur unterbrochen durch den flüchtigen Schritt und das Geplauder der Beiertheimer Weiber und Mädchen, die, den Milchkorb auf dem Kopfe, nach der Stadt eilten, um den Bewohnern der Residenz die bekannte Beiertheimer Milch zum Frühstücke zu liefern, die schon in jenen gesegneten Zeiten die löbliche Eigenschaft hatte, die zarten Residenzmägen nicht durch allzugroße Fettigkeit zu belästigen, was sie lediglich der wunderbaren Kraft des Beiertheimer Dorfbrunnens zu danken hatte.

Die frische Morgenluft und der weite Weg hatten unsern Meister Müller erinnert, daß er noch nicht gefrühstückt habe; hatte er doch noch eine halbe Stunde Zeit, bis er auf dem Werkplatze sein mußte, und so ließ er sich denn unter einer großen Eiche auf eine Bank nieder, und begann seine Zähne an einem ziemlich trockenen Stücke Schwarzbrod zu versuchen. In seine Mahlzeit und in Gedanken vertieft, bemerkte er nicht, daß ein einzelner Herr des Wegs gewandelt kam und in seiner Nähe stehen bleibend ihn beobachtete. Ein freundliches „Guten Morgen. Schmeckt's?" machte ihn aufblicken; er zog grüßend die Mütze und sagte: „Danke Herr. Dem Hungrigen schmeckt's immer." Der Fremde war ein großer, stattlicher alter Mann, mit einem freundlichen, wohlwollenden Gesichte, in das man gerne hineinblickte, und als der Maurer hineinsah, meinte er, er müsse das Gesicht schon irgendwo gesehen haben. Das Gesicht war ihm wie eine Erinnerung an bessere Zeiten. Seine Kleidung war einfach, aber von feinem Stoffe. Schwarze, enge Hosen mit Stulpstiefeln, dunkler Rock, weiße Weste und Halsbinde und ein dreieckiger Hut, den er unter dem linken Arme trug. In der rechten Hand hielt er ein spanisches Rohr mit goldenem Knopfe. Er mochte ein reicher Kaufmann sein aus der Stadt, oder ein hochgestellter Beamter, am Ende gar der Herr Oberamtmann selber.

„Ihr seid ein Maurer?" fragte der Herr, indem er mit dem Stocke auf den Zweispitz und die Kelle wies, die Müller an einem Stricke über seine Schulter gehängt hatte. „Ja, Herr," sagte dieser, indem er sich erhob.

„Sitzen bleiben, sitzen bleiben," sagte der alte Herr freundlich. „Ihr seid wohl müde. Ich bin es auch, und wenn Ihr ein wenig rücken wollt, will ich mich zu Euch setzen. So, seht Ihr, die Bank hat Platz für uns Beide. Woher des Wegs?"

„Von Eichenbach, zwei Stunden von hier. Ich arbeite an der neuen katholischen Kirche."

Ah! die mein Freund Weinbrenner baut?"

Der Maurer schaute seinen Nachbar von der Seite an: „Der ist am Ende auch ein Baumeister, wie der Weinbrenner," dachte er, und rückte ehrfurchtsvoll ein wenig abseits, denn er hatte gewaltigen Respekt vor den Herren Baumeistern der Residenz und vor dem Herrn Weinbrenner insbesondere.

Der alte Herr schwieg still und zeichnete mit seinem Stock Figuren in den Sand.

Meister Müller hätte gar zu gerne gewußt, ob der Herr wirklich ein Baumeister ist; denn das wäre eine große Ehre für ihn gewesen, mit einem so vornehmen Herrn auf einer Bank zu sitzen. Das hätte er daheim seiner Marie und dem Ullrich erzählen müssen, die hätten gewiß eine Freude daran gehabt. Endlich faßte er sich ein Herz und fragte: „Der Herr ist wohl auch ein Baumeister, wenn man fragen darf."

Um den Mund des alten Herrn spielte ein feines Lächeln: „Ja, ja, so etwas dergleichen. Ich bin eben daran, ein großes, stattliches Haus zu bauen und gerade bin ich mit dem Fundamente fertig geworden. Es ist ein tüchtig Fundament, hoffe ich."

„Da haben Sie recht, Herr Baumeister," sagte der Maurer denn jetzt war kein Zweifel mehr, er hatte es ja selbst gesagt, daß er ein Baumeister sei, und deswegen zog er seine Mütze und legte sie neben sich auf die Bank. „Ein gutes Fundament ist die Hauptsache, in alle Wege."

„Ihr scheint auch ein tüchtig Fundament legen zu wollen für heute," sagte der Fremde freundlich und deutete auf den Laib Brod, in den der Maurer schon eine tüchtige Bresche hineingearbeitet hatte.

XXXI.   8

„Freilich," erwiderte dieser lachend; denn daß der vornehme Herr Baumeister mit ihm, dem gemeinen Maurer, so freundlich und scherzhaft verkehre, that seinem Herzen wohl. „Freilich, das Funda= ment muß aber auch halten bis Mittag, und dann weiß ich erst nicht, ob ich etwas darauf zu bauen habe; obschon es ganz gut etwas ver= tragen könnte."

Der alte Herr schaute den Maurer an. Er schien überrascht zu sein von dieser scherzhaften Bemerkung, die ihm über Stand und Bildung des unansehnlichen Mannes in dem verschossenen blauen Zwilchkittel zu gehen schien.

„Ihr sollt aber etwas darauf zu bauen haben, auf Euer Fun= dament, denn ein Fundament ohne Aufbau ist ein schlimmes Ding. Was meint Ihr zu einem Kalbsbraten und einer Flasche Wein?"

„O Herr," sagte der Maurer, und war fast betrübt; denn dieser Scherz mit seiner Armuth schien ihm nicht recht von einem so vor= nehmen Manne, „wo denkt Ihr hin, so was kommt nicht an unser= einen." —

„Ich will Euch etwas sagen," fuhr der Unbekannte fort, „ich habe noch nicht gefrühstückt. Ihr habt mir Appetit gemacht mit Euerm Brod. Wollt Ihr mir ein Stückchen davon abgeben?

„Recht gerne, Herr," sagte Meister Müller und reichte dem Herrn den Laib und sein Messer hin, „aber es wird Ihnen nicht groß schmecken, es ist halt Bauernbrod."

„Bauernbrod ist gutes Brod," sagte der Herr mit freundlichem Ernste und schnitt sich ein ansehnliches Stück herunter, mehr fast, als dem Maurer lieb war; denn der Laib mußte reichen für den ganzen Tag. Der Appetit des alten Herrn schien aber nicht sehr groß zu sein, denn nachdem er ein klein Stückchen von dem Brode versucht und dabei ein Gesicht gemacht hatte, als ob er doch ein bes= seres Frühstück gewohnt sei, steckte er den Rest in die Tasche und sagte: „Höret, Meister Maurer, Euer Fundament da ist ziemlich trocken; Ihr sollt aber etwas haben zum Anfeuchten und zum Auf= bau. Trinket ein Glas auf Meister Weinbrenner's Gesundheit." Der Herr erhob sich, zog seine grünseidene Börse, und mit einem: „Das ist für Euch. Guten Tag," legte er ein Geldstück auf die Bank und entfernte sich, nochmals freundlich grüßend, auf einem Seitenwege.

Der Maurer war so überrascht, daß er beinahe vergessen hatte, den Gruß zu erwidern. Ein blanker Kronenthaler lag neben ihm auf der Bank. Er wußte nicht, was er machen sollte; dem Herrn nachlaufen und ihm sein Geld wiederbringen; denn ein Kronenthaler für ein Stücklein Brod, ein solcher Handel war ihm in seinem Leben noch nicht vorgekommen, der Herr mußte sich versehen haben. Auch sah es fast aus wie ein Almosen; obschon es nicht häufig vorkommt, daß die Herren Morgens 6 Uhr in den Eichenwäldern herumlaufen, um armen Maurergesellen Kronenthaler als Almosen zuzuwerfen.

Der Karlsruher Herr aber sah so reich und vornehm aus und hatte dabei ein so menschenfreundliches, wohlwollendes Gesicht, es war doch möglich, daß er sein Tagewerk mit einer guten That beginnen und dem armen Manne sein hartes Brod mit einer so reichen Gabe versüßen wollte.

„Wahrhaftig, ja so wird es sein," sagte Meister Müller, sich selbst beruhigend und rückte etwas näher zu dem Kronenthaler hin, „es ist kein Almosen und ich kann es mit gutem Gewissen nehmen; der gute Herr hat mir mein Brod bezahlt, das ist Alles. 'S ist freilich ein schöner Preis für ein Stückchen Brod und da wäre gut Bäcker sein. Nun denn in Gottes Namen, so will ich es denn nehmen, es ist das zweite kleine Wunder an diesem Tage, und will meiner Marie eine Flasche Wein dafür kaufen und ein kräftig Stückchen Fleisch."

Ein Almosen hätte er nicht genommen, bei Leibe nicht, aber wenn einem die Kronenthaler so vom Himmel herunter vor die Füße fallen, da wäre es wohl eine Sünde gewesen, das schöne blanke Silber nicht aufzuheben. Es kam nicht oft an ihn, den armen Mann, Aufhebens zu machen von einem Kronenthaler.

„Bin doch begierig, ob es noch mehr Wunder absetzen wird am heutigen Tage," murmelte er, und den Kronenthaler in die Tasche steckend, erhob er sich, um auf den Werkplatz zu gehen.

Er hatte aber noch nicht zwei Schritte gemacht, da stieß sein Fuß an Etwas, das gab einen eigenthümlichen Ton von sich. Er griff unter das dürre Laub und in seiner Hand glänzte ein grünseidener Geldbeutel mit Goldfranſen und durch die grünen Maschen schimmerte es wie Gold und Silber. Das Blut schoß ihm ins Gesicht, als er die Börse prüfend in der Hand wog und sein Herz klopfte ihm gegen die Rippen. Er hatte einen Reichthum in der Hand, der seinem Elende ein Ende machen, der seinem Weibe Gesundheit und ihm selbst wieder Kraft und Muth geben konnte, sich aus seiner schlimmen Lage herauszureißen. Ein häßlicher Gedanke fuhr ihm durch den Kopf, und die Hand zitterte, mit der er den Geldbeutel hielt. Aber nur einen einzigen Augenblick schwankte er, dann war es ihm als ob das bleiche Gesicht seines Weibes ihn anblicke und als ob das ehrliche Auge des braven Ullrich zürnend auf ihm ruhe, noch einen Blick warf er auf die goldgefüllte Börse und der Kampf war beendet. „Herr, führe mich nicht in Versuchung,“ betete er, und mit einer gewaltsamen Anstrengung sich aufraffend, setzte er sich in scharfen Trab nach der Richtung hin, die der Fremde einge= schlagen hatte. Noch war er nicht zweihundert Schritte gelaufen, da erblickte er den alten Herrn, wie er eben am Saume des Waldes in einen offenen mit zwei prachtvollen Schimmeln bespannten Wagen stieg und rasch davon fuhr. Der Maurer schrie und winkte, aber die Entfernung war zu groß, um den Ruf vernehmen zu können, und der Herr wandte ihm den Rücken zu, er konnte die Zeichen des Maurers nicht bemerken. Mit zwei Maurersbeinen acht Schimmel= beine, die mit Windeseile dahin flogen, einzuholen, daran war nicht zu denken, und schon fürchtete Müller, der die Augen mit der Hand beschattend dem Fuhrwerke nachblickte, den Geldbeutel, der ihm wie Feuer in der Hand brannte, seinem rechtmäßigen Herrn nicht mehr zuzustellen zu können, und bei dem guten alten Herrn am Ende in falschen Verdacht zu gerathen, da bemerkte er, daß der Wagen von der Hauptstraße ablenkte und in langsamerem Trabe in einen nach Peiertheim führenden Feldweg hineinfuhr.

Jetzt war die Möglichkeit vorhanden, dem Wagen den Rang abzulaufen; denn der Wagen mußte einen großen Umweg machen und dort, an dem steinernen Kreuze, konnte er ihn erreichen. Wie ein gehetzter Hirsch rannte der Maurer quer über das frischgepflügte Feld und erreichte das Kreuz in dem Augenblicke, als der Wagen vorüber fuhr. Er hatte nicht mehr so viel Athem, um ein Halt rufen zu können, und den Beutel in den vorüberfahrenden Wagen werfend, sank er erschöpft an den Stufen des Kreuzes nieder. Als der Beutel klirrend zu den Füßen des alten Herrn niederfiel, hatte dieser überrascht aufgeblickt und dem Kutscher befohlen zu halten.

„Was giebt es da?“ rief er, sich aus dem Wagen heraus= beugend.

„Herr Baumeister,“ stotterte der Maurer, immer noch keuchend, „Ihr Geldbeutel —, Sie haben Ihren Geldbeutel verloren!“ Der alte Herr hob den Geldbeutel auf, und den Maurer freundlich an= blickend, sagte er: „So, Ihr seid's? Wahrhaftig, ja, es ist mein Geldbeutel. Es scheint, ich habe ihn neben die Tasche gesteckt. Ich danke Euch. Wie heißt Ihr, Mann?“

„Müller, Herr Baumeister, Maurermeister Müller, wenn ich auch jetzt nur als Geselle arbeite."

„Ihr seid von Eichenbach, wenn ich vorhin recht gehört habe?"

„Ja, Herr."

„Es scheint Euch nicht besonders gut zu gehen, da Ihr als Geselle arbeitet, und doch Meister seid?"

„O nein, Herr, es geht mir herzlich schlecht."

„Erzählt mir Eure Verhältnisse," sagte der alte Herr freund=lich, „wie kommt es, daß Ihr in diese traurige Lage gekommen seid?" —

Nun erzählte der Maurer einfach und treuherzig, wie er vor wenig Jahren noch ein wohlhabender, glücklicher Mann gewesen sei; wie er aber durch einen schlechten Freund, für den er Bürgschaft ge=leistet habe, um sein ganzes Vermögen gekommen sei; dann sei ihm, um sein Unglück voll zu machen, vor einem halben Jahre sein Haus abgebrannt, der Schrecken habe seine Frau aufs Krankenlager ge=worfen, von dem sie noch nicht aufgestanden sei. „Jetzt wohne ich in einem kleinen Häuschen, das mir der gnädige Herr aus Barm=herzigkeit überlassen hat, aber auch dieses muß ich in acht Tagen verlassen, denn der gnädige Herr braucht das Häuschen zu seiner neuen Parkanlage und will es abreißen."

„Ja, lieber Herr," sagte Meister Müller und fuhr sich mit der Faust über die Augen, „ich bin in einer schlimmen Lage. Meine Kar=toffeln sind aufgegessen, das Brod ist theuer und 7 Menschen wollen ernährt und gekleidet sein. Da konnte mein Gesellentaglohn nicht ausreichen; ich bin in Schulden gerathen, und in 8 Tagen, Herr, just an dem gleichen Tage, wo ich mit meinem kranken Weibe auf die Straße geworfen werde, wollen meine unbarmherzigen Gläubiger mich auspfänden lassen. Ihr dürft mir glauben, lieber Herr, da schafft sich's mit schwerem Herzen."

„Das ist vieles Unglück," sagte der alte Herr mitleidig. „Und Ihr habet nie den Muth verloren, mit dieser großen Last auf dem Herzen?"

„Nein, Herr, bis heute habe ich den Muth nicht verloren, und wenn ich ihn verlieren wollte, da hat der Gedanke an mein liebes krankes Weib, oder ein tüchtig Wort vom Schmied Ullrich mich wieder stark gemacht."

„Ullrich? Wer ist dieser Ullrich?

„Der Ullrich, Herr, der ist ein Freund von mir und der wackerste Mann unter Gottes blauem Himmel."

„Meister Müller,“ sagte der alte Herr, „Ihr seid ein braver Mann, denn wie mir scheint, hat Euch der liebe Gott heute früh eine schwere Versuchung in den Weg gelegt und Ihr habt die Probe wacker bestanden,“ und dabei blickte der Herr bedeutungsvoll auf den goldgespickten Beutel, den er in der Hand hielt.

Dem Maurer war die rothe Gluth in's Gesicht gestiegen und ganz nahe an den Wagenschlag tretend, sagte er mit fast bebender Stimme:

„Lieber Herr, ich will es nur gestehen, es ist ein schweres Ding für einen armen Mann, wie ich, einen Beutel mit Gold finden und zu wissen, daß Weib und Kinder daheim Hunger leiden müssen. Ich habe ein paar schwere Minuten gehabt, Herr, der Himmel schütze Sie davor. — Doch es schlägt 7 auf der Stadtkirche, ich muß zur Arbeit. Guten Tag, Herr, und nochmals Dank,“ und sich kurz umwendend, fast als sei er beleidigt, daß der alte Herr seinen Kampf mit der Versuchung errathen habe, eilte er der Stadt zu. Der Unbekannte hatte sich in seinem Wagen aufgerichtet und dem forteilenden Maurer nachgeschaut, dann sagte er zum Kutscher: „Friedrich, nach Eichenbach,“ und der Wagen rollte weiter.

III.

Während Meister Müller auf den hohen Gerüsten des Neubaues der katholischen Kirche in Karlsruhe sein Tagewerk besorgte, aber nicht mit fröhlichem Muthe, denn es hatte sich ihm wieder auf die Brust gelegt, schwerer als die Steine, die seine Hand bearbeitete, geschahen in seinem heimathlichen Dorf noch ein paar weitere kleine Wunder. Nämlich an dem gleichen Vormittage fuhr ein schöner offener Jagdwagen durch den breiten Dorfweg in Eichenbach und hielt gerade vor dem Pfarrhause stille. Außer der Amtschaise, die alle Jahre einmal während der Forellenzeit (denn Eichenbach war berühmt durch seine Forellen) durch das Dorf rumpelte, um seinen amtlichen Inhalt im „Hirschen“ abzusetzen, war das Erscheinen eines Wagens in Eichenbach ein so außerordentliches Ereigniß, daß es sich von selbst verstand, daß der vor dem Pfarrhause haltende Wagen in einem Nu von der neugierigen Eichenbacher Schuljugend umringt war. Für den alten Herrn, der aus dem Wagen stieg, wäre es keine kleine Arbeit gewesen, durch diesen Schwarm kleiner krakehlender Schelme hindurch die Pfarrhaustreppe zu gewinnen, wenn er sich nicht dadurch Luft verschafft hätte, daß er einige kleine Münze unter die Zudringlichen warf und so ihre Aufmerksamkeit von seiner Person ablenkte. Während die Hoffnung Eichenbachs schreiend und johlend über den Kreuzerstücken zusammenpurzelte, stieg der Fremde lachend die Treppe hinan und zog die Klingel. Unter der Hausthüre erschien, durch den Lärm angelockt, die stattliche Gestalt der Frau Jukunde, wohlbestallter Haushälterin des Herrn Pfarrers, in einem dem ländlichen Charakter der Gegend entsprechenden sehr ursprünglichen Morgenanzuge. Wie Frau Jukunde den alten Herrn erblickte, stieß sie einen lauten Schrei aus, und mit einem: „Ach, Herr Jeses, wie sehe ich aus! Ach du lieber Gott!" schlug sie ihm die Thüre vor der Nase zu.

Nun erhob sich im Pfarrhause ein gewaltiger Rumor, Thüre auf, Thüre zu, Treppe auf, Treppe ab, und die kreischende Stimme der Frau Jukunde war bis auf die Straße heraus vernehmbar: „Herr Pfarrer, Herr Pfarrer, um Gotteswillen, Herr Pfarrer! Ach, Herr Jeses, wie sehe ich aus! Herr Pfarrer, wo ist meine Haube? Ach du lieber Gott!"

Der Straßenkampf war inzwischen beendet und die Sieger waren mit ihrer Beute spornstreichs davongerannt, verfolgt von der minder glücklichen schreienden Mehrheit der kleinen Kämpfer, und schon wollte der alte Herr, der mit sichtbarem Vergnügen den kleinen Purzlern zugeschaut hatte, die Geduld verlieren und den gewichtigen Thürklopfer in Bewegung setzen, da öffnete sich die Thüre zum zweiten Male, und auf der Schwelle erschien die ehrwürdige Gestalt des geistlichen Herrn, der den Fremden mit einer tiefen und ehrerbietigen Verbeugung begrüßte. Im Hintergrunde konnte man Frau Jukunde bemerken. Sie hatte ihre Haube mit den feuerfarbenen Bändern aufgesetzt, ein Kleidungsstück, welches den neidischen Blicken der Eichenbacher Weiber nur bei außerordentlichen Feierlichkeiten ausgesetzt wurde, und machte die ungeheuersten Anstrengungen, sich hinter dem Rücken des Pfarrherrn durch unzählige bodentiefe Knixe bemerkbar zu machen. Der fremde Herr reichte dem Herrn Pfarrer freundlich lächelnd die Hand und schritt über die Schwelle.

Eine halbe Stunde später keuchte der Dorfschulze, im höchsten Sonntagsstaat und in einem Geschwindschritte, gegen den sein dicker Bauch beständig zu protestiren schien, nach dem Pfarrhause zu, auf dessen Treppe er mit dem Schmied Ullrich zusammentraf. Auch dieser hatte sich den Ruß aus dem Gesichte gewischt und war in seinen Sonntagsrock gefahren, nur seinen untern Menschen hatte er nicht mehr Zeit gehabt in Ordnung zu bringen, denn seine kräftigen

Beine steckten in ein paar groben Arbeitsstiefeln und unter dem zu=
geknöpften Rocke schaute das Schurzfell heraus.

„Potz Hammerschlag und Blasebalg, Herr Vogt,“ rief der
Schmied mit schallender Stimme, „was ist denn los, daß man uns
von der Arbeit wegholt? Will uns unser Herr Pfarrer eine Extra=
predigt halten, oder habt Ihr Gewissensbisse, Herr Vogt, und wollt
Eure Sünden beichten?“ Der Schulze blies seine dicken Backen
auf, daß seine kleinen Augen ganz in den Kopf hineinschlüpften, und
einen giftigen Blick auf den ehrlichen Schmied schießend, sagte er:
„Kehret Ihr vor Eurer eigenen Thüre, Meister Ullrich, Ihr werdet
schon ein Häuflein Schmuz davor finden. Heute aber hat der Herr
seine Gnade ausgegossen über seinen unwürdigen Knecht,“ setzte er
salbungsvoll hinzu und faltete die Hände auf seinem dicken Bauche.
„O das ist ein Tag des Segens und des Heils! O, das ist Balsam
für meine Seele!“

„Ho, ho, ho!“ lachte der Schmied, als er hinter dem Schulzen
in's Pfarrhaus trat, „da bin ich denn doch begierig, was das für
eine Sorte Balsam ist, der die fette Seele des dicken Schlingels da
so mürbe macht. Unwürdiger Knecht nennt er sich? Potz Blasebalg
und Hammerschlag, wenn ich den Kerl nur einmal auf meinem
Ambos hätte!“

Nach einer Stunde trat der fremde Herr wieder aus dem Pfarr=
hause und bestieg seinen Wagen. Dem geistlichen Herrn schüttelte
er zum Abschiede herzlich die Hand und sagte: „Es freut mich, Herr
Pfarrer, daß ich Sie persönlich kennen gelernt habe. Ich schätze Sie.
Ich hoffe unsere kleine Verschwörung soll gute Früchte tragen. Neh=
men Sie zum Voraus meinen Dank.“ Der Pfarrer beugte sich ge=
rührt über die Hand des Fremden und seine Lippen bewegten sich,
als wollten sie einen Segen aussprechen. „Meister Ullrich,“ rief
der Herr an die Treppe hinauf, wo der Schmied stand, die Leder=
kappe in der Hand, und mit strahlenden Augen auf den alten Herrn
hinunterblickte, „Meister Ullrich, reinen Mund gehalten! Verderbet
mir die Freude nicht. Ihr wisset, was Ihr zu thun habt!“

„Herr,“ sagte der Schmied und legte die Hand auf die Brust,
„ich kann mein Maul brauchen, wenn es gilt, ich kann es aber auch
halten. Sie sollen mit mir zufrieden sein.“

„Ihr, Herr Vogt,“ fuhr der Fremde fort, habt nur über meine
Person zu schweigen. Im Uebrigen möget Ihr plaudern; denn
was Ihr zu thun habt, muß ja doch bekannt werden. Und nun, da
meine Morgenarbeit gethan ist, Friedrich, nach Hause. Guten

Morgen, meine Freunde!" Der Wagen flog die Dorfgasse hinab und war im nächsten Augenblick den Blicken der Nachschauenden entschwunden.

„Vivat!" rief der Schmied und warf seine Lederkappe in die Höhe, das ist einmal ein Herr, potz Blasebalg und Hammerschlag, für den ließ ich mich lebendig rösten!"

„Gott segne ihn," sagte der Pfarrer, „ein edler Herr, ein großes Herz!"

„Ein kuriofer Herr," murrte der Schulze, mit einem boshaften Blick auf den Schmied. „Möchte nur wissen, was er an dem Ullrich für einen Narren gefressen hat? Eine volle Viertelstunde hat er in der Fensterecke mit ihm geplaudert. Und ich, ich soll ihm einen Hausplatz kaufen, will sich ein Bauernhaus bauen? Soll's tüchtig zahlen müssen, der gute Herr, soll's tüchtig zahlen müssen. Kuriose Einfälle, die großen Herren! Guten Morgen, Herr Pfarrer!" — Der geistliche Herr erwiderte den Gruß nur mit einem Kopfnicken.

„Guten Morgen, Herr Vogt!" rief ihm Meister Ullrich nach und setzte halblaut hinzu: „Der Teufel mag seine Seele weichkochen!"

„Pfui, Meister Ullrich, pfui," sagte der Geistliche mit verweisender Geberde.

„Ach was, Herr Pfarrer," brummte der Schmied, „ich muß mir dann und wann Luft machen. Wenn ich den scheinheiligen Schuften sehe, der seinen dicken Bauch mit dem Herzblute der Wittwen und Waisen mästet, dann steigt mir die Galle."

„Auch seine Stunde wird schlagen, Meister Ullrich, und heute hat die Glocke zum ersten Male gewarnt."

„Ho, ho, ho, und wie hat sie gewarnt! Und der feiste Mist-käfer ahnt es nicht, daß ich ihn am Faden habe. Potz Blasebalg und Hammerschlag, soll das ein Festtag werden! Guten Morgen, Herr Pfarrer."

IV.

In ihrem Stübchen saß die Frau des Maurers Müller in einem alten gepolsterten Lehnstuhl am offenen Fenster; ein tiefer Schmerz lag in diesen bleichen eingefallenen Zügen, und ihre großen Augen schauten träumerisch in die Leere hinaus. Ihre älteste Tochter, ein hübsches Mädchen von 13 Jahren, saß ihr gegenüber und gab ihrem kleinen vierjährigen Schwesterchen Unterricht im Stricken. Von Zeit zu Zeit streifte ihr Auge die zusammengesunkene Gestalt ihrer Mutter, dann beugte sie sich tiefer herunter zu der kleinen

Strickerin; auch diese jugendlichen Augen kannten schon den Schmerz. An dem kleinen Tische saßen zwei blondköpfige Buben und malten ungeheuerliche Buchstaben auf die Bruchstücke einer Schiefertafel. Jetzt schob der eine der Buben die Schiefertafel von sich, legte den Kopf auf den Tisch und weinte. „Was hast Du, Hans?" sagte das Mädchen. Der kleine Hans aber gab keine Antwort und weinte stille vor sich hin. Da stand das Mädchen auf und beugte sich zu dem Brüderchen nieder. „Sage mir, Hans, was fehlt Dir?" „Ich habe Hunger," sagte der Bube mit halbleiser schluchzender Stimme und schaute ängstlich nach der Mutter hinüber. Frau Marie schrak aus ihren Träumereien auf: „Röse, was fehlt dem Hans, warum weint er?"

„Er sagt, er habe Hunger," sagte der ältere Knabe, „der dumme Hans! Ich habe keinen Hunger, ich!"

„Doch, Du hast," erwiderte der Kleine trotzig, „Du hast's ja eben gesagt."

„Ho, ich hab nur Spaß gemacht, du dummer Kerl. Verstehst Du keinen Spaß? Gewiß Mutter, ich kann schon warten, bis der Vater kommt."

„Arme Kinder!" seufzte Frau Marie und barg schluchzend ihr Gesicht in die Hände.

„Du bist halt ein Esel," schalt der ältere Karl und gab seinem Bruder einen Rippenstoß, „siehst Du, jetzt greint die Mutter wieder."

Da ging die Thüre auf, und keuchend unter der Last eines gewaltigen Henkelkorbes trat die behäbige Gestalt der Frau Jukunde in das Zimmer.

„Guten Abend bei einander, guten Abend bei einander. Guten Abend, Frau Müllern. Bleiben Sie sitzen, Frau Müllern, bitte bleiben Sie doch sitzen. Gott, wie bin ich gelaufen, und was ist das für ein Tag. Ich will mich nur gleich setzen, ich bin ganz außer Athem; mit Erlaubniß, Frau Müllern. Was sind Sie für eine glückliche Frau und muß ich so etwas erleben! Ach, du lieber Gott! Röse, nimm den Korb und pack' ihn aus, es ist Abendessen drin für die Kinder, Butter und Brod und ein kalter Hammelsschlegel. Wissen Sie, Frau Müllern, am Montag mache ich immer einen Hammelsschlegel, der geistliche Herr ißt ihn so gern und man kann ihn die ganze Woche kalt aufschneiden. Der Herr hat zu mir gesagt, Jukunde, hat er gesagt, nimm den Hammelschlegel und trage ihn zu Müllers, die Kinder sollen sich's schmecken lassen, hat er gesagt. Ha, ha, ha, wie sie einhauen, der Karl und der Hans; bringet mir nur keine Knochen in den falschen Hals! Und für Sie, Frau Müllern, habe ich ein Schälchen Kaffee mitgebracht und für mich auch eins, und dicken Kuchen, wir wollen ein Schlückchen Kaffee mit einander trinken und eins zusammen plaudern; das heißt, Sie sollen nicht zu viel plaudern, Frau Müllern, Sie sind noch zu schwach. Doch, das wird jetzt bald anders werden. Mir aber, mir thut es nichts, das Plaudern, Gott Lob und Dank, nein, mir thut es nichts. Ach, du lieber Gott!"

Unter diesem sprudelnden Redefluß hatte Frau Jukunde mit Hülfe Röschens den Korb ausgepackt, und vor den hungrigen Augen der Kinder einen Reichthum von Eßwaaren ausgebreitet, daß diese vor Entzücken laut aufjubelten, und ohne eine weitere Aufforderung ab= zuwarten, mit einem Eifer darüber herfielen, der selbst der bleichen Frau Marie ein glückliches und dankbares Lächeln entlockte. Dann hatte Frau Jukunde eine feine weiße Serviette auf der Tischecke aus= gebreitet, hatte einen vielversprechenden Kaffeehafen aufgestellt, und nachdem sie Frau Marie in ihrem Lehnstuhle an den Tisch geschoben hatte, sich mit einem behaglichen Seufzer vor einer sehr umfang= reichen Tasse niedergelassen.

„So, Frau Müllern," fuhr die gutherzige und redselige Haus= hälterin fort, indem sie den braunen Trank in die Tassen schenkte, „so, Frau Müllern, den dürfen Sie sich herzhaft schmecken lassen, sind keine Gelbrüben darunter. Wissen Sie, der Herr mag die Gelbrüben nicht, außer ganz jung und zart mit Hammelsrippchen darauf, ha, ha, ha, aber nicht unterm Kaffee; ja da käme ich schön an. Ach, du lieber Gott! Gerade wie der Herr General selig in Karlsruhe. Wissen Sie, ich war als Köchin bei's Herrn Generals selig in Karlsruhe, und deswegen habe ich ihn auch heute Morgen gleich wieder erkannt; war er doch mehr als zehnmal in unserem Hause und einmal, bei der Frau Generalin ihrem Geburtstage selig, hat er sogar mit uns zu Mittag gegessen, und der Johann hat seine krummen Beine in kurze Sammthosen stecken müssen, und weiße baumwollene Handschuhe anziehen und bei Tafel aufwarten. Ha, ha, ha, hat gerade ausgesehen wie ein Pavian. Ach, du lieber Gott! Hab' ihn aber gleich wieder gekannt heute Morgen; ein lieber Herr, ein freundlicher Herr; und wie hab' ich ausgesehen; ich bin nur gleich die Treppe hinaufgelaufen und habe meine neue Haube auf= gesetzt und der Herr hat freundlich gelacht, wie er mich gesehen hat. Ach Gott, Frau Müllern, wenn ich reden dürfte! Ach Gott, was sind Sie für eine glückliche Frau! Aber ich darf nicht reden, der

geiſtliche Herr hat mir's auf's ſtrengſte verboten, und der Herr kann
ſich auf mich verlaſſen, denn wiſſen Sie, Frau Müllern, ich kann
ſchweigen, wie eine Mauer, ich kann ſtumm ſein, wie ein Fiſch!
Aber es wird noch Alles an den Tag kommen, und Sie werden mir
bezeugen, Frau Müllern, daß ich immer eine gute Freundin von
Ihnen war und es immer gut mit Ihnen meinte, und daß ich immer
ſagte, der Vogt ſei ein Schuft, troß ſeiner Betſtunden und ſeinem
Pſalmſingen, und aus dem wird der Teufel in der Hölle noch einmal
Hammelsrippchen braten! Der Wucherer, der Geizhals, der Leute-
ſchinder, der — — Ach, du lieber Gott!"

Frau Jukunde machte eine Pauſe um nach Athem zu ſchnappen
und ihre dritte Schale Kaffee auszuſchlürfen. Frau Marie, die ihr
mit trübem Lächeln zugehört hatte, benußte die günſtige Gelegenheit,
um ihr zu danken und ihr zu verſichern, daß ſie nie an ihrer Freund-
ſchaft gezweifelt habe.

„Freilich, freilich," nahm die Haushälterin ihren Redeſtrom
wieder auf, „wir waren immer die beſten Freundinnen zuſammen und
erſt heute Morgen habe ich zum geiſtlichen Herrn geſagt, Herr Pfarrer,
habe ich geſagt, Frau Müllern iſt eine ſo brave Frau und eine ſo
gute Freundin von mir, hab' ich geſagt, iſt krank und hülflos und
kann ſich nicht erholen bei den vielen Kindern, hab' ich geſagt, und da
haben wir ein ſo kleines Zimmerchen im Pfarrhauſe, ganz ſtill und
heimlich gelegen, gegen den Garten hinaus, da ſoll die Frau Müllern
hineinziehen, da kann ſie ganz ruhig ſein und ſich pflegen und ich will
ihr Kraftſuppen kochen, wir haben ja ſo viele alte Hühner auf dem
Hofe, und ihre Kinder daheim, die will ich beſorgen, als wenn ich ihre
eigene Mutter wäre, hab' ich geſagt, und da wird die Müllern bald
wieder geſund werden und ihrer Haushaltung wieder vorſtehen können.
Ja, ſo hab' ich geſagt. Ach, du lieber Gott. Und da hat der geiſtliche Herr geſagt, Frau Jukunde, hat er geſagt, Sie ſind eine wackere
Frau, und die Frau Müllern ſoll gleich zu mir in's Haus, heute noch
ſoll ſie einziehen. Ach, du lieber Gott, wenn ich reden dürfte, aber
ich kann ſchweigen, Frau Müllern, ich kann ſchweigen, wenn es ſein
muß, ſtumm, wie ein Fiſch. Und ich will gleich nach dem Doktor
ſchicken und ſie ſoll von meinem alten Malaga trinken, hat der Herr
Pfarrer geſagt, und der Johann ſoll die Chaiſe einſpannen, und der
Müller iſt ein braver Mann und den Unglücklichen muß man bei-
ſtehen, ſo hat er geſagt. Ach, du lieber Gott, da iſt die Chaiſe ſchon!
Röſe, packe deiner Mutter Siebenſachen zuſammen, und trage ſie auf
den Pfarrhof, und jeßt kommen Sie, Frau Müllern, das Bett iſt

frisch überzogen und ausgelüftet und gewärmt, und in acht Tagen wollen wir einmal sehen, was Sie für dicke rothe Backen haben. Ja, wenn ich reden dürfte; ich hab' ihn aber gleich wieder erkannt, gleich auf der Stelle, den lieben, guten Herrn. Ach, du lieber Gott!"

Und so geschah es. Ehe Frau Marie nur dazu kommen konnte, ihren Dank zu stammeln, hatte Frau Jukunde sie mit sanfter Gewalt von dem Lehnstuhle aufgehoben, in ihr eigenes warmes Halstuch ge= hüllt, und sie sorgsam unterstützend, zu der vor der Thür stehenden Pfarrchaise geführt, in deren ehrwürdigen Kasten sie sich mit ihrer Pflegebefohlenen setzte, und dem Pfarrhause zu rumpelte.

Als Meister Müller in der Abenddämmerung von der Arbeit nach Hause kam, wollte er seinen Ohren nicht trauen, als die Kinder ihm das Geschehene erzählten. Er eilte in den Pfarrhof, und fand an dem Bette seiner Frau, die ihm freundlich lächelnd die Hand ent= gegenstreckte, den Arzt, der ihm die Versicherung gab, daß unter solcher Pflege seine Frau bald wieder vollständig hergestellt sein werde.

„An uns soll es nicht fehlen, Meister Müller," sagte der ehr= würdige Pfarrherr, indem er dem Maurer freundlich die Hand schüt= telte, „Eure Frau soll bald wieder Rosen auf den Wangen haben. Nur den Muth nicht verloren, Mann; was auch noch Schlimmes kommen mag, der alte Gott lebt noch, vertraut ihm in allen Stücken."

„Und für die Kinder will ich sorgen, als wären es meine eigenen," sagte Frau Jukunde, „gewiß und wahrhaftig, ich will es thun und Ihr könnt ruhig Eurer Arbeit nachgehen. Ach, was wir noch Alles erleben werden; wenn ich nur reden dürfte, aber gewiß, ich kann schweigen, ja ich kann schweigen, Herr Pfarrer; stumm wie ein Fisch. Ach, du lieber Gott!"

V.

Acht Tage waren seit jenem ereignißreichen Montage vergangen. Der Schulze hatte im Auftrage des fremden Herrn einen schönen Bauplatz nebst Grasgarten erstanden, „für schweres Geld, für schweres Geld," wie er sagte. Es war aber ein offenes Geheimniß im Dorfe, daß ein Drittheil des Kaufpreises in des Schulzen Tasche gewandert war. Es war dies so eine kleine Eigenheit des Herrn Schulzen, es war die Art, wie er Geschäfte betrieb. Die Bauern zerbrachen sich die Köpfe, wer denn der fremde Herr sei, der sich in ihrem Dorfe ein Haus bauen wolle, zu dem schon die Mauersteine beigeführt wur= den. Der alte Herr in dem Jagdwagen kam stark in Verdacht, und der Herr Pfarrer und der Schmied Ullrich hatten einen harten Stand der Neugierde der Bauern gegenüber. Sie sagten aber, „wir dürfen nicht, es ist uns ein Schloß vor den Mund gelegt." Der Schulze that sehr geheimnißvoll und ließ nur etwas durchblicken von einem hohen Gönner in der Residenz, Sommeraufenthalt, Forellenfang und dergleichen. Am ärgsten war Frau Jukunde von ihrem Geheimnisse geplagt, es wollte sie fast umbringen: „Ach, Herr Jeses, so etwas zu wissen und nicht reden zu dürfen," klagte sie den Honoratioren unter den Bauernweibern, „aber ich habe ihn gleich wieder erkannt, den guten, lieben Herrn; ja wenn ich reden dürfte. Ach, du lieber Gott!"

Schmied Ullrich hatte das ganze Jahr hindurch nicht mit solcher Fröhlichkeit gearbeitet, wie in dieser Woche. Wenn man an seiner Werkstätte vorüberging, konnte man ihn hämmern und lachen hören, durcheinander. „Heinrich, mein Junge, jetzt das Eisen aus dem Feuer. Drauf, mein Junge, drauf aus Leibeskräften, daß seine Seele wie schmuzige Schlacke aus seinem Leibe spritzt. Ho, ho, an dem geht kein Streich verloren, und er merkt es nicht einmal, der dicke Schlingel, er merkt es nicht, wie ich ihn mit der Zange halte. Drauf, um Deines Vaters willen! Ho, ho, ho!" —

Frau Marie ging im Pfarrhause unter der liebenvollen Pflege ihrer gesprächigen Freundin sichtlich ihrer Genesung entgegen, und Meister Müller, der täglich auf Arbeit in Karlsruhe war, würde glücklich gewesen sein, wenn nur nicht der Zeitpunkt unerbittlich immer näher gerückt wäre, der ihn seines Obdaches und seiner kleinen Habe berauben sollte. Er demüthigte sein Herz und ging zu dem gnädigen Herrn, wurde aber nicht vorgelassen; er ging zu dem Schulzen, der sein Hauptgläubiger war und gegen ihn die Pfändung erwirkt hatte, der Schulze wies ihm aber die Thüre: „er könne sein Geld nicht an jeden Lumpen verlieren."

So war der Tag der Pfändung gekommen.

In der kleinen Stube des Maurers Müller waren die bescheidenen Habseligkeiten der armen Familie zur Ansicht der Steigerungs= lustigen aufgestellt. Bettwerk, Hausgeräthe aller Art, auch einige feinere Möbel von polirtem Nußbaumholze; es waren Erinnerungs= zeichen besserer Zeiten, die letzten Trümmer aus dem Schiffbruche eines untergegangenen Glückes.

Meister Müller stand im Hintergrunde des Zimmers, mit über= einandergeschlagenen Armen, finsterm Blicke und festzusammengepreßten Lippen. Heute ging der Maurer nicht nach Karlsruhe auf die Arbeit. Neben ihm stand sein Sohn Heinrich. Er hatte seinen Arm in den des Vaters geschlungen und sah trotzig dem Treiben des Schulzen zu, der im Zimmer umherwandelte und die der Versteigerung ausgesetzten Gegenstände mit verächtlichem Achselzucken prüfte. Ein Dutzend Bauern und Bauernweiber drängten sich an der Thüre, — Steigerungslustige. Schmied Ullrich saß in dem bekannten alten Lehnstuhle und schaute mit sarkastischem Lächeln in das Treiben um ihn her.

„He, Herr Vogt," sagte er, „habt Ihr bald Alles durchgemustert? Kann's bald losgehen?"

„Ich verliere mein baares Geld an dem Plunder," murrte dieser und gab einem unschuldigen Kübel einen verächtlichen Fußtritt, so daß dieser erstaunt in eine Zimmerecke rollte. „Meine Gutherzigkeit hat mir da wieder einen schönen Streich gespielt."

Die Bauern steckten die Köpfe zusammen und kicherten. Der Schmied brach in ein schallendes Gelächter aus: „Ho, ho, ho, Eure Gutherzigkeit, Herr Vogt; ja, ja, die ist ein Hauptfehler an Euch. Er ist so gutherzig! Und jetzt wollt Ihr in Eurer Gutherzigkeit den armen Leuten da ihre letzte Habe nehmen? Ich warne Euch, Herr Vogt! Man kennt den saubern Handel, mit dem Ihr den Müller zu Grunde gerichtet. Ich warne Euch, und der Krug geht zum Brunnen, bis er bricht."

Der Schulze riß seine kleinen Schweinsaugen auf und starrte den Schmied mit unverhohlenem Erstaunen an: „Ich glaube, Ihr seid geschossen, Meister Ullrich? Was schwatzet Ihr da für Unsinn von warnen und Krug zerbrechen? Stehet einmal auf, daß ich den Lehnstuhl betrachten kann, 's ist glaub' ich noch eines von den besten Stücken unter dem Lumpenkram."

„Den Stuhl, Herr Vogt, braucht Ihr nicht zu betrachten, der kommt nicht in Eure Klauen," sagte der Schmied und lehnte sich so recht bequem in dem Stuhle zurück.

„Das wollen wir einmal sehen," erwiderte der Schulze, „er paßt mir gerade in meinen Ofenwinkel. Meint Ihr, ich solle gar nichts haben für meine dreihundert Gulden? - Der Stuhl ist mein und damit Hollah! Hansfrieder, fanget an."

Hansfrieder war der Ortsdiener, Nachtwächter und Ausrufer, alles in einer Person, und des Schulzen rechte Hand, und diese wichtige Person stand hinter dem Tische, einen Hammer in der Hand und der Befehle seines Vorgesetzten zum Beginn der Steigerung gewärtig.

Jetzt trat Meister Müller zwei Schritte vor und sagte mit vor unterdrückter Bewegung bebender Stimme: „Herr Vogt, wie es mit den dreihundert Gulden steht, die ich Euch schuldig bin, und um die

Ihr mich jetzt auspfänden lasset, wisset Ihr am besten, und Gott weiß es auch. Ich will aber alles über mich ergehen lassen und will nicht klagen; nehmet mir Alles, nur den alten Lehnstuhl lasset mir. In dem Stuhle ist mein Vater gestorben, — lasset mir den Stuhl, Herr Vogt."

„Ja, ja, Herr Vogt, den Stuhl müsset Ihr ihm lassen," riefen die Bauern durcheinander.

„Nun, Herr Vogt, wie ist's mit Eurer Gutherzigkeit?" rief der Schmied, „wollet Ihr ihn lassen, den Stuhl? Vogt, ich warne Euch!"

„Dummes Zeug!" schrie der Schulze zornig. „Hansfrieder, fanget an!"

„Das ist schlecht, Herr Vogt," riefen die Bauern durcheinander. „So geht man mit den Leuten nicht um." „Sein Vater ist darin gestorben." „Den Stuhl muß er behalten." „Wir stehen Alle zusammen!"

„Vater, lasset mich los," rief der junge Müller, vor Aufregung weinend, „Ihr müsset Euern Stuhl haben, wo mein Großvater drin gestorben ist, lasset mich los, ich will an ihn!"

„Ruhig, Heinrich," sagte Ullrich, „es kommt schon noch an ihn, bei dem geht kein Streich verloren, er lauft uns nimmer davon! Jetzt angefangen, Herr Vogt, in's Teufels Namen, denn in Gottes Namen kann man bei Euch nicht sagen; obschon Ihr ein frommer Mann seid."

Der Ortsdiener sah seinen Herrn fragend an. Dieser nickte, einen wüthenden Blick auf den Schmied werfend: „Das sollt Ihr mir entgelten, Ullrich! Angefangen!"

„Ein gepolsterter Lehnstuhl!" rief der Ortsdiener im Ausrufer-Tone. „Angeschlagen zu zwei Gulden!"

„Geboten!" rief ein Bauer. Der Schulze lächelte und gab dem Ausrufer einen Wink.

„Drei Gulden! Zum Ersten —"

„Vier Gulden," rief der Bauer wieder. —

„Fünf Gulden!" sagte der Schulze und schlug mit der Hand auf den Tisch. „Seid Ihr Narren? der Stuhl ist keine drei Gulden werth, und ich muß ihn haben und ich will ihn haben." — Fünf Gulden, zum Ersten —

Die Bauern steckten die Köpfe zusammen und beriethen sich. —

„Zum Anderen und zum" —

„Sechs Gulden!"

„Sieben Gulden!" rief der Schulze triumphirend. „Wer ist ein Narr und bietet mehr?" Die Bauern schüttelten die Köpfe und zogen sich zurück. — „Es thut's nicht weiter, Meister Müller, es thut's nicht!" —

„Sieben Gulden! Zum Ersten — zum Anderen — und zum" —

„Halt!" schrie der Schmied und trat an den Tisch vor. „Was ist Euch der Müller schuldig?"

„Dreihundert Gulden! Wollet Ihr sie vielleicht bezahlen?"

„Leicht möglich, Schulze," sagte der Schmied und warf ihm einen drohenden Blick zu, „denn meinet Ihr, Ihr könnet dem armen Manne den Stuhl nehmen, in dem sein Vater gestorben ist, für lumpige 7 Gulden? Der Stuhl ist mehr werth, Schulze! Siebenzig Gulden sind geboten, Hundert, Zweihundert, Dreihundert sind geboten, und da habt Ihr Euer Sündengeld." Mit diesen Worten schnallte der Schmied eine schwere Geldkatze los und warf sie auf den Tisch! „Machet Euch bezahlt, alter Wucherer und räumet das Feld, oder, Gott straf mich, ich werfe Euch zum Fenster hinaus!" Die Bauern lärmten durcheinander: „So ist's recht, Ullrich, steckt ihm Eins, dem alten Sünder." Der junge Heinrich war mit blitzenden Augen vorgesprungen und hatte sich mit geballten Fäusten neben seinen Meister gestellt. „Ruhig, Ihr Leute," rief der Schmied in den Lärm, „und höret mich! Ihr seid Zeuge, die Schuld ist bezahlt, die Steigerung ist aus! Verzeihet mir, Müller, daß ich Euch diese Stunde nicht erspart habe, aber hier waltet eine höhere Hand, die dem fetten Sünder dort noch Zeit zur Buße geben wollte bis zuletzt. Jetzt aber ist es zu spät und dort kommt der Rächer!" Alle Blicke wandten sich nach der Thüre, auf welche des Schmied's erhobene Hand deutete.

Der Schulze wurde käseweiß und stammelte: „Der Herr Oberamtmann!"

Unter der Thüre stand die hohe Gestalt eines Mannes in mittleren Jahren, der mit strengem Blicke die Gesellschaft musterte. Ueber seine Schulter hinweg konnte man zwei bewaffnete Landjäger erblicken, welche die Thüre besetzt hielten.

„Meister Ullrich," sagte der Herr Oberamtmann, „Ihr habt Eure Sache gut gemacht. Für diesen hier," und er zeigte auf den Schulzen, der dastand wie ein zusammengeschnapptes Taschenmesser, „für diesen hier ist die Zeit der Langmuth vorüber, er hat die letzte Frist verscherzt und die Zeit der Gerechtigkeit ist gekommen. Schulze, Ihr seid Eures Amtes entsetzt. Ihr seid in Untersuchung genommen wegen Amtsmißbrauch, wegen Wucher und wegen Unterschlagung. Landjäger, führet ihn ab. Ullrich, Ihr seid mit provisorischer Füh=

rung des Schulzenamtes betraut, bis eine Wahl getroffen ist. Ich hoffe die Wahl wird Euch treffen, denn Ihr seid ein würdiger Mann. Ich werde Euch heute noch in Euer Amt einführen. — Jetzt lasset mich allein, ich habe mit Meister Müller zu sprechen."

Die Bauern räumten die Stube. Schmied Ullrich nahm seinen Lehrjungen Heinrich an der Hand und verließ das Zimmer. Draußen konnte er's nicht länger mehr verheben. Er that einen lauten Juchzer. „Heinrich, mein Junge, die Sonne scheint wieder! Jetzt zu deiner Mutter. Der habe ich ein Wörtlein zu sagen, das ihr besser auf die Beine helfen wird, als alle Arzneien der Welt!" —

Meister Müller hat mit sprachlosem Erstaunen dies Schauspiel betrachtet, das sich vor seinen Augen entwickelte. Er war allein mit dem Beamten, den er kaum anzusehen wagte; sein Herz klopfte, als hätte er ein Unrecht begangen; er konnte sich nicht denken, was der hochgestellte Beamte mit ihm, dem armen Manne, zu verhandeln habe.

„Meister Müller", sagte der Beamte, indem er den Maurer freundlich zu sich heranwinkte, „Ihr habet heute vor 8 Tagen in dem Beiertheimer Eichenwalde einen Beutel voll Gold gefunden?"

„Ja, Herr," sagte Müller mit bebenden Lippen, „aber ich habe ihn ..."

„Ihr habet ihn seinem rechtmäßigen Eigenthümer wieder zurückgegeben, ich weiß. Und das war eine glückliche Stunde für Euch, da Ihr einer Versuchung widerstandet, der Mancher in Eurer traurigen Lage unterlegen wäre. Der fremde Herr, ich darf seinen Namen nicht nennen, nimmt Antheil an Eurem Schicksale, er hat über Euch Erkundigungen eingezogen, und da er in Euch einen braven und redlichen Mann erkannt, beschlossen, Euch glücklich zu machen."

„Lieber Herr Oberamtmann," stotterte der Maurer, „ich weiß nicht, ich —"

„Höret weiter," fuhr der Herr Oberamtmann fort. „Die dreihundert Gulden, mit denen der brave Schmied Ullrich vorhin Eure Habseligkeiten ausgelöst hat, sind von Eurem fremden Wohlthäter. Dieses Haus hier brauchet Ihr vorerst noch nicht zu verlassen, der gnädige Herr gestattet Euch, fernerhin darin zu wohnen, bis Ihr Euer eignes Haus gebaut haben werdet."

„Mein eignes Haus gebaut," wiederholte der Maurer ganz mechanisch und wie im Traume, und in der That, der arme Mann wußte nicht ob er wache oder träume.

„Ja, Euer eignes Haus," sagte der Oberamtmann, der sich an dem fast ängstlichen Erstaunen des Mannes weidete. — Den Hausplaß, den der schuftige Schulze gekauft hat, hat er, ohne es zu wissen, für Euch gekauft; die Steine, die er hat fahren lassen, sind für Euch, und bei dem Pfarrer ist eine Summe Geldes für Euch niedergelegt, die für den Hausbau bestimmt ist und für den Betrieb Eures Geschäftes. Ja, Meister Müller, Ihr bauet Euch Euer eigenes Haus und Euer eigenes Glück, und auch das habt Ihr Eurem fremden Wohlthäter zu verdanken."

Der Maurer zitterte, er mußte sich an einem Stuhle halten. "Um Gottes Willen, Herr Oberamtmann, treiben Sie keinen Spaß mit einem armen Manne. Es ist ja nicht möglich, dieses Glück ist ja nicht möglich!"

Der Beamte legte freundlich lächelnd seine Hand auf die Schulter des Mannes. "Fasset Euch, Müller, es ist so wie ich sage, Ihr seid ein glücklicher Mann. O, der alte Herr versteht es, Glückliche zu machen, Ihr seid nicht der Einzige, kann ich Euch sagen!"

Der Maurer sank auf den Stuhl, barg sein Gesicht in die Hände und schluchzte wie ein Kind.

"So ist es denn wahr, gewiß und wahrhaftig wahr, und wir dürfen wieder glücklich werden? O mein gutes Weib, o meine Kinder!"

Der Beamte blickte gerührt herab auf den erschütterten Mann. "Bleibet brav im Glücke, wie Ihr im Unglück waret, und Ihr werdet Euren edeln Wohlthäter am besten lohnen."

"Und wie heißt er, wer ist er," rief der Maurer, und faßte die Hand des Beamten, "sagen Sie mir seinen Namen, daß wir ihm danken, daß mein Weib, meine Kinder für ihn beten können."

"Seinen Namen darf ich nicht nennen, er will unerkannt bleiben. Haltet ihn immerhin für einen Baumeister, für das Ihr ihn gehalten habt, für Euch ist er's, denn er ist der Baumeister Eures Glücks."

VI.

Anderthalb Jahre sind verflossen. Frau Marie schaltet und waltet in ihrem neuerbauten Hause, eine gesunde, rothbackige, glückliche Frau und ebenso glückliche Mutter. Ihr Mann hat sein Geschäft als Meister wieder begonnen und ist der gesuchteste Maurer in allen Ortschaften auf drei Stunden im Umkreise. Meister Ulrich, durch das Vertrauen seiner Mitbürger zum Schulzen gewählt, ist ein ebenso tüchtiger Schulze als Schmied und läßt das Schulzen- und das Schmied-Handwerk Hand in Hand gehen, denn die Regierungssorgen haben ihm den Ambos nicht entleidet, und wenn er Vormittags die Bauern abgefertigt hat, so kann man Nachmittags aus seiner

Werkstätte den nämlichen lustigen Hammerschlag und das nämliche lustige Lachen wie früher hören. Sein Lehrling Heinrich ist ein tüchtiger Bursche geworden und weiß ein Pferd zu beschlagen und einen Radreif aufzuziehen fast so gut als der Meister selber. — Der Vorgänger Ullrichs in Amt und Würden, der Schulze Schlechtig, hat noch zwei Jahre im Correctionshause zu sitzen, um seine zahlreichen schlechten Streiche abzubüßen, und einen Lehrkursus in der wahren Frömmigkeit durchzumachen. Der gute alte Pfarrer ist gestorben, aufrichtig betrauert von der ganzen Gemeinde, deren Vater er war, und seine Haushälterin, Frau Jukunde, ist zu den Müller'schen Eheleuten gezogen, die sich glücklich schätzen, der guten, alten Person die Menschenfreundlichkeit vergelten zu können, die sie ihnen selber angethan. Die verflossenen 1½ Jahre haben Frau Jukunde etwas verändert; der Tod ihres Wohlthäters, des würdigen Geistlichen, hat ihr altes Herz gewaltig durcheinander geschüttelt, und sogar ihre Zunge hat Trauer angelegt und sie ein Vierteljahr lang fast stumm gemacht; dann auch, als der Redefluß sich wieder einstellte, setzte ihr das Geheimniß zu, das sie nicht offenbaren durfte, „denn," sagte sie, „ein Geheimniß, von dem man nicht schwatzen darf, ist wie ein nagender Wurm," und sie magerte sichtlich ab. Täglich gedachten Müller und seine Frau ihres edeln Wohlthäters, im Gespräche, wie im Gebete, und gar zu gerne hätten sie seinen Namen erfahren, denn die Dankbarkeit brannte auf ihren Herzen und es drängte sie, dem edeln Manne zu sagen, wie glücklich er sie gemacht. Aber alle Nachforschungen blieben vergeblich. Ullrich blieb unerschütterlich: „Potz Blasebalg und Hammerschlag," sagte er, „da käme ich schön an, und ich wäre die längste Zeit Schulze gewesen. Nein, nein, mein Mund bleibt ein verschlossener Schrank, bis der Herr selber den Schlüssel in's Schlüsselloch steckt." Auch Frau Jukunde blieb standhaft, obschon sie jedesmal fast Krämpfe bekam, so oft Frau Müller den Versuch machte, ihr das Geheimniß zu entlocken. „Ich darf nicht, ich darf nicht," jammerte sie, „ja wenn ich reden dürfte! Es drückt mir das Herz noch ab, ich weiß es, ich muß noch dran ersticken, aber ich darf nicht, er hat mir's verboten und er thäte sich im Grabe umdrehen, wenn ich's ausplauderte. Ach, du lieber Gott!" ·—

An einem Herbstabende saß Frau Jukunde in der großen Wohnstube am Spinnrade, umgeben von den Kindern, die mit häuslichen Arbeiten beschäftigt waren und denen sie schauerliche Geschichten erzählte. —

Müller und seine Frau waren am frühen Morgen schon nach

Karlsruhe gegangen, um Einkäufe zu machen und eine große militärische Parade mit anzusehen, die an diesem Tage stattfinden sollte. Frau Marie hatte noch nie so etwas gesehen und Meister Müller wollte seiner Frau eine Freude machen; war es doch an diesem Tage gerade ein Jahr, daß sie in ihr neues Haus eingezogen, und er hatte beschlossen, diesen Freudentag alljährlich zu feiern, wie man einen Geburtstag feiert.

Eben hatte Frau Jukunde eine große Gespenstergeschichte beendet und sagte zu der ältesten Tochter: „Röse, es ist sechs Uhr, stelle den Kaffee auf den Tisch, Vater und Mutter können jeden Augenblick heim kommen," da ging die Thüre auf und die Genannten traten in die Stube.

Jubelnd sprangen die Kinder ihren Eltern entgegen und die Kleinsten hatten's eilig, den großen Henkelkorb zu untersuchen, den die Mutter sorgfältig auf der Ofenbank abstellte.

„Ruhig da, Ihr kleinen Rangen!" rief Meister Müller lachend, „die Finger davon, oder es wird nicht ausgepackt. Guten Abend, Frau Jukunde! Ich habe Euch Allen etwas mitgebracht, und Euch auch, Frau Jukunde, und zwar etwas, das Euch Freude und wieder dicke Backen machen wird!" Meister Müller war in sichtlicher Aufregung, aber in einer Aufregung, die nur die Freude geben kann, seine Wangen brannten und seine Augen glänzten, als er seine Kinder abküßte, Eines um das Andere. Frau Marie strahlte vor Glückseligkeit, sie war als Braut nicht schöner gewesen. Frau Jukunde betrachtete die Beiden mit Erstaunen; es mußte ihnen offenbar etwas ganz Besonderes zugestoßen sein.

„Da kommt der Ullrich und unser Heinrich," rief Müller, dem eintretenden Schmied und seinem Sohne die Hand reichend. „Willkommen, Nachbar, setzet Euch. Jetzt den Kaffee auf den Tisch; Mutter, packe die mürben Kuchen aus, denn, müsset Ihr wissen, heute wird ein Fest gefeiert in diesem Haus. Aufgepaßt, ich habe Euch merkwürdige Dinge zu erzählen."

Der Schmied verzog seinen Mund zu einem Lächeln: „Nur losgelegt, Nachbar Müller, ich meine als, ich bin auf der Spur, und Ihr seid am Ende auch darauf gekommen, he?!"

Frau Marie schenkte den Kaffee ein, der aber unberührt stehen blieb, denn Alles hing mit gespannter Neugierde an dem Munde des Meisters, der also zu erzählen anhob:

„Heute Vormittag, um 10 Uhr herum, standen wir, die Mutter und ich, auf dem Karlsruher Schloßplatze, der mit lauter Menschen

angefüllt war, es war kaum zu glauben, daß es in Karlsruhe so viele
Menschen giebt. Wir stunden also auf dem Schloßplatze hinter den
Ketten, und schauten uns die vielen tausend Soldaten an, die auf der
andern Seite aufgestellt waren und hatten eine Freude an den schönen
Uniformen und an den holzgeraden, prächtigen Burschen, die darin
steckten. Da ging die Musik los, Zinnra, Bummra, und ganz
am Ende des Platzes erhob sich eine Staubwolke, und viele, viele
Reiter in prachtvollen Uniformen, Alles mit Gold und Silber bedeckt,
ritten im Galopp an der Fronte der Soldaten hin, und hielten gerade
an dem Platze, wo wir waren. Die Leute um uns her zogen die
Hüte ab, und da und dort hörte man sagen: Der Großherzog,
der Großherzog. Da zog ich auch meinen Hut und meine Frau
machte einen tiefen Knix, wie sich's gehörte, und ich fragte meinen
Nachbar: „Guter Freund, bitte, saget mir, welches ist denn eigentlich der Großherzog?"

„Was, Ihr kennet unsern Großherzog nicht?" sagte dieser, „der
alte Herr dort auf dem Schimmel, mit dem großen Stern auf der
Brust und mit dem weißen Federbusch, der ist's."

Ich schaute und schaute, ich fuhr mir mit der Faust über die
Augen, denn das was ich sah war ja ganz und gar unmöglich; und
doch blieb's, und wenn ich mir die Augen aus dem Kopfe heraus-
guckte, die Erscheinung blieb. Es kam mir in die Knie, daß ich mich
an meiner Frau halten mußte, denn höret und staunet, der Großherzog
war Niemand anders als ...."

„Ha, ha," lachte der Schmied, „ich merke etwas!"

„War Niemand anders als — — der alte Herr, dessen
Geldbeutel ich gefunden habe, der Baumeister im Beiertheimer Wäldele, unser Retter und unser Wohlthäter!"

„Potz Blasebalg und Hammerschlag! Seid Ihr endlich dahinter
gekommen?!" schrie der Schmied.

„Potz Blasebalg und Hammerschlag! Der Großherzog!" schrie
der Lehrjunge Heinrich und schlug vor Verwunderung die Hände zusammen. Der Heinrich machte seinem Meister Alles nach, auch seine
Untugenden.

„Gottlob und Dank," seufzte Frau Jukunde mit gefalteten
Händen, „daß es endlich einmal heraus ist, ich hätt' es länger nimmer
ausgehalten. Ach, du lieber Gott!"

„Ja, der Großherzog, unser Großherzog!" fuhr Meister Müller
mit leuchtenden Augen fort. „Ich habe mit ihm gesprochen damals,

ich bin mit ihm auf einer Bank gesessen! Es wurde mir schwindelig vor den Augen, ich meinte ich müsse über die Ketten hinwegspringen und seinem Schimmel vor die Füße fallen. Da ritten die Herren wieder weiter, dem Schloße zu, und als die Menge Vivat! schrie, da warf ich meinen Hut in die Höhe und schrie Vivat hoch! und Hurrah! und schlegelte mit Armen und Beinen, daß Alles mich erstaunt anschaute. Jetzt Marie, erzähle Du weiter, ich kann nicht mehr."

„Wie die Menschen sich verlaufen hatten," fuhr Frau Marie fort, „da sagte der Vater zu mir, Marie, sagte er, jetzt gilt's, wir müssen zum Großherzog. — Bist Du nicht gescheidt, sagte ich, wir zu dem hohen, vornehmen Herrn? Ich nicht, ich thäte sterben vor Angst. — Ach was, sagte der Vater, mit Deinem hohen Herrn, mit Dem kann man reden, wie mit Unsereinem, ich bin ja mit ihm auf einer Bank gesessen und er hat von meinem Bauernbrod gegessen, wir müssen zu ihm und müssen ihm sagen, wie wir dankbar sind und wie glücklich er uns gemacht hat. Er ließ sich's nicht ausreden, der Vater, und wahrhaftig er ging geradezu in's Schloß und zog mich hinter sich nach, wie ein Kälblein zur Schlachtbank, ich meinte die Füße müßten unter mir brechen."

„Im Schloße," nahm Müller die Rede wieder auf, „im Schloße wies mich ein Diener in ein Zimmer, in dem viele Leute waren, die alle zum Großherzog wollten, und ein Offizier, mit vielen Orden auf der Brust, fragte mich nach meinem Begehr. Dem erzählte ich denn auch Alles, da lächelte der Offizier und sagte, ich will Euch melden, und ging durch eine Thür in ein anderes Zimmer. Keine fünf Minuten hat's gedauert, da kam der Offizier wieder und sagte: Ihr sollt gleich zum Herrn kommen."

„Ich meinte ich müsse in den Boden sinken, und jetzt gehe es in's Sterben," sagte Frau Marie, als der Offizier mich bei der Hand nahm und uns in ein prachtvolles Zimmer führte, wo Alles Gold, Silber, Marmor und Spiegel war. Der Großherzog saß in einem sammetnen Sessel und schaute recht freundlich und gar nicht hoffährtig aus."

„Jetzt war aber auch meine Kurasche fort," erzählte Müller weiter, „meine Kehle war mir zusammengeschnürt, ich konnte kein Wort hervorbringen und wenn es mein Leben gegolten hätte. Ich schaute meine Frau an, die greinte, wie ein Kind, da kam auch mir das Wasser in die Augen und, ich konnte nicht anders, ich alter Esel fing auch zu heulen an. Da stand der Großherzog auf, schaute uns freundlich an und sagte: Womit kann ich Euch dienen, Ihr guten Leute? Da ging mir das Herz und der Mund wieder auf und ich sagte: Ach Gott, gnädiger Herr, kennen Sie mich denn nicht mehr? Ich bin ja der Maurer Müller von Eichenbach, wissen Sie, der den Geldbeutel gefunden hat im Beiertheimer Wäldele, und den Sie zu einem glücklichen Manne gemacht haben. Und jetzt, da ich einmal im Zuge war, jetzt schüttete ich mein ganzes von Glück und Dankbarkeit erfülltes Herz aus. Was ich Alles gesagt habe, weiß ich nimmer, es schien aber dem Großherzog gefallen zu haben, denn er lächelte gar freundlich und gab uns Beiden die Hand, ja wahrhaftig, die Hand hat er uns gegeben, und redete herzlich und gütig mit uns: Wie es ihn freue, daß es uns gut gehe, und daß wir dankbar seien, und wenn wir in Noth kämen, sollen wir nur zu ihm kommen, sollen aber immer redlich, wahrhaftig, treu und gottesfürchtig bleiben — und für ihn beten."

„Da faßte auch ich mir ein Herz," fuhr Frau Marie fort, „und sagte: O lieber Herr Großherzog, wir beten für Sie alle Tage, von dem Tage an, wo Sie uns glücklich gemacht haben, wir und die Kinder." —

„Wie wir aus dem Schlosse wieder herausgekommen sind, weiß ich nimmer recht, erst auf dem Schloßplatze kam ich wieder zu mir selber. In einem Bilderladen aber habe ich das schönste Bild unseres Großherzogs gekauft, das schönste und theuerste, das zu haben war. Es soll den Ehrenplatz haben in meinem Hause und sich vererben auf Kinder und Kindeskinder zum Andenken an diese Stunde.

(Aus dem Lahrer „Hinkenden Boten".)

Der Rheinübergang bei Caub.
Mit einem Bilde.

Die Fortsetzung des Krieges gegen Frankreich war beschlossen und die Armee sollte an drei verschiedenen Punkten, bei Mannheim, Coblenz und Caub den Rhein überschreiten. Um dem Uebergange die gebührende Feierlichkeit zu geben, ward er an allen drei Punkten in der Neujahrsnacht angeordnet. Deutschland ostwärts des Rheins war im vergangenen Jahre, nach großer blutiger Arbeit, von fremder Unterdrückung frei geworden. Indem man die siegreichen Waffen über den schönsten Strom Deutschland's und Europa's trug, den die Franzosen unter den Königen, der Republik und dem Kaiserthum so oft mit Heeresmacht überschritten hatten, um Deutschland zu beschimpfen und zu berauben, glaubte man begeistert die lange

Schmach rächen und im neuen Jahre die deutschen Stämme am linken Ufer befreien und allgemeine Selbstständigkeit und Unabhängigkeit von ganz Deutschland erkämpfen zu können.

Für die Corps von York und Langeron war ein Uebergangspunkt bei dem Flecken Caub ermittelt worden. Derselbe wurde gewählt, weil in diesen Felsenengen, zwischen welchen der Strom sich hindurch drängt, ihn der Feind am wenigsten erwarten konnte, weil die Insel im Strom, worauf die Pfalzburg steht, eine erwünschte Anlehnung für die Brücke bot und weil man wußte, daß der Feind das jenseitige Ufer nur schwach besetzt haben konnte. Sonst hatte schon das Hinabsteigen zum Strom und das Emporklimmen des jenseitigen Ufers, welches nur auf steilen Fußsteigen geschehen kann, seine große Schwierigkeit; dabei gestattet die außerordentliche Enge des Stromthales keine Entwickelung von irgend zahlreichen Streitkräften.

Mit Sorgfalt wurden alle sichtbaren Vorkehrungen vermieden, um den Feind nicht aufmerksam zu machen. Die Vorhut des Corps von York, die Brigade Hünerbein, 9 Bataillone, 2 Jäger-Compagnien, 11 Escadrons und 16 Geschütze, stellte sich um Mitternacht dicht geschlossen hinter dem Flecken Caub im Thale von Weisel auf. Dahinter formirte sich in möglichst zusammengedrängten Säulen das Corps, zunächst der Vorhut die Brigade Steinmetz, dann die von Prinz Carl von Mecklenburg, dann Horn, hierauf die Reserve-Reiterei von Jürgaß, endlich die Reserve-Artillerie. Das Corps von Langeron sammelte sich in eng aufgeschlossenen Marschsäulen dicht hinter dem Corps von York.

Gleich nach Mitternacht langten die russischen (Leinewand-) Pontons an und es begann der Bau der Brücke dicht oberhalb Caub, nach der Pfalzburg zu. Um in jedem Fall den Bau decken zu können, wurde eine zwölfpfündige Batterie auf dem rechten Ufer des Caub-Baches und vier schwere Geschütze bei den Ruinen der alten Burg Gutenfels aufgefahren. Zugleich wurde eine Compagnie ostpreußischer Jäger unten am Ufer aufgestellt, um an der schmalsten Stelle das jenseitige Ufer bestreichen zu können. Die Nacht war sternenhell und kalt; unten am Flusse war es jedoch weniger hell, so daß man die an diesem Ufer geschehenen Bewegungen nicht bemerken konnte. Der Feind entdeckte nicht das Mindeste und eine vollkommene Stille ruhte auf dem Thale und auf dem Strome.

Um ein halb drei Uhr Nachts waren die zu einer ersten Ueberfahrt mit Mühe zusammengebrachten Kähne bereit und 200 Füsiliere vom Brandenburgischen Regiment, geführt vom Major Grafen von

Brandenburg und vom Hauptmann von Arnauld, bestiegen dieselben.
Die Ueberfahrt dauerte etwa eine Viertelstunde und die Landung ge=
schah unterhalb der französischen Wache, die in dem Douanenhäus=
chen war. Noch immer ahnte der Feind nicht das Geringste, kein
Schuß fiel, Alles blieb still, bis die Füsiliere, aus den Kähnen sprin=
gend, noch voreilig und gegen das Verbot, das linke Rheinufer mit
einem lauten Hurrah begrüßten. Nun stürzte der sehr schwache Feind
hervor, gab Feuer und entfloh nach Bacharach, als er sah, daß Wi=
derstand vergeblich war. Gegen acht Uhr, als der Tag graute, ver=
stärkte sich der Feind von Bacharach her auf mehrere Hundert Mann
und brachte sogar eine Kanone vor; es war aber jetzt bereits der
größte Theil der Brigade Hünerbein auf Kähnen übergesetzt und der
Feind vermochte nichts auszurichten. Der größere Theil der über=
gesetzten Brigade drang auf Bacharach vor, welche Stadt man schon
vom Feinde verlassen fand. Drei Bataillone erklommen einzeln auf
beschwerlichen Fußwegen die Felsenwand des linken Ufers und be=
setzten die Dörfer Heuschhausen und Langscheid, aus welchen sich der
schwache Feind eiligst davon machte. Eine kleinere Abtheilung wurde
auf Ober=Wesel gerichtet. Ueberall wurden die Truppen Yorcks als
Befreier mit der lebhaftesten Freude begrüßt.

An dem Bau der Brücke wurde rastlos gearbeitet, wobei die
Rheinschiffer auf das Kräftigste mit Hand anlegten.*) Der alte
Feldmarschall befand sich persönlich auf der Pfalzinsel und belebte
die Arbeit durch seine Gegenwart. So wurde denn der Theil der
Brücke von Caub bis zur Pfalzburg um neun Uhr Morgens fertig.
Viel schwieriger war jedoch der Bau über den jenseitigen breiteren
Arm des Rheins, wo der Strom einen reißenden Zug hat; dieser
konnte nach eifriger Arbeit erst am 2. Januar Morgens neun Uhr
beendigt werden. Die Länge vom Ufer bei Caub bis zur Pfalz betrug
150 Schritt, die Insel selbst hatte 120 Schritt Breite und der an=
dere Arm 240 Schritt, so daß die Ufer 510 Schritt entfernt waren.
Zu der Ueberbrückung von 390 Schritt Strombreite waren 71 Pon=
tons erforderlich gewesen. Die Beendigung der Brücke zum Ueber=
gange wurde nicht abgewartet, sondern die Kähne waren unausgesetzt
in Bewegung; es wurde noch das Fußvolk der Brigade Steinmetz,
zwei Escadrons und zwei Geschütze der reitenden Artillerie auf den=
selben hinübergeschafft, welchen Truppen während der Nacht die Bri=

---

*) Noch jetzt wird der Rheinübergang bei Caub dort als ein Volks=
fest gefeiert.

gabe Horn folgte. Als die Brücke fertig war, ging dann der Rest des Corps, die schweren Batterien, die Parkcolonnen und das Gepäck über. Dies dauerte den 2. Januar, sowie die Nacht zum dritten hindurch, so daß erst mit Tagesanbruch des 3. Januar das Corps von Langeron an die Reihe kommen konnte.

(Aus Beitzke's Geschichte der Befreiungskriege.)

Allerlei Weizenkörner.

1. **Nützlicher Vorrath.** — Das Gedächtniß ist freilich keine Schachtel oder Scheuer, sondern etwas Lebendiges, nämlich die Herrschaft des Geistes über seine Vorstellungswelt. Solltest du das aber nicht verstehen, so nimm immerhin an: das Gedächtniß ist dennoch ein Speicher, in welchem du jedoch nur das Getreide guter Lehren und heilsamer Vorsätze aufbewahren sollst. Daher halte diesen deinen Kornboden rein, und entferne das Kehricht schlechter Gedanken und den Schmuz sinnlicher Vorstellungen daraus; sonst wäre es besser, du und dein ganzes Haus würden von einem Strome hinweggeschwemmt.

2. **Armuth schändet nicht.** — Schäme dich nicht deines geflickten Kittels, mein Lieber. Wenn du brav bist, und thust, was recht und gut ist, so wird dich einmal ein Rock bedecken, so gut wie der deines Nachbars, ja, wenn's das Glück will, ein noch besserer. Und dann wünsche ich wieder nur, daß du dich deines ehemaligen Kittels nicht schämen, sondern mitten unter vornehmen Leuten frei und heiter sagen mögest wie Papst Sixtus der Fünfte: „Thut nicht so dick, liebe Herren, mit eurer vornehmen Geburt, ich bin auch aus einem durchlauchtigen Hause! Denn wisset, meine Eltern wohnten in einem Hause ohne Dach und hatten von allen vier Seiten die durchscheinende Sonne."

3. **Allzuviel ist ungesund.** — Viel lesen macht's nicht, sondern recht lesen; thun ist besser als lesen, aber viel thun, macht's auch nicht, sondern recht thun: recht lesen und recht thun macht weise. Nicht selten geschieht's, daß Bücher den Kopf füllen und das Herz leeren; allzuviel Bücher leeren leichtlich beide aus. Ein gutes Buch gut gebraucht, ist nützlicher, als eine ganze unverdaute Bibliothek: so wie ein Gericht, das kräftig den Hunger stillt, besser ist, als das Vielerlei, das den Magen früher umkehrt, als der Hunger daraus ist.

4. **Herz, was begehrest du?** — Drei Wünsche sind unter allen die häufigsten: weise oder mächtig oder reich zu sein; und wer's

recht gut mit sich meint und einmal im Wünschen darin ist, der wünscht sich kurzweg alle drei Dinge mit einander. Daß jedoch nur selten einem Sterblichen dieser Dreieinigkeitswunsch ausgeht, das weiß fast ein Kind. Nicht aber jeder Erwachsene weiß, daß eigentlich jeder Mensch sich diesen Wunsch selbst erfüllen kann. Wie das? Das sagt uns der Sohn Soma, der da schreibt: „Der ist weise, der von Jedermann lernt; der ist mächtig, der seine Begierden zwingt, und der ist reich, der sich an Wenigem begnügen läßt." — Da man nun auf eine so wohlfeile Weise zu dieser Wünsche Ziel gelangen kann, wie kommt's denn, daß es doch so Wenige giebt, die weise, mächtig und reich sind?

5. **Unsichere Zuversicht.** — Pah! meint der reiche Kunz: wer Geld im Sack, und Scheune und Keller voll hat, der ist ein geborgener Mann! — Kunz, dein Sack kann ein Loch kriegen, dein Korn der rothe Hahn fressen, dein Vorrath in Hamstersäcke wandern, und ungefragt in fremde Schläuche fließen! Und selbst, wenn du am meisten auf deine gefüllten Taschen klopfst, daß die Thaler und Ducaten nur so klingen und klimpern, so kann's leicht heißen: „Heute Nacht wird man deine Seele von dir fordern und weß wird's sein, das du bereitet hast."

6. **Alte Geberregeln.** — Gabe mit Unwillen ist „Mehl mit Sand" oder „Honig mit Salz." Mußt nicht wie die Kuh sein, die Milch giebt und darnach mit dem Fuß den Eimer umschlägt. Einen fröhlichen willigen Geber hat Gott lieb! — Noch eins: Wenn du giebst, gieb ohne Großthun und Lärm, und laß deine Gutthat sein „wie Oel," das ohne Geräusch lieblich und linde aus einem Gefäß in das andere fließt.

7. **Heilsames Notizbuch.** — Verstehe so viele Bücher als du liesest, und schreibe so viele Bücher als du kannst, sie nützen dir und Andern alle nicht so viel, als das Büchlein, darin du die Klagen und Bitten der Nothleidenden schreibst, um ihnen, so du's vermagst, abzuhelfen, und darinnen du täglich nachliesest, um Keinen zu vergessen. Solch Gedenkbüchlein ist das einzige Buch, das dir einmal in den Himmel nachwandert, wo es dann der liebe Gott in seine Bibliothek stellt, da es weder Staub noch Motten fressen. Siehe, das ist das Buch, daraus er seinen Engeln die Summe ziehen läßt, aus welcher dir im großen Gerichte hauptsächlich dein Spruch fällt.

8. **Laß sie reden!** — Ein schiefes Urtheil ist zwar ein flacher Hieb, thut aber Manchem weher, als hätte die Schneide den rechten Fleck getroffen. Lerne es, ungerechten Tadel mit Ruhe zu ertragen,

und unterlaß bei Leibe nie aus Furcht vor ihm das Gute, das du vorhattest. Siehe, der klare, ruhige Mond macht's auch so: er leuchtet dem Pilger doch freundlich durch den Wald, ob ihn gleich in den Städten und Dörfern die Hunde anbellen, und die Diebe ihn ausblasen, — und Nachtvögel, gefiederte und ungefiederte, ihn anschwärzen möchten.

Bericht eines Tauchers aus der Meerestiefe.

Unlängst ging an der wildesten Küste Neufundlands ein Dampfer, der Marmion, jählings zu Grunde. Ohne Zweifel war er auf eine verborgene Klippe gestoßen und im Nu gescheitert. Da die Unglücksstelle keine große Tiefe hatte, so erschien es mir für einen beherzten Mann nicht unmöglich, zu dem untergegangenen Fahrzeuge zu gelangen. Ich besprach den Plan mit meinen Genossen, und sie stimmten mir bei. Ohne Zeitverlust machten wir die nöthigen Vorbereitungen und in Kurzem segelten wir unserer sechs, unter meiner Leitung, in einem kleinen Schooner nach dem Bestimmungsort. Das Wetter war still und freundlich; wohl gaben im Süden und Osten kleine verdächtige Wölkchen dem Himmel ein bedenkliches Aussehen, doch das schreckte uns nicht.

Indessen war doch das Wasser so tief, daß keine Mastspitze uns des versunkenen Fahrzeugs Grab anzeigte. Wir mußten uns also einen Operationspunkt auf's Gerathewohl suchen. Dahin flog unser Schooner, und Rimmer — ein Bursche von probehaltigem Muth, den ich mir aus meinen Gefährten zum Begleiter auf dem gefährlichsten Gang auserkoren — und ich legten unsere Taucherrüstung an. Wir drückten die Helme fest, zogen die Hosen stramm, brachten jeden nöthigen Artikel in Ordnung, die Gewichte wurden angehängt, und wir waren fertig.

„Es sieht furchtbar schwarz aus, Berton," sagte Rimmer zu mir. „Pah, blos ein kleiner Nebel," versetzte ich lustig, „Alles gut!"

„O!" klang es dumpf unter seinem Helm hervor.

„Fertig!" schrie ich ihnen laut zu, was sie aber nicht hören konnten. Ich gab dann das geeignete Zeichen und wurde über den Schiffsrand geschwungen.

Nieder gingen wir, ich zuerst und Rimmer hart hinter mir. Es dauerte nicht lange und wir hatten den Boden erreicht. Wir fanden uns auf einer scheinbar weiten Fläche, die sich nach Süden zu senkte und nordwärts hob. Als wir vor uns blickten, entstieg der Tiefe ein düsterer schwarzer Gegenstand, den unser geübtes Auge für einen hohen Felsen erkannte.

Ich winkte Rimmer, auf diesen loszugehen.

Wie einem zu Muthe ist, der zum ersten Male auf dem Meeresgrunde einherschreitet, kann ich nicht sagen. Hier sind tausend Dinge, die selbst denjenigen, der diesen Gang hundert Mal gewagt, in Erstaunen setzen. Rund um uns liegt die wasserbedeckte Fläche; nur kann hier das Auge nicht wie in der oberen Luft weit in die Ferne dringen, denn das Wasser wird bei wachsendem Abstand immer dichter und scheint sich in nebelige Dunkelheit zu verlieren. Außer dem unablässigen Gurgeln, das die aus dem Brustventil entrinnende Luft, und dem Plätschern, das unsere Bewegung verursachte, war kein Laut zu hören. Wir schritten wacker zu; denn die in der Oberwelt scheinbar so plumpe Rüstung ist hier unten ganz vortrefflich und macht dem eingeübten Träger nicht die geringste Unbequemlichkeit.

Fische in Schaaren waren rund um uns. Fische jeglicher Gestalt und Größe fielen uns in die Augen, wohin sie sich auch drehten. Sie schwammen hurtig neben uns; sie spielten im Wasser über uns; sie jagten und verfolgten einander in jeder Richtung. Hier tummelte sich ein Schwarm Meerschweine in plumpen Sprüngen, dort stieg ein Nordcaper langsam an die Oberfläche; hier schoß eine Unzahl kleiner Fische über uns weg; dort wiegten sich Seeungeheuer mit ihren gewichtigen Formen träge durch die Fluth. Mitunter vertraten uns drei bis vier den Weg, starrten uns an und blieben so lange auf dem Fleck, bis wir hart an sie herankamen, dann schossen sie pfeilschnell davon.

Während wir auf dem Meeresgrunde fortschritten, sahen wir über unsern Häuptern, gleich einem dunkeln Gewölk am Himmel, unser Boot auf der Oberfläche langsam dahin segeln. Und jetzt, etwa hundert Ellen vor uns ragte die thürmende Gestalt des gagathschwarzen Felsens, den unser Auge zuerst aus der Ferne begrüßt hatte. Noch aber waren wir nicht gewiß, ob das die Stelle sei, wo der „Marmion" gescheitert. Bald aber konnten wir einen dunkeln runden Gegenstand unterscheiden; Rimmer stieß mich an und zeigte hin; ich winkte ihm beistimmend und wir gingen rascher vor. Nach wenigen Minuten kamen wir dem Felsen so nahe, daß der dunkle Gegenstand sich als der Stern des Fahrzeuges erwies, dessen Rumpf hier lag.

Plötzlich stieß mich Rimmer wieder an und zeigte nach oben; der Richtung seiner Hand folgend, sah ich die ganze Oberfläche des Wassers in schäumendem Wallen. Ein augenblickliches Zittern fuhr mir durch's Herz; es ging aber schnell vorüber. Wir waren in einer gefährlichen Lage. Ein Sturm war im Anzuge.

Sollten wir, dem Gegenstande unsers Strebens so nahe, wieder umkehren? Schon lag er vor uns. Wir waren hart daran. Nein, ich wollte nicht. Ich gab Rimmer das Zeichen, vorwärts zu gehen, und wir hielten unsern Curs.

Jetzt erhob sich der Fels vor uns düster und schrecklich. Die rauhen Seiten waren von den Einwirkungen des Wassers zerfressen und an einigen Stellen mit den namenlosen Seepflanzen bedeckt. Wir gingen vorwärts, kletterten über eine Spitze, die von der Klippe hervorstach, — und da lag der Dampfer.

Der „Marmion" war senkrecht untergegangen und stand, zwischen den Felsen eingeklemmt, gerade aufrecht, wie auf der Werft. Wir rannten hastig heran und erklimmten den Schiffsrand. Da ließ sich im Wasser ein dumpfes Aechzen hören, das uns warnend in die Ohren klang und uns die drohende Gefahr verkündete. Was zu thun war, mußte rasch gethan werden. Rimmer eilte in die Kajüte, ich in den Kielraum; ich stieg die Leiter hinab in die Zimmermanns=Werkstatt. Alles war leer, Alles voll Wasser. Die Wogen des Meeres waren eingedrungen und trieben mit dem Menschenwerk ihr Spiel. Ich ging in den Ladungsraum. Plötzlich ward ich von einem Geräusch auf dem Deck aufgeschreckt. Die schweren Tritte eines Menschen, der in tödtlicher Angst oder in furchtbarer Hast dahinrennt, trafen mein Ohr. Das Herz schlug mir heftig, denn es war fürchterlich anzuhören, fernab in der schweigenden Tiefe des Meeres.

Pah, es war blos Rimmer.

So rasch, wie die Schwere meiner Rüstung erlaubte, stieg ich durch den ersten besten Ausgang, der sich mir darbot, die Leiter hinan und sprang auf's Deck.

Es war Rimmer.

Er kam auf mich zu, umklammerte meinen Arm, drückte ihn krampfhaft und deutete auf die Kajüte. Ich wollte hinein. Er stemmte den Fuß vor und suchte mich zurückzuhalten. Er wies auf das Boot und flehte mit Geberden eines Wahnsinnigen, nach oben zu steigen.

Es ist ein entsetzlicher Anblick, diese stummen Zeichen einer schreckenerfaßten Seele, womit sie sich verständlich zu machen sucht; sie sind schauerlich diese Winke, wenn kein Antlitz zu sehen, keine Stimme zu hören ist. Sah ich aber auch sein Antlitz nicht, so sah ich doch die Augen durch die plumpe Maske wie Feuerkohlen glühen.

„Ich will hinein!" schrie ich. Ich sprang von ihm weg. Er

schlug die Hände zusammen, wagte es aber nicht, mir zu folgen. — Gott im Himmel, was muß da vorgehen, um die Seele eines ver= suchten Tauchers in dem Grabe zu entsetzen? Ich muß mit meinen eigenen Augen sehen.

Ich ging vorwärts. Ich kam an die Kajütenthür. Ich trat in den Vorsaal, sah aber Nichts. Ein Gefühl der Verachtung gegen Nimmer beschlich mich; den Feigling nehme ich nie wieder mit, dachte ich. Doch, Schauer erfaßten mich. Denn da unten in dem Abgrunde ist nur Schweigen, und o welch' ein feierliches Schweigen! Ich durch= schritt den langen Saal. Wie hat der, dachte ich, von dem Geschrei der untersinkenden Passagiere wiedergehallt. Nur der Seemann, der mit solchen Scenen vertraut ist, kann empfinden, was die Seele in solchen Momenten füllt. Ich gelangte endlich an die Hinterkajüte und trat ein. O Gott im Himmel!

Hätte ich mich nicht mit krampfhafter Gewalt, die der Todes= schreck giebt, an dem Griff der Thür festgehalten, ich wäre zu Boden gesunken. Ich stand wie angenagelt. Denn vor mir starrte ein Haufen Menschen, Männer und Weiber, erfaßt in dem letzten Todeskampf von den überwältigenden Fluthen; jeglicher an den Fleck gebannt, jeglicher in der Stellung, worin der Tod ihn getroffen. Jeglicher war bei dem Ruck des sinkenden Schiffs von seinem Sitz aufgesprungen, und alle hatten sich nach der Thür gedrängt. Allein das Wasser war schneller als sie. Schau, wie sie in wilder Angst, die einen sich an den Tisch, die anderen an den Balken, wieder andere an die Kajüten= wände klammern — und da blieben sie stehen. Noch an der Thür mußte das Gedränge furchtbar gewesen sein; hier lagen sie über= einander gehäuft; einige auf dem Boden, andere über sie wegrasend, um in wahnsinniger Hast den Ausgang zu gewinnen. Einer hatte über den Tisch zu klettern versucht, war aber darauf geblieben, sich an einem eisernen Pfosten festhaltend. Keiner hatte das, was er mit krampfhaftem Griff gepackt, losgelassen; jeglicher stand und schaute wirren Geistes die Thür an — die Thür, guter Gott, mich! Auf mich hefteten sich diese angsterfüllten, diese schrecklichen Augen alle! Diese Augen, in welchen das Feuer des Lebens dem Eisglanz des Todes gewichen war. Diese Augen, die gleich den Augen des Wahn= sinnigen, ausdruckslos stierten. Unter diesem stieren Blick gefror mir das Blut zu Eis. Diese Verzerrung der Gesichter, in denen sich Angst, Schreck, Verzweiflung, kurz alle Seelenstürme ausprägten, standen mit den erfrorenen, verglasten Augen in einem um so schrecklichern Gegensatz. Der Anblick des Menschen auf dem Tische war scheuß=

licher als der aller übrigen; das lange schwarze Haar flatterte ihm
aufgelöst um die Schultern und der wilde Kinn= und Knebelbart
gaben ihm das Aussehen eines Dämons. Ach, welches Wehe und
welche Marter, welch' unsäglicher Todeskampf stand auf diesen ver=
zweifelten Gesichtern geschrieben.

Ich achtete nicht der gefährlichen See, die schon in leichter Auf=
regung war, als ich den Dampfer betrat. Doch hätte der Sturm mit
zehnfach stärkerer Wuth darüber rasen müssen, sollte er hienieden in
dieser schauerlichen Tiefe nur einigermaßen merklich sein. Indessen
hatte er allerdings zugenommen, und die Bewegung ließ sich auch in
dem Abgrunde verspüren. Plötzlich bekam der Dampfer einen Stoß
und erzitterte unter dem Wogen=Anprall.

Alle die gräßlichen Gestalten schwankten und stürzten. Die
Leichenhaufen wichen auseinander. Die Teufelsfratze auf dem Tische
schien straks auf mich einen Satz nehmen zu wollen. Ich floh mit
Zetergeschrei; ich dachte, sie sind alle hinter mir her. Ich stürzte
hinaus, mit dem einzigen Gedanken, davon zu kommen. Ich suchte
meine beschwerenden Gewichte abzuwerfen und aufzusteigen. Ich
konnte sie nicht losmachen; ich riß daran mit wahnsinniger Heftigkeit
— sie wichen nicht. Die eisernen Klammern waren steif geworden.
Eines hatte ich bei dem krampfhaften Winden und Ringen losge=
rissen; aber das andere hielt mich noch immer nieder. Ich fühlte
unter den vergeblichen Anstrengungen meine Kräfte und fast alle Hoff=
nung schwinden, und die Schauerscene in der Kajüte lag mit ihrer
ganzen Wucht auf meiner Seele.

Wo war Rimmer? Der Gedanke fuhr mir wie ein Blitz durch
die Seele. Er war aufgestiegen. Zwei Gewichte lagen da, welche
in schrecklicher Hast abgeworfen schienen. Ja, Rimmer war fort; ich
schaute aufwärts; da schwebte und schwankte das Boot unter den
Wogen. — Länger konnte ich hier nicht bleiben, und wäre alles Gold
von Golkonda in dem Fahrzeuge gewesen. Ich wollte nicht länger in
Gesellschaft mit den schrecklichen Todten weilen.

Zurück also! — Die Furcht lieh meinen Füßen Schwingen.
Ich raste die Leiter hinab, durchmaß den Kielraum noch einmal mit
meinen Schritten und ging bis an die Stelle zurück, wo ich zuerst
hinunter gestiegen war. Es war finster — ein neues Schauergefühl
durchzuckte mich; die Fallthür war verschlossen.

Himmel, war sie von sterblicher Hand zugeschlagen? Oder hat
es irgend ein gräßliches Wesen aus der Kajüte gethan? Hat der
Satan, der auf mich zusprang —?

XXXI.   10

Ich eilte in Angst zurück. Hier aber konnte ich nicht bleiben; ich mußte fort, ich mußte aus dieser Höhle der Schrecken entrinnen. Ich sprang die Leiter hinauf und suchte die Thür zu heben. Sie widerstand meinen Anstrengungen; ich stemmte meinen behelmten Kopf dagegen; die Leiter unter mir knackte, doch die Thür wich nicht. Mein starkes Rohr gerieth zwischen die Spalte; ich faßte eine eiserne Barre, die ich als Hebel handhabte, die Thür hob sich ein wenig, war aber nicht weiter zu bringen. Ich sah mich um und sah einige Holzblöcke, mit deren Hülfe ich die schwere Thür allmählig hob, und um die gewonnene Oeffnung zu erhalten, schob ich immer einen Block dazwischen. Die Arbeit ging langsam und mühselig von Statten; nach langer Arbeit hatte ich sie kaum vier Zoll gehoben.

Die See wogte stärker und stärker. Das versunkene Fahrzeug fühlte ihre Gewalt und erzitterte. Plötzlich schwankte es über und lag auf der Seite.

Ich rannte umher, irgend einen anderen Ausgang zu finden, auf das Deck zu gelangen; ich fand keinen. Ich kehrte zur Fallthür zurück, setzte mich in Verzweiflung hin und erwartete den Tod. Ich sah keine Hoffnung, zu entrinnen. Es sollte mein Ende sein.

Allein der Dampfer, von der Fluthen Gewalt geschüttelt, bekam einen Ruck. Er stand nun wie auf der Schaukel, und der leiseste Stoß des Wassers war hinlänglich, ihn überzukippen.

Er krachte, dröhnte, arbeitete und drehte sich auf seiner Seite herum. Während er nun mit seinem Deck lothrecht auf dem Boden stand, klimmte ich die Leiter hinan und drückte die Fallthür auf. Ich sprang hinaus und berührte den Seegrund. Es war hohe Zeit, denn noch einen Augenblick und die Masse schlug noch einmal über.

Mit einer letzten Anstrengung aller Kräfte riß ich an meinen Gewichten, sie lösten sich, brachen, fielen. Im Moment begann ich zu steigen, und in wenigen Minuten schwamm ich auf dem Wasser.

Dem Himmel sei Dank! Da wiegte sich das starke Boot mit meinen kühnen, wackeren Mannen! Sie spürten, daß ich aufstieg; sie erblickten mich, kamen heran, und ich war gerettet.

Rimmer war von dem greulichen Schauplatze geflohen, als ich in die Kajüte trat, blieb aber in dem Boot, um hülfreich bei der Hand zu sein. Er ging nie wieder in die Tiefe, sondern wurde See-Capitain. Ich blieb beim Handwerk, tauche aber nur auf solche Fahrzeuge, deren Schiffsmannschaft gerettet ist. — Ich brauche wohl nicht zu bemerken, daß der „Marmion" nie wieder besucht wurde.

Nun ruhen alle Wälder.

Haſt du ſchon einen ruhenden Wald geſehen, geneigter Leſer? — Ich denke ja. Wenn an einem ſchönen Abend die Glocke geläutet hat, die liebe Sonne Abſchied nimmt und die Baumwipfel mit goldenem Schein übergießt, dann aber ſo ein leichter Nebel an die Stelle tritt, die Vögelein ſchweigen und ſchwarze Schatten über die Wieſen ſich ausbreiten — dann ruht der Wald; ſtill und geheimnißvoll rauſchen die Bäume, als gingen Engel Gottes hindurch.

Wenn es dir dann ſo eigen wohl und wehe um's Herz wird, dann bete für dich das ſchöne Lied, deſſen erſte Zeile oben über ſteht — es iſt ein feiner Abendgeſang; der Anfang jedes Verſes gleicht den unterſten Sproſſen einer Leiter, die gegen Ende zum Himmel führt, und ein fromm Chriſtengemüth betet's mit Kinderſinn, der auch dem Mann wohl anſteht, und ereifert ſich nicht über das ſeichte Geſchwätz ſogenannter Studierten, denen dieſes Lied ſchon Anlaß zu Witz, Spott und Aerger gegeben. Die Kröten begeifern oft gerade die ſchönſten und zarteſten Blumen.

Ich könnte von dem Liede allerhand ſchöne Geſchichten erzählen; denn jeder Vers gleicht einem Aſte, der ſchon ſeine Früchte gebracht, und ein guter Theil liegt verborgen in Gottes und frommer Chriſten Herzen. Aber von der ſchönſten mir bekannten Geſchichte will ich nicht ſchweigen, ob es ſchon etwas lang her iſt, daß ſich dieſelbe zugetragen.

Nämlich Anno 1796 am 3. Herbſtmonat hat der Erzherzog Karl von Oeſterreich die Franzoſen unter dem General Jourdan bei Würzburg ſo gänzlich auf's Haupt geſchlagen, daß ſie Hals über Kopf dem waldigen Speſſartgebirge zuflohen und mancher erbitterte Bauer hat ſich blutig an den Räubern und Mordbrennern gerächt, ſo daß ihre Flucht einer wahren Treibjagd glich. Nachdem ſich die Franzoſen wieder geſammelt und Rache gegen die deutſchen Bauern in ihren Herzen kochte, erſchienen am 14. Herbſtmonat 9 franzöſiſche Reiter im Städtchen Lisberg, welches am heſſiſchen Vogelsberge liegt, und ſagten Quartier für 400 Mann Dragoner an. Da herrſchte Entſetzen unter den Einwohnern; ſie fürchteten Plünderung und Mißhandlung, und wie die Furcht immer eine ſchlechte Lehrmeiſterin iſt, ſo kamen auch die Bürger von Lisberg auf den dummklugen Gedanken, den Dragonern zwar Eſſen und Trinken für die Leute und Futter für die Pferde zu offeriren, das Quartier aber abzuſchlagen. Mit Fluchen zogen die Quartiermacher ab und kehrten bald mit 21

Mann verstärkt wieder zurück, jagten mit blanken Säbeln durch die Straßen, hieben rechts und links und setzten die Leute so in Angst und Schrecken, daß ein Bürger nach einem der Reiter schoß und geängstete Buben die Sturmglocke zogen. Die Männer rotteten sich zusammen und die Eindringlinge wurden zur Stadt hinausgetrieben. Aber jetzt erschraken die Lisberger selbst über ihre Thaten und es war ihnen bange, als sie hörten, daß die Franzosen bereits mehrere tausend Mann stark in benachbarten Orten standen.

Als die Nacht herannahte, versperrten die Bürger die Zugänge des Städtleins durch eine Wagenburg. Aber zwischen 9 und 10 Uhr rückten 500 Mann Infanterie heran, umzingelten den Ort, räumten unter schrecklichen Flüchen die Hindernisse weg, und nun floh, wer fliehen konnte, dem nahen Walde zu. Den Zurückbleibenden ging es übel. Umsonst that der alte Pfarrer Koch vor dem Kommandanten einen Fußfall und flehte um Gnade für seine Gemeinde; sein graues Haar wurde nicht geachtet; ein Schuß streckte ihn nieder. Sein Loos theilten 14 andere Personen. Und als nun die Unmenschen mehrere Stunden lang gemordet, geplündert und geschändet hatten, zündeten sie den Ort an, so daß allein 58 Häuser bis auf den Grund niederbrannten.

Hast du schon gelesen, was der Herr Christus von den Engeln sagt, die der Kleinen sich annehmen? — Ein solcher wachte in jenen Schreckensstunden auch über einem Kindlein und seiner jungen Mutter. Als nämlich die Franzosen anrückten, eilte in der Unterstadt ein Mann aus dem Hause, nachdem er zuvor seinem Weibe den Befehl hinterlassen, mit dem Kinde in den Wald zu flüchten; er wolle sogleich nachkommen, nachdem er zuvor nachgesehen, was es droben im Orte gebe.

Aber die Muttersorge hatte nur halb gehört. Das Kindlein war krank, die Herbstnacht feucht, so daß das Mütterlein für das Leben ihres Lieblings fürchtete; an sich selber dachte sie nicht. Wie nun das Schießen und Morden begann, verriegelte das arme verlassene Weib die Hausthüre und warf sich betend, zitternd und weinend neben der Wiege ihres Kindleins nieder. Mit einigen Kolbenstößen wurde die Hausthür nach einer Weile eingestoßen; ebenso die Stubenthür, und mit gefälltem Bajonnet stürzte ein Franzose wüthend auf das erschrockene Weib zu. Blaß wie der Tod legte die Mutter ihre Hände über das Kind und mit der Stimme der Verzweiflung betet sie aus dem überschriebenen Liede den Vers:

Breit' aus die Flügel beide,
O Jesu, meine Freude,

Und nimm dein Küchlein ein;
    Will Satan es verschlingen,
    So laß die Engel singen:
    Dies Kind soll unverletzet sein!

Ich weiß nicht, ob der Franzose deutsch verstand und er den Sinn dieses Gebetes faßte; oder ob vielleicht eine fromme Mutter es selbst mit ihm in früheren Jahren beim Schlafengehen gesprochen; oder ob der Kriegsmann von dem Schrecken des Gottes, zu dem die Hülflose sich erhoben, gefaßt wurde: genug, er senkte die Todeswaffe, tritt zur Wiege, legt die rauhe Hand sanft auf des Kindes Haupt, seine Lippen bewegen sich wie zum Gebet und dicke Thränentropfen fielen über sein bärtiges Angesicht. Dann reichte er der Mutter die Hand und ging schweigend davon.

Als sich die Frau nach einiger Zeit von den Knien erhob, um zu sehen, ob dies alles nicht ein schöner Traum gewesen, erblickte sie zum kleinen Fensterlein heraus im Mondschein den Franzosen, Gewehr im Arm, am gegenüberstehenden Birnbaum gelehnt, als stünde er Wache, um allen Schaden und Schimpf von dem Hause seines Schutzes ferne zu halten. Erst als seine Kameraden mit Beute beladen abzogen, verließ auch er seinen Posten mit einem größern Schatz im Herzen, als seine Kameraden in ihren Säcken davontrugen.

— — —

Der Fremde im grünen Baum.

Der Wirth „zum grünen Baum" trat an den Schlag eines Reisewagens, der vor seiner Thür hielt, und sprach den Herrschaften, die darin saßen, sein Bedauern aus, daß er sie nicht aufnehmen könne. In seinem Hause sei auch die kleinste Kammer besetzt, und er selbst habe seine eigene Stube vor wenigen Stunden einem Fremden abgetreten. Er rathe also, wie leid es ihm auch thue, verehrte Gäste abzuweisen, den letzten Rest von Tageshelle noch zu benutzen, um die nächste Station zu erreichen, da hier am Orte an ein weiteres Unterkommen nicht zu denken sei. — Der junge Actuar Rechtler, der gerade des Weges kam und die letzten Worte des Wirths hörte, sagte laut: „Wie können Sie denn die Fremden so belügen, Sie alter Neidhardt? Wenn auch bei Ihnen alles besetzt ist, stehen doch die Thorflügel des „Wallfisches" weit auf. Wollen die Herrschaften quer über den Markt fahren und dann links einbiegen, so erblicken Sie den Gasthof zum „Wallfisch," wo Sie erwünschte Aufnahme finden werden." — Die Fremden dankten und fuhren davon. Der Baumwirth sah den Actuar grimmig an und machte ihm eine Faust, aber nur in der Tasche, denn der Actuar gehörte zur Polizei, und mehrfache Erfahrungen hatten den Wirth belehrt, daß mit derselben nicht zu spaßen sei. Rechtler lachte und sagte: „Ihr Brodneid geht doch ein wenig allzuweit. Weil in dem Schatten Ihres grünen Baumes kein Platz mehr ist, schicken Sie ermüdete Reisende unbarmherzig weiter, um nur dem Wallfisch nicht sein bescheidenes Futter zu gönnen." — „Der Perl gönnt mir auch nichts!" platzte der Wirth heraus. „Kommt etwas Rechtes an, so hat er seine Finger dazwischen; sonst aber zieht er sich schlau zurück und den geheimnißvollen Fremden hat er mir auch auf den Hals geschickt."

„Geheimnißvoller Fremder?" fragte der Actuar. „Und davon wissen wir nichts? Warum ist er nicht gemeldet worden?" „Habe ich es denn vermocht?" sagte der Baumwirth wie entschuldigend. „Aber wollen der Herr Actuar nicht näher treten und ein Gläschen Wein trinken? Veritablen Nierensteiner." Der Actuar sagte rasch: „Sie bieten mir Wein an? Gewiß haben Sie einen dummen Streich gemacht — bekennen Sie nur." — „Nichts habe ich gemacht!" betheuerte der Wirth. „Vor vier Tagen kommt im Zwielicht ein Wagen mit einem Herrn angefahren, der bis an das Kinn in einen Mantel gehüllt war und die Mütze tief in die Stirn gezogen hatte. Ich sah nur zwei stechende Augen und einen schwarzen Schnauzbart. Er verlangte ein Zimmer nach der Straße hinaus, ließ sich eine Flasche Wein und zwei Lichter bringen, befahl dann, ihn nicht zu stören und verschloß die Thür. Nun denn, Herr Actuar, die Thür blieb verschlossen, der Herr hat nichts zu essen verlangt, woraus ich schließe, daß er seinen Proviant im Koffer bei sich führte, denn von einer Flasche Wein und zwei Wachslichtern kann kein Mensch 24 Stunden leben. Uebrigens verhielt er sich über Nacht ruhig, hat nur am andern Morgen ein paar Mal aus dem Fenster gesehen und, wie mein Kellner bemerkt haben will, mit einem Vorübergehenden höfliche Grüße gewechselt. Nachmittag poltert es plötzlich auf der Treppe. Im nächsten Augenblicke steht der Fremde, eben so vermummt, wie bei der Ankunft, vor mir und sagt: „Herr Wirth, ich gehe fort. Das Zimmer behalte ich und nehme den Schlüssel mit. Meine Sachen lasse ich hier. Daß sich Niemand untersteht, etwa mit Hülfe des Hauptschlüssels hinein zu gehen und etwas anzurühren. Es käme ihm theuer zu stehen und Sie sind mir für Alles verantwortlich."

„Mit den Worten war er zur Thür hinaus; drei Tage sind

seitdem vergangen und wir haben von dem Kerl nichts gehört, noch gesehen." — „Und das Alles verschwiegen Sie?" fragte der Actuar staunend. „Sie machten davon keine Meldung? Baumwirth! ich fürchte, das geht wieder hart an den Geldbeutel, wenn nicht gar an die Concession."

Damit ging der Actuar, diesmal ohne zu lachen und ließ den Wirth in großer Bekümmerniß zurück. Und als sollte er heute nicht mehr aus der Aufregung heraus, stand der Fremde plötzlich vor ihm und sagte kurz ab: „Herr Wirth, ich hoffe, daß ich Alles so wieder= finde, wie ich es verlassen habe. Schicken Sie mir sogleich eine Flasche Wein und zwei Lichter." — Die letzten Worte sprach der Fremde schon auf der Treppe. Der Wirth aber brummte vor sich hin: „Nun wird er sich wieder 24 Stunden einsperren und ich hetze mir im Ernste die Polizei auf den Hals. Aber dieses Mal lasse ich ihn nicht ohne Examen zum Hause hinaus." — Er erschrak ordentlich, als in diesem Augenblicke in dem Zimmer des Fremden die Schelle gezogen wurde, und eilte selbst hinauf. Der Unbekannte ging in großer Erregung auf und ab und rief dem Eintretenden zu: „Ich habe, wie ich erst eben bemerke, das große Malheur gehabt, auf dem Wege hierher etwas Wichtiges zu verlieren." — „Dero Börse etwa?" fragte der Wirth in einer leisen Anwandlung von Furcht wegen der Zimmermiethe, der zwei Flaschen Wein und der vier Wachslichter. — „Dummes Zeug!" schalt der Fremde und warf seine volle Börse auf den Tisch. „Kurz vor der Stadt brach die Achse des Wagens und ich mußte zu Fuß hereingehen. Da wird es geschehen sein. Es war ein Kästchen, worin sich wichtige Papiere und ein kostbarer Schmuck, ein Familien= Erbstück, befanden. Beim Aussteigen erinnere ich mich deutlich, es noch gehabt zu haben." — „Dann sind Euer Gnaden vielleicht von einem Taschendiebe ....!" Der Wirth hielt inne, denn der Gast sah ihn mit einem seltsamen Blicke an und sagte: „Mich rührt kein Taschendieb an; aber das Kästchen muß ich unter allen Umständen wieder haben. Hier habe ich eine kleine Beschreibung desselben aufge= setzt und dem ehrlichen Finder eine reiche Belohnung versprochen. Lassen Sie diese Anzeige sogleich mit den größten Buchstaben drucken und an allen Ecken anschlagen. Geschwind, Herr, tummeln Sie sich!" — Der Wirth flog die Treppe hinunter und eilte in die Druckerei, um den Auftrag des Fremden zu erfüllen.

Während dieser Zeit hatte der Actuar seinen Weg fortgesetzt und trat in ein kleines Haus der Vorstadt, dessen Bewohnerin ihm freund= lich entgegentrat: „Wie schön, lieber Nachbar, daß Sie da sind. Es ist schon so spät, daß wir fürchteten, Sie würden nicht mehr kommen, und Minna hat Ihnen gerade heute etwas Besonderes mitzutheilen." — „Und ich Ihnen, Mama," sagte der Actuar, in das behagliche Stübchen tretend. „Aber wo ist Minna?" — „Nebenan bei der kranken Nachbarin. Sie muß aber jeden Augenblick wiederkommen. Nun, was haben Sie denn auf dem Herzen, lieber Sohn?" — „Es gehört für Euch Beide," sagte der Actuar und eilte dann Minna entgegen, die so eben in der Thür erschien. Bald saßen sie um den traulichen Tisch und der Actuar sagte: „Endlich ist Hoffnung auf eine sichere Anstellung vorhanden. In Frankenfelde ist das Amt eines Kämmerers erledigt und wenn ich will, habe ich das Patent in der Tasche." — Minna's Augen glänzten vor Freuden und die Mutter sagte: „Gott sei Dank! So erfüllt sich endlich mein sehnlichster Wunsch und Ihr werdet ein Paar." — „Ja, liebe Mama, wenn nur nicht vorher noch ein Stein des Anstoßes aus dem Wege zu räumen wäre. Die Hauptpflicht eines Kämmerers ist die Verwaltung der städtischen Kasse und daher muß ich eine baare Caution von 1500 Thalern stellen. Woher diese nehmen, wenn mein geiziger Oheim sie mir verweigert?" — Die Mutter schwieg betreten, aber Minna schaute den Bräutigam lächelnd an und sagte: „Da könnte ich dem Herrn Kämmerer vielleicht aushelfen. Was meinst Du, liebe Mutter?" — „Scherze nicht zur Unzeit," entgegnete diese verweisend. Minna aber fuhr fort: „Wer weiß! Hast Du denn das Kästchen vergessen, das ich vorhin nach Hause brachte?" — „Ja so, das Kästchen!" rief die Mutter, und das junge Mädchen fuhr fort: „Denke Dir, Ernst. Meine Freundin, die auf dem nahen Amthofe die Wirthschaft lernt, war heute Nachmittag hier und ich begleitete sie eine Strecke vor die Stadt hinaus. Auf dem Rückwege fiel es mir ein, durch das Birkenwäldchen zu gehen. Es dämmerte schon unter den Bäumen und ich erschrak ordentlich, als ich mit dem Fuße an etwas stieß. Es blitzte im Grase und ich hielt ein Kästchen in der Hand, das mit Silber und Elfenbein sauber ausgelegt und recht schwer war. Da ist es."

Sie holte es aus dem Tischkasten und stellte es vor den Bräutigam hin. Dieser betrachtete es mit großer Aufmerksamkeit. Es war sehr zierlich geschnitzt und konnte in seiner Art als ein Kunstwerk gelten. „Wenn das Innere dem Aeußern entspricht," sagte er, „so hast Du einen Schatz gehoben, liebe Minna. Hast Du noch nicht versucht, Dich von dem Inhalt dieses Kästchens zu überzeugen?" — „Mühe genug habe ich mir gegeben," antwortete sie, „es zu öffnen, aber es wollte mir nicht gelingen; vielleicht bist Du glücklicher." —

„Wollen sehen!" entgegnete er und betrachtete den Fund von allen Seiten. Er entdeckte eine silberne Platte, die sich verschieben ließ, und hinter derselben ward ein Schlüsselloch sichtbar. Der Anfang war gemacht. Jetzt holte er sein Schlüsselbund hervor und es fand sich unter den mancherlei Schlüsseln einer, welcher paßte. Ein herzhafter Druck und das Schloß gab nach. „Jetzt, Sesam, thue Dich auf!" sagte der Actuar, indem er den Deckel zurückschlug, und alle drei schrieen vor Erstaunen laut auf. — „Das ist ja ein wahrhaftes Dres=dener Gewölbe en miniature," sagte Ernst Rechtler nach einer Pause. „Eine Aladin'sche Zauberhöhle, ein ganzes Golkonda. Mäd=chen! Das ist ein Schatz, der viele Tausende werth sein mag." — Sie beruhigten sich allmählich und besahen die kostbaren Schmuck=sachen in schwarzer antiker Fassung, die wohlgeordnet neben einander lagen. Reiche Perlenschnüre, Armbänder, Ringe und andere Gegen=stände, mit den edelsten Steinen besetzt. Alles reich und kostbar, in Form und Fassung auf einen seit mehreren Generationen vererbten Familienschmuck deutend. Vor Allem zog ein schwerer Siegelring die Aufmerksamkeit des Actuars auf sich. Auf demselben befand sich zwischen zwei großen Diamanten eine goldene Platte mit einem kunst=reichen Wappen verziert. Er drehte den Ring nach allen Seiten, als hoffe er irgendwo ein Zeichen zu finden, das auf den rechtmäßigen Besitzer schließen lasse. Plötzlich gab einer der Diamanten dem Drucke des Fingers nach. Sofort schob sich die goldene Platte zurück und unter derselben ward ein verschlungener Namenszug mit einer Grafen=krone darüber sichtbar. „Das wird uns zum Ziele führen!" sagte Ernst Rechtler und zeigte den Damen die gemachte Entdeckung. Sie vertieften sich so sehr in allerlei Vermuthungen, daß der Bräutigam weit über die gewöhnliche Zeit blieb und Alle erschraken, als der Wächter draußen die eilfte Stunde abrief. Alles wurde sorglich ein=gepackt, und beim Scheiden empfahl Ernst Rechtler seiner Braut die treueste Hütung des seltenen Schatzes.

Der Actuar erfreute sich sonst eines ziemlich gesunden Schlafes. In dieser Nacht aber beschäftigte ihn das anziehende Abenteuer sehr. Erst mit dem Grauen des Tages schlief er wirklich ein.

Am andern Morgen war Ernst Rechtler der letzte in der Schreib=stube. Er setzte sich ohne zu sprechen an seinen Platz, wo er sein Arbeitspensum bereits vorfand. Der Polizeirath, der im Nebenzimmer von seinem Bureau aus das späte Kommen wohl bemerkte, brummte vor sich hin: „Nun fängt der auch an, nachlässig im Dienst zu wer=den. Bis jetzt war er der einzige, auf den ich mich verlassen konnte."

Dann aber setzte er laut hinzu: „Herr Actuar Rechtler, wenn Sie
die Ihnen zugeschriebenen Sachen durchgesehen haben, erstatten Sie
mir sogleich Bericht." — Der Actuar verbeugte sich und machte sich
an die Arbeit. — Unter den vor ihm liegenden Papieren befand sich
auch eines, das der Polizeirath noch nicht gesehen hatte. Es war das
ein vertraulicher Bericht an das Polizeiamt, worin dasselbe ersucht
ward, über die darin beregte Angelegenheit insgeheim die sorgfältigsten
Nachforschungen anzustellen. Man werde dies um so eher können,
da eine freilich nur unsichere Spur nach jenem Theile der Provinz
hinweise. Plötzlich sprang Rechtler auf und konnte einen Ausruf des
Staunens nicht unterdrücken.

„Was haben Sie?" fragte der Polizeirath, der eben in die
große Stube trat. — „Ich möchte ein wenig in's Freie gehen, ich habe
eine schlechte Nacht gehabt," sagte Rechtler. — Mit diesen Worten
war der Actuar aus dem Dienstlokal. Der Polizeirath war verwundert;
er nahm sämmtliche Papiere, die auf dem Pult des Actuars lagen,
mit sich in seine Stube. Ernst Rechtler war unterdessen im Sturm=
schritt zu seiner Braut geeilt, ohne einen Blick auf die Annonce zu
werfen, die an allen Straßenecken und Brunnen klebte und mit den
Worten anfing: „Zweihundert Thaler dem ehrlichen Finder." Mit
großer Verwunderung sahen die Frauen ihn eintreten, denn ein Besuch
zu dieser ungewohnten Stunde hatte während der ganzen Dauer ihrer
Bekanntschaft nicht stattgefunden. Noch mehr aber staunte die Braut,
als der Bräutigam ohne weitere Einleitung ihr zurief: „Geschwind,
liebe Minna, hole mir doch das Kästchen, das Du gestern Abend ge=
funden hast. Eile sehr, ich bitte Dich." — Minna gehorchte, und
die Mutter suchte zu erfahren, was ihren zukünftigen Schwiegersohn
in eine solche Aufregung versetzte. Der aber hörte kaum hin, sondern
sagte nur: „Ich habe eine Vermuthung! Eine seltsame Vermuthung!"
— nahm der eintretenden Minna das Kästchen ab, öffnete es, schlug
den Deckel zurück und rief: „Es ist richtig! Ganz richtig!"—„Was
ist denn richtig?" fragte Minna halb schmollend, halb ängstlich.
„Werde ich nun bald erfahren, was vorgeht?" — „Verzeihe, mein
Kind, wenn ich es Dir nicht sage," entgegnete Ernst Rechtler bittend.
„Es ist eine delicate Angelegenheit und es könnte möglich sein, daß
ich mich irrte, so gewiß ich meiner Sache auch zu sein glaube. Was
aber das Kästchen betrifft, so werde ich es mit Deiner Erlaubniß mit=
nehmen." — „Wie? Kaum daß ich alle diese Herrlichkeiten flüchtig
gesehen habe, soll ich sie auch schon wieder missen?" — „Daß dies
über kurz oder lang geschehen mußte, hast Du Dir selbst bei dem

erſten Anblick dieſes Schatzes geſagt. Und im Grunde iſt man froh, ſolche Koſtbarkeiten, an die man doch kein Recht hat, mit Ehren wieder los zu ſein. Dein Finderlohn ſoll Dir unverkürzt werden." Hierauf empfahl er ſich mit dem Verſprechen eines baldigen Wiederſehens. —

Der Wirth zum grünen Baum, der ſich von dem Aerger des geſtrigen Tages kaum erholt hatte, befand ſich ſchon wieder in gleicher Aufregung. Ernſthaft verdroß es ihn, daß der geheimnißvolle Fremde, der ſich das erſte Mal gar nicht um ihn kümmerte, jetzt bereits unzählige Male nach ihm rief und mit ſteigender Ungeduld fragte, ob ſich noch Niemand eingefunden, der die 200 Thaler durch Ablieferung des verlorenen Käſtchens verdienen wolle. Erſt vor wenigen Minuten war der Wirth aus dem Zimmer des Fremden gekommen, als der Actuar eintrat, ihn bei der Hand in die entfernteſte Ecke der großen Gaſtſtube zog und mit gedämpfter Stimme fragte: „Iſt der unangemeldete Fremde noch hier?" — „Ja!" antwortete der Wirth eben ſo geheimnißvoll. — „So ſorgen Sie zuvörderſt für einige handfeſte Leute, die ſo aufgeſtellt werden, daß ſie jede Flucht des Fremden hindern. Dann gehen Sie hinauf und ſagen buchſtäblich Folgendes: „Es iſt ein Mann da, der über das Verlorene Auskunft geben kann und deshalb ſeine Aufwartung zu machen wünſcht." — Die Leute wurden beſorgt. Der Wirth eilte hinauf und der Actuar folgte ihm. Der Fremde kam dem Letzteren mit großer Höflichkeit entgegen und fragte, womit er dienen könne. — „Ich wünſchte, Ihnen zu dienen," entgegnete der Actuar mit einer Verbeugung, „vorausgeſetzt, daß ich es im Stande bin. Sie haben, wie ich aus der öffentlichen Bekanntmachung erſehe, ein Käſtchen verloren?" — „Ja, mein Herr!" — „Es war Ihr Eigenthum?" — „Ja, mein Herr, und ich bitte...." — „Erlauben Sie. Wenn Sie der Eigenthümer ſind, können Sie es auch beſchreiben." — Der Fremde that es, und der Actuar ſagte: „Ganz recht. Ich habe alſo die Ehre, mit dem Herrn Grafen von Vertpré zu ſprechen, denn ihm gehört das Wappen, welches den Deckel ſchmückt."— Der Fremde verbeugte ſich zuſtimmend. — „Die Sache iſt ſonach außer allem Zweifel, und ich werde das Vergnügen haben, dem Herrn Grafen zu ſeinem Eigenthum zu verhelfen. Nur um der Form willen bitte ich, der Herr Graf möchten ſo gütig ſein, mir die einzelnen Stücke zu bezeichnen, welche das Käſtchen enthält, damit wir uns Beide überzeugen, daß Sie der rechtmäßige Beſitzer ſind. Darf ich bitten?" — Der Graf erfüllte den Wunſch des Actuars. Als er endete, fragte Letzterer: „Iſt das Alles?" — „Ja!

doch nein, ich irre mich. Auch ein Siegelring ist dabei. Auf einer
großen Goldplatte ist mein Wappen zwischen zwei Diamanten ange=
bracht." — „Mit dieser Angabe sind alle Zweifel gehoben, und ich
bitte Sie, mir mein Mißtrauen nicht übel zu deuten. Sie wissen auch
zuverlässig, was es mit den Diamanten für ein Bewandtniß hat?"
— „Eine Bewandtniß? Mit den Diamanten?" fragte der Graf
und wechselte die Farbe. „Ich weiß von keiner Bewandtniß. Die
Diamanten sind eben Diamanten und weiter nichts." — „Besinnen
Sie sich, Herr Graf," sagte der Actuar. „Sollten Sie nicht wissen,
daß die Diamanten verschiebbar sind?" — „Ganz recht! Verschieb=
bar!" — „Und daß, wenn man sie verschiebt, plötzlich ... Nun,
Herr Graf, was geschieht dann?" „Es geschieht nichts!" entgegnete
dieser und setzte trotzig hinzu: „Fast gewinnt es den Anschein, als ob
ich hier auf der Anklagebank säße." — „Allerdings kann aus dem
Fauteuil (Lehnstuhl), den Sie einnehmen, eine Anklagebank werden,"
sagte der Actuar gleichfalls sehr ernst. „Ihre Beschreibung der ge=
nannten Kostbarkeiten ist so mangelhaft, daß Sie unmöglich der Be=
sitzer derselben sein können, und es ist zu erweisen, wie dieselben in
Ihre Hände gekommen sind. Bis das geschehen, werden Sie dies
Zimmer nicht verlassen. Ich bin der Polizei=Actuar Ernst Rechtler."
— Der Fremde erbleichte und sank stumm in seinen Sessel zurück.
Der Actuar ging hinaus und zwei handfeste Männer nahmen vor
der Thür des Zimmers Platz.

Der Wirth zum Wallfisch, von dem der „Grüne Baum" ver=
schlungen zu werden fürchtete, rieb sich indessen vergnügt die Hände,
denn ein vornehmer Herr war nebst seinem Gefolge in zwei Vier=
spännern vorgefahren, hatte mehrere Zimmer belegt und sich dann
sofort auf das Polizeiamt begeben. Der Polizeirath ging dem vor=
nehmen Besuch entgegen und erkundigte sich nach seinem Begehr. Der
Fremde erwiederte: „Ich bin der Graf Alois de Vertpré, gehöre zu
den neuerdings Emigrirten, und habe, wie Ihnen vielleicht bekannt
ist, mich in diesem Theile der Provinz angekauft. Vor Kurzem ist bei
mir ein Diebstahl begangen, der mir nicht nur einen großen Verlust
an Geld und Juwelen zufügte, sondern mir wegen einiger unschätz=
baren Familien=Kleinode noch weit empfindlicher ist. Ich habe des=
halb ..." Der Rath suchte begierig eine Gelegenheit, den Grafen
zu unterbrechen und zeigte einen Brief vor: „Wir sind bereits von
dem unerhörten Attentat auf Dero Vermögen in Kenntniß gesetzt und
werden alle Anstalten treffen, die Verbrecher zu entdecken." — „Es
sind aber während der Zeit neue Indicien hinzugetreten, welche den

Stand der Sache verändern," sagte der Graf. „Deshalb habe ich mich selbst für einige Zeit hierher begeben. Der Diebstahl kann nur von Leuten begangen sein, die mit den Localitäten vollkommen bekannt sind, und ich will Ihnen im Vertrauen mittheilen, daß ich fürchte, mein Haushofmeister, den ich kürzlich in einer sehr wichtigen Angelegenheit verschickte, und der noch nicht zurückkehrte, ist bei dem Verbrechen betheiligt. Obgleich ich von dem Orte seiner Bestimmung einen Brief von ihm empfing, weiß ich doch gewiß, daß er dort nicht eingetroffen ist." — „Das wissen solche Spitzbuben schon in die Wege zu leiten," sagte der Rath etwas voreilig. „Wenn der Herr Graf die Gnade haben wollen, mir in Bezug auf den verdächtigen Haushofmeister einige nähere Mittheilungen zu machen, werde ich im Stande sein, die richtige Spur zu finden, die unfehlbar zur Ergreifung des Verbrechers führt."

„Und ich habe ihn bereits ergriffen," sagte der eintretende Actuar, sich vor dem Grafen verbeugend. — „Wie ist das? Was sagt man?" fuhr der Rath auf. Der Graf aber sprach: „Reden Sie die Wahrheit, junger Mann, und erhalte ich wieder, was ich so schmerzlich vermisse, so rechnen Sie auf meine unbegrenzte Dankbarkeit." — „Vielleicht bin ich so glücklich, Ihren Wunsch gleich erfüllen zu können," entgegnete der Actuar und überreichte dem Grafen das Kästchen, welches seine Minna am Abend vorher gefunden hatte. Der Graf begrüßte das vermißte Kleinod mit dem größten Entzücken und sagte: „Ich wiederhole es Ihnen: Sie können auf meine unbegrenzte Dankbarkeit rechnen. Fordern Sie, was Sie wollen, und es ist Ihnen gewährt. Aber erklären Sie mir, wie Alles zuging."

Das ganze Bureau drängte sich herbei. Der Rath versteckte den Aerger, daß er durch den Actuar um den fetten Fang gebracht sei, hinter einem vornehmen Achselzucken und meinte, das hätte Jeder gekonnt. Ernst Rechtler erzählte den ganzen Hergang und sagte dann: „Nun folgen Sie mir zum Grünen Baum und sagen Sie mir, ob der Inhaftirte wirklich der treulose Haushofmeister ist." — Er war es in der That. In wenigen Augenblicken war das Geständniß abgelegt und der Dieb in Gewahrsam gebracht. Der Graf lud in der Freude seines Herzens die sämmtlichen Beamten zu einem solennen Diner (herrlichen Mittagsessen) ein, und der Baumwirth hatte den Schmerz, zu sehen, wie der Wallfisch ihm auch diesen kostbaren Bissen wegschnappte.

Hiermit schließt die Geschichte von dem gefundenen und gestohlenen Kästchen. Ich kann aber noch mittheilen, daß ich auf einer

Sommerreise in einem der Thüringischen Bäder die Bekanntschaft des Justiz=Amtmanns Ernst Rechtler machte, der jetzt eine angenehme Stellung auf den weitläufigen Besitzungen des Grafen Alois de Vertpré gefunden hat, und daß die Frau Justiz=Amtmännin eine der liebenswürdigsten Frauen ist, die mir dort begegneten.

Der ertappte Dieb.

Nachdenkend stand eines Morgens der alte Lehrer Müller vor seinem Holzhaufen neben dem Schulhause und sah, daß sein Holz= vorrath außer ihm noch andere Liebhaber hatte und nach jeder Nacht eine neue Lücke sichtbar wurde. Zwar brauchte er das Holz nicht zu kaufen, die Gemeinde lieferte es ihm, aber er hatte es selbst ge= sägt und gespalten und wollte dies nicht für andere Leute gethan haben. Sein Nachbar, der Tischler, der gerade vorüber ging, rief ihm spöttelnd zu, das Holz sei noch nicht recht trocken und schwinde deshalb, was er als Tischler am besten wisse; der Schullehrer aber dachte, ich will ihm schon was gegen das Schwinden eingeben.

Nachmittags zog er den Rock an, ging in die Stadt und kaufte ein Pfund Schießpulver. Als er am Abend zurückgekehrt war, holte er im Dunkeln drei der stärksten Klötze von seinem Holzhaufen in die Stube, bohrte in jeden ein Loch, füllte es mit Pulver und ver= schloß es mit einem Zapfen, so daß man nichts davon bemerkte, wenn man's nicht extra untersuchte. Darauf legte er die Klötze oben auf seinen Haufen. Jeden Morgen sah er darnach und schon am zweiten Morgen fehlten zwei dieser Klötze. Abends darauf saß er gerade bei seiner Suppe, als plötzlich ein Knall, Scheibengeklirre und Geschrei aus dem Hause des Tischlers hertönten. Er wußte schon, was es zu bedeuten hatte, ging langsam zum Fenster, erschrak aber nicht wenig, als des Tischlers Leute mit dem Rufe „Feuer!" auf die Straße stürzten und nun die ganze Nachbarschaft dem rauchenden Hause zueilte. Das hatte er denn doch nicht gewollt. Es war aber zum Glück nicht so gefährlich; mit ein paar Eimern Wasser war dem Feuer alsbald Einhalt gethan, ehe noch der Schul= lehrer zur Hülfe herbeikam. „Was hat's denn gegeben, Nachbar Tischler?" fragte er schmunzelnd. „Ach," schrie die Tischlerin, „mein Mann ist in der Stube und hobelt, und ich schüre das Feuer, als mit einem Male es einen Knall thut, als schlüge der Blitz in das Haus; mir fährt das Feuer ins Gesicht" — „und," fällt der

Tischler seiner Frau ins Wort, „in der Stube ist Alles plötzlich im
Feuer, so daß wir nicht schnell genug hinausspringen können. Da
seht nur, der Ofen ist in lauter Stücke gesprungen, keine Scheibe ist
mehr ganz und die Kartoffeln liegen unter der Hobelbank." „Das
hoben uns die bösen Leute angethan, denn mit rechten Dingen ist's
nicht zugegangen," jammerte die Frau, und auch der Tischler erklärte: Hier sei Hexerei mit im Spiele. „Nachbar Tischler," sagte
der alte Schullehrer nun ganz bedächtig, indem er den Angeredeten
auf die Achsel klopfte, „Nachbar Tischler, es scheint, Euer Ofen
kann das grüne Holz nicht vertragen. Versteht Ihr mich?" Seitdem hat des Lehrers Holzhaufen Ruhe.

Der deutsche Handwerker und seine Zukunft.

Daß der deutsche Handwerker schon jetzt in keiner beneidens-
werthen Lage sich befindet, wird dadurch klar, daß die seit mehreren
Jahren anhaltende Theuerung vieler Lebensbedürfnisse ihn empfindlicher drückt als jeden Andern. Alle Lebensmittel, die er kaufen
muß, stehen in keinem Verhältniß zu den Preisen seiner Arbeit. Er
kann nicht so viel mehr fordern als sonst, wo die Lebensmittel wohlfeil waren, im Gegentheil, er soll seine Arbeit noch wohlfeiler liefern
als ehemals und wird genöthigt, es zu thun, weil die Fabrikanten
die Preise immer mehr herabdrücken. In Zeiten der Noth läßt es
auch der Begüterte, der Wohlhabende, der Staatsdiener 2c. anstehen,
die Hülfe des Handwerkers in Anspruch zu nehmen und läßt nur das
machen, was er durchaus nicht entbehren kann. Man sollte zwar
meinen, daß der Bauernstand, der seit einer Reihe von Jahren sich
sichtbar hebt und gute Zeiten hat, mehr Bedürfnisse habe und für
das Haus mancherlei Hausgeräthe sich anschaffe, die er früher ent-
behrte, allein das ist in der Regel nicht der Fall, da er darauf denken
muß, sich schuldenfrei zu machen, und durch die Ablösung von Zehnten
und Lehnsgefällen größere Zahlungen zu leisten hat, als sonst.

Man hat den Handwerksstand zu heben und zu halten gesucht
durch die Wiedereinführung des Innungswesens, durch Abgrenzung
der Arbeitsbefugniß, durch Festsetzung der Meisterzahl, durch Er-
richtung von Gewerbegerichten 2c., allein damit ist ihm wenig oder
nichts geholfen. — Soll der Handwerksmann nicht einer sehr trüben
Zukunft entgegen gehen, soll er der immer größer werdenden Con-
currenz und der Zunahme der Fabriken nicht unterliegen, so muß er
mit allem Ernst wieder zu den alten einfachen Mitteln des Hand-

werkerstandes zurückkehren, er muß sich in seinem Gewerbe geschickt, solid, fleißig, sparsam und — fromm beweisen. Der Handwerks= mann muß von frühem Morgen bis zum späten Abend bei der Arbeit sich finden lassen, er muß das Seine um so mehr zu Rathe halten, als ihm meistens das Kapital fehlt, er darf nicht die besten Tages= stunden verbummeln, er kann nicht jeden Abend sich ins Wirthshaus setzen, und um zur Arbeit stets frohen und guten Muth zu haben, muß er seinem Gott vertrauen, und an seiner Werkstätte muß der alte gute Spruch: „Mit Gott fang an, mit Gott hör' auf, das ist der beste Lebenslauf," wieder mehr zur Wahrheit werden. Wenn das geschieht, dann wird auch im rechten und guten Sinne der Sonntag ihm ein heller und lieblicher Ruhetag werden, er wird den Ruf der Sonntagsglocken nicht vergebens an sein Ohr und in sein Herz dringen lassen, sondern ihm Folge leisten, er wird nicht den Tag des Herrn durch Lustbarkeiten und Zerstreuungen aller Art ent= weihen und leichtsinnig den Verdienst der Woche vergeuden, sondern das Erworbene zusammenhalten und immer mehr erfahren, daß an Gottes Segen Alles gelegen ist. Das alte Wort: bet' und arbeit', so hilft Gott allezeit, gilt zwar für jeden Stand und Beruf, aber vornehmlich auch, wenn seine Zukunft heller und besser werden soll, für den Handwerksstand.

Gegossene Steine

kommen in England mehr und mehr in Gebrauch, seit es einem Herrn Adcoc gelungen ist, eine Basaltmasse in jede beliebige Form zu gießen, dieselbe wie flüssiges Eisen zu behandeln und damit alle mög= lichen Ornamente herzustellen, die sonst nur der Meißel des Stein= metzen hervorbrachte. Er bringt den Basalt durch Feuer in Guß und dies giebt eine Art von schwarzer Glasmasse, die sehr hübsch ist. Es kam aber darauf an, sie wieder in Stein zu verwandeln. Das ist gelungen und Herr Adcoc bereitet neu gegossenes Mauerwerk, er gießt ganze Häuserfronten. Diese Erfindung ist für die Vervielfäl= tigung von Kunstwerken sehr wichtig, aber sie ist auch für das täg= liche Leben von Belang. Dieser Basaltguß wird verwandt zu Pflaster, Gas= und Wasserröhren, Bedachung für Häuser und Bahnhöfe; denn das „schwarze Glas" läßt sich walzen und rollen. Es ist geädert wie Malachit oder Marmor, kostet nur ein Sechstel des gewöhnlichen Ma= terials und Wind und Wetter machen darauf gar keinen Eindruck.

Die Jagdscheine.

Bei einer der großen Jagden in den königlichen Forsten der Mark waren von dem König Friedrich Wilhelm IV. auch die Herren Minister=präsident von Manteuffel und General=Feldmarschall v. Wrangel einge=laden. An dem Saume eines Waldes in Sichtweite von einander postirt, warteten sie mit ächt waidmännischer Geduld der Dinge, die da kommen würden. — Und siehe da, es kamen welche, aber ganz andere als die erhofften. Zwar war es auch ein vierfüßiges Thier, aber es war kein solches, welches wir unter die wilden zu zählen und auf das wir am allerwenigsten zu schießen pflegen, um so weniger noch, wenn, wie hier, auf demselben ein Mann sitzt, der bei uns ein Stück Obrigkeit ist und sich auf gut deutsch „Gensdarm" nennt. — Ein solches Wesen kam plötzlich auf seine Excellenz den Ministerpräsidenten v. Manteuffel angesprengt, und nachdem er denselben höflich gegrüßt, begann er also: „Dürfte ich bitten, mir Ihren Jagdschein zu zeigen!" — „Jagdschein?" erwiederte die Excellenz frappirt. — Der Minister hatte wohl in der Kammer sehr viele langweilige Reden über Jagdscheine und dergleichen mit angehört, aber bis dato hatte er noch keinen Gebrauch davon gemacht, am aller=wenigsten war er aber im Besitz eines solchen, in Preußen zur Jagd=ausübung erforderlichen Papieres. — „Ich habe keinen." — „Das ist schlimm," entgegnete der Gensdarm, indem er seine rothe Saffianbrief=tasche, die schon neugierig und diensteifrig aus dem Waffenrock hervor=guckte, auseinanderschlug; „da darf ich wohl um Ihren Namen bitten." — „Ich bin der Ministerpräsident von Manteuffel." — Der Gensdarm verbeugte sich vom Pferde herab und sah die Excellenz etwas ungläubig an. — „Ich habe nicht die Ehre, Excellenz zu kennen. Können Sie sich durch irgend ein Papier legitimiren?" — Excellenz fing an zu suchen; vorne und hinten, in allen Taschen; aber er, der sonst in Papieren bis über den Hals saß, dem sie so oft zum Ueberdruß wurden, er suchte vergeblich nach dem kleinsten Stückchen. — „Ich sehe eben, daß ich keine Legitimation bei mir habe, aber wissen Sie, da unten an der Eiche, da steht ein Bekannter von mir, der kann mich vielleicht recognosciren." — Und alsbald wanderte Excellenz mit seiner Escorte zu seinem Bekannten. Der Gensdarm grüßte und es begann dieselbe Scene. — „Dürfte ich um Ihren Jagdschein bitten, mein Herr!" — General Wrangel ist be=kanntlich ein sehr gemüthlicher Mann, aber etwas geradezu. „Was fällt Ihnen denn ein, ich habe keinen!" Wieder erschien die gefürchtete rothe Brieftasche auf der Scene; der Bleistift wurde naß gemacht und den Zügel über den Arm gehängt, fing der Vertreter des Staates und des Gesetzes, legitimationslosen Individuen gegenüber hier die erste Person, zu schreiben an. — „Darf ich um Ihren Namen bitten?" — „Ich bin der General=Feldmarschall v. Wrangel." — Dem Gensdarm zuckte es durch den Körper, und alsbald saß er in militairischer Postur. „Ich habe nicht die Ehre, Herr Generalfeldmarschall, Sie von Person zu kennen, und meine Pflicht erfordert es, Sie um Ihre Legitimation zu bitten." — „In des Teufels Namen, Gensdarm, wenn ich sage, ich bin's, dann bin ich's. Haben Sie mich nicht verstanden. Warum kennen Sie mich nicht?"— „Excellenz, ich hatte noch nicht die Ehre. Ich muß des=

halb auf meinem Verlangen bestehen: „Ihre Legitimation!" — Dem
General fing's an, warm zu werden. — „Himmel Schwerenoth, lassen
Sie mich mit Ihrer Legitimation in Ruhe oder das — im Uebrigen
haben Sie ja einen Herrn mitgebracht, der mich legitimiren wird; ach
lieber Manteuffel." — Der „liebe Manteuffel" stand schon lange und
freute sich ganz unendlich, trotz des Jagdeifers, den Vater Wrangel in
„Harnisch" gebracht zu sehen; er zuckte die Achseln. „Der Herr," entgegnete der Gensdarm, „wollte eben von Ihnen recognoscirt sein, Excellenz!" — „Aber das ist eine ganz verfluchte Geschichte. Was sollen
wir denn nun machen, Gensdarm, wenn Sie uns nicht glauben wollen?"
— Ich muß bitten, daß die beiden Herren mir zum Dorfe folgen, vielleicht wird der Herr Landrath —". „J, da denk' ich ja gar nicht
dran — nu, Manteuffel, Herr Staatsrath, nun rathen Sie sich mal
selbst!" — „Ja," erwiderte der Ministerpräsident, da bleibt nichts übrig,
als gute Miene zum bösen Spiel zu machen, — dem Gesetze Unter-
werfung und wir müssen folgen!" — „Nein ich werde mich hüten, wegen
der Lappalie meinen Stand hier zu verlassen, die Treiber können jeden
Augenblick das Thier anbringen und ich habe gewettet — ach, wissen
Sie was, Manteuffel —" und er flüsterte herzlich lachend dem Ministerpräsidenten ins Ohr. Dieser lächelte und nickte übereinstimmend. —
„Hören Sie, Gensdarm, wir werden mitkommen, aber da drüben beim
hohen Laubholz, da steht unser Jagdkamerad, fragen Sie doch den auch,
dann können wir ja uns alle Drei zusammen zu dem Herrn Landrath
transportiren lassen. Der wird sich gewiß recht freuen." — Und hinüber ging's zum Laubholz. Voran weg, rüstigen Schritts, die beiden
Excellenzen; hinten nach, hoch zu Roß, des Landraths bewaffneter Arm,
sein gefürchteter Assistent, der Gensdarm. — Man war zur Stelle. Ein
corpulenter Mann, im einfachen Jagdcostüm, ein kurzes Fernglas in der
einen, die Büchse in der andern Hand, erwartete sie lächelnd. Bereits
von weitem hatte er ihre Annäherung durch sein Glas beobachtet. Der
Gensdarm ritt heran und grüßte artig. — „Was wünschen Sie?" —
„Darf ich um Ihren Jagdschein bitten?" — „Ja wohl!" Eilig griff
der Herr nach seiner Seitentasche und nahm daraus einen Jagdschein,
den er dem Gensdarmen überreichte. — Der Gensdarm schlug das Papier
auseinander, aber in demselben Augenblick sprang er auch vom Pferde,
und es mit der rechten Hand am Zügel führend, gab er den Schein ehrfurchtsvoll zurück. — Es war ein in aller Form auf den Inhaber „Seine
Majestät den König von Preußen, Friedrich Wilhelm IV." ausgestellter
Jagdschein. — „Majestät haben wohl die Güte," begann nun der General Wrangel, uns bei dem Manne zu recognosciren, damit er die
Freundlichkeit hat, uns wieder auf unsere Posten zu lassen." — Der
König lachte herzlich. — „Lieber Freund, ich kenne die Herren und bürge
für sie. Genügt das?" Der Gensdarm verbeugte sich und sprengte auf
den Wink des Königs davon. — „Meine Herren, auf Ihre Posten,"
rief dieser, „und wenn Sie wieder zur Jagd gehen, erinnern Sie sich
daran:

Die Moral von der Geschicht',
Vergesset Euren Jagdschein nicht."

———

Der edle Muſelmann.

In Damaskus war ein Verbrecher zum Tode verurtheilt worden, und wurde zum Richtplatze geführt, um die Todesſtrafe zu erleiden. Dem Tode ſo nahe, ergriff ſeine Seele der quälende Gedanke, daß er ſein Weib und ſeine Kinder nicht noch einmal ſehen, nicht von ihnen Abſchied nehmen könne. Da erhob er ſeine Hände und rief: Giebt es denn unter den Vielen, die hier ſtehen, kein edles Herz, das für mich einſtünde, daß ich Weib und Kinder noch einmal ſähe, ehe ich ſterben muß?" — Der Wagen, darauf der Verbrecher ſaß, hielt an und eine Todesſtille herrſchte unter den Volkshaufen, die ſich geſammelt hatten. Der flehende Ruf des Unglücklichen hatte durchgeſchlagen. Die Herzen waren tief davon ergriffen. Plötzlich trat aus der Menge ein vornehmer Türke und fragte den Verbrecher: „Wo ſind die Deinen?" — „In Salahije finde ich ſie." erwiederte dieſer. — Der Ort Salahije liegt ganz nahe bei Damaskus. — „Wie lange glaubſt Du, Zeit nöthig zu haben, die Deinigen noch einmal zu ſehen?" fragte der Türke weiter. — „Eine Stunde," ſprach der Verurtheilte, „wenn's hoch kommt." — „Und Du kehrſt in einer Stunde wieder?" — „Ja, das ſchwöre ich dir bei dem Barte des Propheten!" rief der Verbrecher. — „Und Du," wandte ſich jetzt der Türke zu dem Scharfrichter, „wirſt Du eine Stunde warten mit der Hinrichtung?" — „Ich darf und werde es," entgegnete dieſer: „aber," ſetzte er ſcharf betont hinzu, „bedenke wohl, was Du thun willſt! Kehrt er nicht wieder, ſo ſchlage ich Dir in jedem Falle den Kopf ab." — „Ich vertraue ihm," ſagte der vornehme Türke. „Laß ihn los und feſſele mich! Mir geſchehe, wie Du geſagt haſt." Bewundernd — und doch mit ſtarkem Herzklopfen blickte das Volk auf den hin, der ſolchen Edelmuth bewies. Des Verbrechers Feſſeln wurden gelöſt und dem Türken angelegt. Bald war der Verbrecher verſchwunden. Stärker pochten die Herzen der Umſtehenden. Die Angſt für den Einſteher mit edlem, menſchlich fühlendem Herzen wurde groß und größer. Sie ſteigerte ſich von Minute zu Minute. „Wird er Wort halten?" flüſterten ſie ſich zu. Andre beteten zu Gott für den Unſchuldigen, deſſen Kopf fallen mußte, wenn Jener treulos war. — Der Verbrecher lief keuchend nach Salahije. Er ſchloß die Seinigen noch einmal weinend an ſeine Bruſt; dann riß er ſich los und eilte fort, wenn auch mit blutendem Herzen, dem Orte zu, wo der Zug angehalten hatte und ſeiner wartete. Unterwegs aber kamen ihm heilloſe Gedanken, ob er — nicht ſein Leben retten, in's Gebirge flüchten ſolle? Er ſtand eine Weile — aber dann regte ſich ſein beſſeres Gefühl. „Er iſt für mich, den Verbrecher, eingetreten im Glauben an meine Treue! Nein!" rief er aus, „er hat ſo großen Edelmuth bewieſen; ich darf ihm nicht treulos werden." — Der Weg, den er zurückgelegt, hatte ihn aufgehalten. Der Abſchied von ſeinen Lieben war ihm ſo ſchwer geworden und — hatte ihn länger gefeſſelt, als er gedacht; auch jenes Verweilen in dem Kampfe zwiſchen Treue und Untreue in ſeinem Herzen hatte Zeit weggenommen. — „Die Stunde iſt um!" ſagte der unerbittliche Scharfrichter zu ſeinem edlen Bürgen. „Du haſt Dich für einen Unwürdigen als Bürgen geſtellt. Fluch ihm! — Aber Du mußt für ihn ſterben!" Und der Zug ſetzte ſich langſam nach der Richtſtätte in Bewegung unter lautem Weinen und Wehklagen des Volkes. Selbſt der Scharfrichter war innerlich von Erbarmen bewegt; aber das Urtheil war gesprochen, der Befehl ihm ertheilt; er durfte ihn nicht befreien. — Langsamer, als zu anderen Zeiten, bewegte sich der Zug der Richtstätte zu. Oft wandten sich die Augen zurück — allein er kam nicht, den man erwartete. Die Hoffnung der Rettung des Unschuldigen, des Mannes, der aus Erbarmen gehandelt, der auf Treue und Redlichkeit gebaut, verschwand mehr und mehr. — Jetzt waren sie auf der Richtstätte. Der Stellvertreter, der Bürge, wurde am Oberkörper entkleidet, sein Hals schon entblößt — da vernahm man einen gellenden Schrei in der Ferne. — „Halt ein! Halt ein!" rief das Volk, und der Scharfrichter ließ das entsetzliche Schwert wieder in die Scheide sinken und auch ihn durchrieselte ein unaussprechliches Gefühl. — „Ja, er ist's! Er ist's!" rief froh bewegt das Volk. Der Verurtheilte stürzte athemlos herbei, indem er die Reihen des Volkes durchbrach. — „Laß ihn frei!" rief er von ferne schon. „Hier bin ich! Richte mich!" — Aber der Scharfrichter war tief bewegt, wie die Menge, die ihn im weiten Kreise umgab. Er löste des Bürgen Fesseln, zu dessen Füßen der Verurtheilte sich warf und für seinen Edelmuth ihm dankte; aber der Scharfrichter fesselte auch den Verurtheilten nicht, sondern sprach: „Folget mir zum Pascha!" Und sie folgten ihm und die Menge folgte ihnen zum Pascha, dem der Scharfrichter erzählte, was sich begeben. — Der Pascha wandte sich an den Verurtheilten und fragte: „Sprich', warum hast du die schöne Gelegenheit nicht benützt, dich zu befreien?" — Der Verurtheilte warf sich vor dem Pascha nieder und gestand, er habe gezaudert; er habe mit sich selbst gekämpft; „aber," rief er, „ich hatte geschworen bei dem Barte des Propheten und konnte, durfte ich den Edelmuth dieses Mannes also mit Undank belohnen und allen Moslims den Glauben an Treue und Ehrlichkeit rauben?" — „Du hast ebenso brav geredet, als gehandelt," sagte der Pascha, und so will auch ich Edelmuth zeigen: Gehe hin, Du bist frei! — Deine Schuld ist vergeben!" — Wer denkt nicht hierbei an Schiller's schönes Gedicht: „Die Bürgschaft?" Aber, daß es nicht eine Nachbildung von diesem ist, dafür bürgt der ehrenwerthe Name des berühmten Reisenden Petermann, der diese Geschichte erzählt hat.

Das Scheidewasser.

Wenn der alte Apotheker Häsele, trotz seiner 70 Jahre noch ein munterer, lebhafter Mann, in der Post hinter seinem Schoppen sitzt, und man von dem und jenem, von Erlebnissen in alter und neuer Zeit spricht, um den langen Winterabend hinzubringen, so pflegt er mitunter folgende Geschichte zu erzählen:

Die Kriegszeiten waren schlimm, das ist wahr; aber man ist auch durchgekommen. Wir hier im Städtchen hatten viel von Durchmärschen und Einquartierung zu leiden, aber es gab auch Verkehr, und mancher Wirth wünschte sich in den 20er Jahren die Kriegszeiten zurück. Auch wir in der Apotheke hatten nicht besonders Ursache zu klagen; ich war damals als ein 20jähriger Bursche bei meinem Schwiegervater selig als Provisor beschäftigt und hatte immer vollauf zu thun. An e i n e n Tag aber werd' ich denken und wenn ich 90 Jahre alt werde. Es war anno

14, als es nach Frankreich ging. Statt der lustigen Französchen bekamen wir zur Abwechslung auch wieder einmal derbe, sechsschühige
Kaiserliche zu Gesicht, und bärtige Russen. Es denkt mir noch wie heute.
An einem Samstag ging's durch's obere Thor herein mit Russen, was
das Thor verschlucken konnte, von Morgens 8 Uhr bis Mittags. Hier
und in der Umgegend wurde Rasttag gehalten; das Hauptquartier war
hier in der Post, damals noch der Ochse genannt. Die Hauptmasse war
von den Ziegelgärten an bis gegen Waldbach hin gelagert. Nachmittags
hatte sich der ärgste Strubel gelegt und es wurde ein wenig ruhiger.
Ich war gerade mit Mischen einer Salbe beschäftigt, die, so oft wir
Durchmarsch hatten, reißend abging, und deren deutschen Namen ich jetzt
nicht nennen will. Auf einmal klingelt es und herein traten zwei Russen
mit langen, halbgrauen Bärten, der Uniform nach Unteroffiziere. Sie
schauten sich neugierig um, bis ihr Blick endlich auf einer Reihe von
Flaschen haften blieb. Ich fragte durch Zeichen, was die Herren wünsch-
ten. Sie deuteten auf die Flaschen und sagten: Wutki. Von den aus
Rußland zurückgekehrten Resten der großen Armee hatte ich wenigstens
so viel von der Kosakensprache aufgefangen, daß ich wußte, was Wutki
heißen sollte. Wir in der Apotheke sagen dafür Aqua vitae, Lebens-
wasser, sonst auch spiritus vini, Weingeist, obgleich er aus Kartoffeln
bereitet wird; der gemeine Mann aber sagt auf deutsch Schnaps. Ich
schenkte zwei meiner größten Kelche voll. Die Russen setzten an, und
im Nu waren die Kelche wieder leer. Beide machten aber ein Gesicht
dazu, und husteten und schüttelten sich, als ob ihnen der ganze Inhalt
in die unrechte Kehle gekommen wäre. Dieß dauerte jedoch nur einen
Augenblick, dann schmunzelten sie, strichen sich vergnügt den Bart, schnalz-
ten mit der Zunge und warfen mir mit der Miene höchster Zufriedenheit
einige Kreuzer zu. Einen langen, bedeutungsvollen Blick noch auf die
Flasche werfend, entfernten sie sich.

Eben wollte ich die Flasche wieder an ihren Ort stellen, als ich vor
Schreck beinahe umgesunken wäre. Denken Sie sich, auf der Flasche stand
nicht Aqua vitae, wie ich gemeint hatte, sondern Aqua fortis. Aqua
fortis ist aber, was man im gemeinen Leben S c h e i d e w a s s e r nennt.
Ja, ich hatte den Kerls Scheidewasser eingeschenkt, wie ich zu meinem
Leidwesen mich überzeugen mußte, und zwar nicht etwa verdünntes, sondern regelrecht bereitetes, concentrirtes Scheidewasser. Todesblaß und
stumm vor Entsetzen starrte ich die unglückselige Flasche an, als mein
Principal eintrat und mich fragte, was es gebe. Es dauerte lange, bis ich
meiner wieder so weit mächtig war, um ihm das Vorgefallene mittheilen
zu können. „Sie Unglücksmensch," rief er entsetzt aus, „mußten Sie aber
auch einen solchen Mißgriff thun! Die Kerls sind verloren. Einen Elephanten würde es umbringen, geschweige einen Russen!" Was war nun
zu thun? Keiner von uns Beiden wußte Rath. Wir mußten befürchten,
jeden Augenblick die Apotheke gestürmt und mich oder den Prinzipal oder
alle beide vor ein Kriegsgericht gestellt zu sehen. Vor Angst und Bestürzung konnten wir keine Vorsichtsmaßregeln erdenken, und wir ließen
Alles wie es war, die Flaschen aqua vitae und aqua fortis in fried-
licher Gesellschaft neben einander. So harrten wir der Dinge, die da
kommen sollten. — Indessen verlief der Nachmittag ruhig, und wenn
auch auf der Straße ein buntes Gewoge von Menschen aller Nationen

durcheinander war, so schien sich doch Niemand um die Apotheke und ihren verderbenschwangern Inhalt zu bekümmern. Wir begannen schon Hoffnung zu schöpfen, das Gift werde auf der Stelle gewirkt und den beiden unglücklichen Söhnen der Steppe den Mund für immer geschlossen haben. Eitle Hoffnung! Gegen 8 Uhr Abends etwa, man mußte bald das Licht anzünden, und auf den Straßen war es ziemlich stille geworden, hält eine Truppe von einigen zwanzig Russen vor der Apotheke und bringt ohne weitere Umstände ein. Ich glaubte, mein letztes Stündlein sei nun gekommen. Aber wie mußte ich staunen, als ich die vergifteten zwei Unteroffiziere an ihrer Spitze sah. Sie nickten mir freundlich zu und forderten ihr Wutki! Wutki! in das die ganze Schaar mit einstimmte. Ich holte, dießmal mich gewiß nicht vergreifend, die Flasche mit aqua vitae oder Schnaps herbei und schenkte große Kelche voll ein. Die Unteroffiziere kosteten kopfschüttelnd den Spiritus und reichten ihn ihren Gefährten dar. Diese schauten ungläubig darein und wälschten mit ihren Anführern. Offenbar meinten sie, dies sei nichts Außerordentliches von Wutki, sondern nur gemeiner Schnaps. Die beiden Unteroffiziere aber sagten finster: Nix ma dobri! schoben die Schnapsflasche bei Seite und deuteten so bringend auf die Scheidewasserflasche, daß ich sie herbeiholen mußte. Ich las nun die kleinsten Kelche aus und schenkte Scheidewasser ein. So sehr auch die Trinker Anfangs Grimassen schnitten, ein Lächeln seliger Verklärung schwebte bald in ihren Zügen und die ganze Bande rief: Bakala derum! dobri, dobri Wutki! Die ganze Flasche und noch eine dazu wurde geleert, und wer weiß, wie viel sie noch getrunken hätten, wenn wir noch mehr gehabt hätten. Auch gaben sie sich nicht zufrieden, als bis wir ihnen versprochen hatten, morgen früh vor dem Ausmarsch sei wieder ächter Wutki zu haben.

Wir fertigten über Nacht 5 Maaß Scheidewasser und des andern Morgens um 6 Uhr hatten wir nicht einen Tropfen mehr. Was sie auf der Stelle nicht tranken, füllten sie in ihre Feldflaschen, zahlten mit blankem Silber aus und ritten weiter. So gut auch die Geschichte abließ, so schüttelt es mich doch heute noch, wenn ich an die 5 Stunden Todesangst denke, die ich durchlebte, und ich habe mich seither wohl gehütet, irgend Jemanden, und wäre es auch ein Russe aus dem innersten Sibirien heraus, Aqua fortis statt Aqua vitae zu verabreichen.

Einer hilft dem Andern.

Wenn wiederum die Zeit kommt, wo der Pflug das Stoppelfeld durchfurcht, wenn der milde Herbst naht, dann gewährt es dem Freunde der Natur gewiß Vergnügen, die grabitätisch hinterm Pflug einhergehenden Krähen zu erblicken. Wahrlich, ein anmuthig rührendes Bild traulichen Zusammenlebens zwischen Menschheit und Thierwelt. Einer dient dem Andern. Der Landmann durchfurcht die Scholle in seinem Interesse und legt dabei in dem ausgepflügten fetten Engerling Tausenden von Hungerigen ihre erwünschte Speise vor den Schnabel, die hiermit das Ackerfeld von schädlichem Gewürm säubern und hierdurch zugleich ihren Dank für das wohlfeile Mittagsbrod abstatten.

Sprüche.

Das Paradies kann nur in einem reinen Herzen sein,
Trägst du es nicht in dir, so kannst du nicht hinein.

Immer strebe zum Ganzen und kannst du selber kein Ganzes
Werden, als dienendes Glied schließ an ein Ganzes dich an.

Schlecht ist es mit dem Glauben an Gott bestellt,
Wenn man nicht Treue und Glauben dem Nächsten hält.

Kannst du, o Mensch, ein Kind von ganzem Herzen werden,
So wird das Himmelreich schon dein sein hier auf Erden.

Für Böses Gutes geben, ist recht und wohlgethan,
Und daran wird erkannt ein rechter Christenmann.

Wenn nur für jede Lust du wolltest Gott Dank sagen,
Du fändest gar nicht Zeit, noch über Weh zu klagen.

O blicke, wenn die Welt den Sinn dir will verwirren,
Zum ew'gen Himmel auf, wo nie die Sterne irren.

Gedenkst du Gott zu schauen, so dort als hier auf Erden,
So muß dein Herz zuvor ein reiner Spiegel werden.

Gott ist nicht fern von uns, er wirket für und für.
Fühlst du nicht seine Kraft, so liegt die Schuld an Dir.

Willst du dich selber erkennen, so sieh, wie die Andern es treiben,
Willst du die Andern verstehen, blick in dein eigenes Herz.

Kein größeres Heiligthum kann man auf Erden finden,
Als in dem keuschen Leib die Seele rein von Sünden.

Die Todten von Leipzig.

Auf dem Felde dort bei Leipzig rauscht und wogt es in der Nacht:
Es erwachen all die Helden, die geschlagen jene Schlacht,
Jene Schlacht, da deutsches Feuer, von Begeistrung angefacht,
Fiel verzehrend auf des fremden frechen Drängers Uebermacht.

Finster blicken die Gestalten, traurig schütteln sie das Haupt:
„Wehe, wehe, deutsche Erde, die wir sterbend frei geglaubt!
Weh, wer hat des großen blut'gen Sieges Früchte uns geraubt?
Welcher Sturm hat, deutsche Eiche, dich erschüttert und entlaubt?

Weh, vergebens färbte unser Blut die deutsche Erde roth!
Weh, vergebens stürzte Jüngling, Mann und Greis sich in den Tod!
Wie von außen, so von innen, Vaterland, die alte Noth!
Nord und Süden, Ost und Westen überall von Schmach bedroht!

Wann erscheint der Tag, der große, da Ihr, Enkel, Euch ermannt?
Wann zerstört Ihr jenen schlimmen Bann, der uns noch hält gebannt?
Wann wird's tönen von den Alpen bis zum fernen Meeresstrand:
Frei und einig ist das schöne, große deutsche Vaterland?"

Miscellen und Anecdoten.

Die Bevölkerung der Erde. Nach der „Abeille Medicale" ist die Erde von 1288 Millionen Menschen bewohnt. Davon gehören 369,000,000 der kaukasischen, 552,000,000 der mongolischen, 190,000,000 der äthiopischen, 1,000,000 der amerikanischen und 180,000,000 der malayischen Race an. Sie sprechen 3604 Sprachen und bekennen sich zu 1000 verschiedenen Religionen. Es sterben im Jahre etwa 33,333,333 oder an einem Tage 91,954, in einer Stunde 3730, in einer Minute 60, in einer Sekunde, also während jedes Schlages des Herzens 1. Diese Verminderung wird durch eine gleiche Anzahl von Geburten wieder ausgeglichen. Die durchschnittliche Lebensdauer beträgt 33 Jahre. Ein Viertel der Bevölkerung stirbt vor dem 7. und die Hälfte vor dem 17. Jahre. Von 10,000 Personen erreicht nur 1 das 100ste Jahr; von 500 nur 1 das 80ste, und von 100 nur 1 das 65ste Jahr. Die Verheiratheten leben länger als die Unverheiratheten und die Großen, wie es scheint, länger als die Kleinen. Bis zum 50sten Jahre haben die Frauen eine bessere Aussicht länger zu leben als die Männer, nachher sind die Aussichten gleich. 65 Personen von 1000 sind verheirathet. Im Monat Juni und Dezember sind die Heirathen am häufigsten. Im Frühling geborene Kinder sind in der Regel kräftiger als die zu einer andern Jahreszeit geborenen. Geburten und Todesfälle fallen in der Regel auf die Nacht. Die waffenfähige Mannschaft macht ein Achtel der Bevölkerung aus. Die Art und Weise der Beschäftigung übt einen großen Einfluß auf die Lebensdauer aus; so erreichten von je 100 Geistlichen 42, Landwirthen 40, Kaufleuten und Fabrikanten 33, Soldaten 32, Komptoiristen 32, Rechtsgelehrten 29, Künstlern 28, Professoren 27, Aerzten 24 das 70. Jahr. — Es giebt 335 Millionen Christen, 5 Millionen Juden, 600 Millionen gehören den asiatischen Religionen an, 160 Millionen dem Muhamedanismus und 200 Millionen dem Heidenthum. Von den Christen bekennen sich 170 Millionen zur römischen, 76 zur griechischen und 80 Millionen zur protestantischen Kirche.

Die Trauerfarbe verschiedener Völker. Der Europäer trauert schwarz, als Zeichen des Verlustes alles Lichtes, alles Lebens, aller Freude 2c. Der Syrier trauert himmelblau, zur Erinnerung an den Himmel, in den die Todten kommen. Der Aegyptier trauert dunkelroth, um dadurch das Ende aller irdischen Hoffnungen wie welke Blätter zu bezeichnen. Der Aethiopier trauert grau, grau ist die Mutter Erde, zu der die Todten zurückkehren. Der Japanese trauert weiß, als Sinnbild der Reinheit des Lebens des Geschiedenen.

Alter von Krebsen und Hechten. Ein Graf von Winzenburg im Hildesheimischen ließ einem gefangenen jungen Krebs ein feines Blech mit der Jahreszahl umhängen und ihn wieder aussetzen, auch außerdem es anmerken. 65 Jahre darauf, als der Graf längst todt war, wurde der Krebs als ein ungeheuer großes Exemplar mit dem Bleche um den Hals wieder gefangen. — In dem See, die Kaiserswag genannt, wurde im Jahr 1497 ein Hecht gefangen, 350 Pfund schwer und

19 Schuh lang, welcher, laut einer an ihm gefundenen griechischen
Schrift an einem vergüldeten Ring und Kettlein, von Kaiser Friedrich II.
am 5. des Weinmonats 1230 hineingesetzt war. Er war also 267 Jahre
alt geworden und wurde am Hofe zu Heidelberg verspeist.

Für junge Damen. Wir Männer beobachten, daß die jungen
Damen von heute, wie wir selbst, in Vieles verstrickt sind, wovon
wir zum großen Nachtheil für Zeit und Beutel nicht loskommen können,
aber von etwas haben sich jetzt namentlich die jungen Mädchen fast
ganz frei gemacht, vom — Strickstrumpf. Sie häkeln lieber. Man
sollte aber meinen, es gäbe jetzt Häkeleien genug in der Welt und es
wäre für die schönen Leserinnen immer besser, sie blieben nicht so häkelig,
sondern verstrickten sich wieder — nicht in das und jenes, sondern in
Wolle und Baumwolle.

Warum ein Kandidat Pfarrer wird. In einem Dorfe sollte
ein Pfarrer gewählt werden, und eben ritt am Sonnabend Abend der
dritte Kandidat, ein armer junger Mann, welcher die Probepredigt thun
sollte, dem Dorfe zu. Und ein Knabe, der in der Mühle Mehl geholt,
keucht mühsam vor ihm her, schwitzt erbärmlich und denkt, wenn er auch
nur ein Pferd oder einen Esel hätte. Und den Kandidaten dauert der
Knabe. Er spricht: „Kindlein, steig auf den Straßenstein und leg dein
Mehl hinter mich aufs Pferd. Es trägt's leichter als du." Und ehe
sie das Dorf erreicht, wird's Nacht, der Knabe erhält sein Mehl und der
Kandidat reitet in's Wirthshaus. — Des Kindes Eltern wundern sich,
daß der Christian schon da sei und er erzählt so und so: es sei ein
fremder Herr gewesen, etwa ein Kaufmann oder so einer. Wie ist aber
der Knabe verwundert, als er des andern Tages den fremden Herrn
auf die Kanzel steigen sieht, und er zupft die Mutter und sagt: „Mutter,
das ist der Kaufmann, der meinen Mehlsack aufs Pferd genommen."
Das gefiel der Mutter und die Geschichte wurde ruchbar von Haus zu
Haus und am nächsten Dienstag wird der arme Candidat fast einstimmig
gewählt, weil diese Denkart allen Leuten wohl gefallen und sie an ihm
einen Mann zu bekommen hofften, der auch gerne die Last der Erwach-
senen mittragen helfen und ihnen den predigen werde, der unser Aller
Last in Gnaden auf sich genommen hat.

Naives Geständniß. Herr (zu seinem Diener): „Aber, sag'
mir um Himmelswillen, Mensch, bist du denn wirklich so ochsendumm,
oder verstellst du dich nur?" — Diener: „Ach, Herr, wie können Sie
solches denken, ich werde mich doch nicht verstellen."

Die Kunstreise. Ein Jude in sehr schlechtem Anzuge kam zu
einem reichen Banquier in Berlin, und auf die Frage nach seinem Begehr antwortete er: „Ich hab' gemacht eine Kunstreise und bitte um Ihre
Unterstützung." — „Eine Kunstreise?" fragte der Banquier und musterte
das gar nicht künstlerische Aussehen des Reisenden. „Ja, freilich," erwiederte dieser; „ich bin gereiset von Warschau nach Berlin mit sechs
Pfennigen; ist das nicht eine Kunstreise?"

Ein alter Feldmarschall hatte einen Kadetten zum Abendessen
eingeladen. Der junge Mensch war über diese hohe Ehre so außer sich,
daß er vor lauter Devotion den Platz, der ihm eingeräumt war, gar

nicht einnehmen, sondern immer noch weiter hinabrücken wollte. Der Feldmarschall sprach dem ceremoniösen Jüngling Muth ein, indem er ihm zurief: „Setz' Er sich, setz' Er sich, wo Er sitzt, ist immer unten."

Gegründetes Vorurtheil. „Meinethalben brauchten Sie das Kind gar nicht zu impfen. Ich halt gar nichts davon." — „Warum habt Ihr denn eine solche ungünstige Meinung vom Impfen?" — „Ich hab's aus Erfahrung. Da war des Schneiders Paul sein Junge, der wurde auch geimpft. Was geschah? Drei Tage darauf fiel er aus dem Fenster und brach den Hals. Nun hatte er auch das Geld an das Impfen gewandt und der Junge mußte doch sterben."

Mir nichts, Dir nichts. In einer Stadt wurde ein Fonds gegründet, aus welchem den Capital-Einlegern nach Verlauf von 5 Jahren die aufgelaufenen Zinsen ausbezahlt werden sollten. Als jedoch nach dieser Zeit durch unglückliche Speculationen die eingelegten Capitalien großentheils nicht mehr vorhanden waren und von der Zinsenauszahlung gar keine Rede war, stand nächsten Tages in einem öffentlichen Blatte: „Gestern wurden von dem N'schen Fonds die Zinsen an die Capital-Einleger „Mir nichts — Dir nichts" ausbezahlt.

Selbstwerthschätzung. „Lieber Freund, möchten Sie mir nicht gegen Bezahlung meinen Koffer auf einer Schiebkarre in die Königsstraße fahren? — „Was glauben Sie; ich werde doch nicht durch die Residenzstadt mit einer Schiebkarre fahren, die Schande werde ich meinen Kindern nicht anthun; aber auf der Schulter will ich Ihnen denselben wohl hintragen."

Das neue Gefangenhaus. Amtmann: „Na, Kilian, das sind doch einmal ordentliche Arreste, was?" — Kilian: „Ja wohl, Herr Amtmann, aber viel zu schön für die ordinären Leute, da gehören schon lauter Herren hinein, wie der Herr Amtmann einer sind!"

Harmlose Antwort. Bei einer schwurgerichtlichen Verhandlung gegen eine Diebsbande wurde eine Angeklagte gefragt, woher sie den Diebeshaken habe. Harmlos erwiederte sie: „Es ist noch ein Andenken von meinem seligen Vater."

Der Professor am Krankenbett. „Beobachten Sie, meine Herren! am Unterschenkel dieses Mannes die Dünnheit der Haut und das bläuliche Durchschimmern der zahlreichen Krampfadern. Wie lange ist das schon so schlimm, lieber Mann?" — Patient: „Wissen se, Herr Prufesser, das is noch gar nicht so lange, das is erscht seit ä paar Tagen, seit ich die neuen blauen Strümpfe an habe; das schlechte Zeug muß so abfärben."

Uebergewicht. Ein Reisender, der auf der Eisenbahn von Leipzig nach Berlin fuhr, sagte zu seinem Begleiter: „Ich trenne mich von Leipzig mit centnerschwerem Herzen!" — „Still! still! flüsterte ihm dieser zu, wenn Jemand etwas von der Schwere deines Herzens erfährt, dann mußt Du am Ende noch einen Thaler für Uebergewicht zahlen."

Der Trunkenbold. Ein betrunkener Eckensteher kam zu einem Prediger und sagte: „Herr Pastor, ich will mir scheiden lassen!" — „Warum denn?" — „Ja, meine Frau trinkt zu ville Schnaps." — „Zu viel Schnaps?" fragte verwundert der Prediger, „und darüber

beklagst Du Dich, der Du doch täglich betrunken bist?" — „Eben darum,
antwortete der Eckensteher, eens muß doch in der Familie sinn, das
nüchtern is."

Der Wecker. „Wenn morgen schönes Wetter ist," sagte ein Herr
zu seinem Bedienten, „so wecke mich um sieben, wenn aber schlecht
Wetter ist, so wecke mich erst um neun." Der Bediente weckte ihn aber
schon um sechs Uhr und sagte: „es ist weder schönes Wetter noch schlechtes;
es ist ganz nebelig: wann soll ich Sie nun wecken?"

Gute Manier. Jemand, der seinem Neffen mit guter Manier
vorwerfen wollte, daß er ihm einen silbernen Löffel gestohlen, ließ in
sein Testament setzen: „Ferner vermache ich meinem Neffen elf silberne
Löffel. Er wird schon wissen, warum ich das Dutzend nicht voll mache."

Wunderliche Bekanntmachung. Ein Bürgermeister in der
Pfalz machte kürzlich bekannt: „Es ist zu den diesseitigen Ohren ge-
kommen, daß das Vieh in den Ställen mit brennenden Cigarren und
Pfeifen gefüttert wird, was künftighin mit 1 Gulden bestraft werden soll."

Unnöthige Mühe. „Sie wollen mich zum Narren machen," sagte
zornig ein junger vorlauter Mensch zu einem ältern Manne, der ihn
tadelte. „Das wäre unnöthige Mühe," antwortete dieser kalt, „man kann
Niemand zu dem machen was er schon ist."

Der Richter. Einem Gerichtspräsidenten in Frankreich wurde
angemuthet, er möge die Entscheidung eines Prozesses verschieben, weil
dadurch dem Ministerium ein wichtiger Dienst geleistet werde. — „Wir
sprechen hier Urtheile," erwiederte er, „aber wir leisten keine Dienste."

Entschuldigung. Offizier: „Er H. H. Sapperment! Wo hat
Er sich denn die 5 Jahre herumgetrieben? Er ist ja in Italien desertirt,
Er Kreuzschwerenöther!" — Soldat: „Halten's zu Gnaden, Herr Oberst,
die Sache ging so zu, in meinem Quartier habe ich damals meinen
Ladstock liegen lassen. Wie ich das auf dem Sammelplatz bemerke, bin
ich schnell fortgesprungen, ihn zu holen. Wie ich wieder komme, ist
das Regiment fort, und hab's auch nimmer gefunden. Fünf Jahre
lang hab ich's gesucht, aber desertirt bin ich nicht."

Voreilige Sorge. „Ach Du liebe Käthe! Sag mir doch auch
um Gotteswillen, wen soll ich denn heirathen, wenn Du gestorben bist?"
— „Dann heirathest Du die Lammwirthin." — „Die Lammwirthin?
Behüt mich Gott, der Lammwirth lebt ja noch." — „Ha, ich bin ja auch
noch nicht gestorben."

Bescheidenes Verlangen. Ein Schusterjunge fiel polternd die
Treppe hinunter. „Nun, was hat der vertrackte Kerl wieder?" schalt der
Meister. „Man wird doch," heulte der Junge, „auch noch die Stiege
herunter fallen dürfen?"

Der Zufriedene. Ich mach' weiter keine großen Ansprüche ans
Leben, aber bei Tisch muß ich einen bequemen Platz haben, auch muß
es hell sein und nicht zu warm und nicht zu kalt; lieber ein paar
Schüsseln mehr, als wenn's einem friert, oder wenn man vor Hitze
schwitzen muß. Mit dem Wein bin ich nicht heikel, aber der weiße
schmeckt mir viel besser, wenn ich vorher genug rothen getrunken habe.
Hat man genug gegessen und getrunken, so geht nichts über eine gute

Ruh. Eine gute Ruh ist für einen Mann von meinem Alter die Hauptsache. Deßwegen seh ich auch lieber den ganzen Vormittag zum Fenster
hinaus, daß ich den Nachmittag für mich habe. Und ich will wahrhaftig
lieber die ganze Woche spazieren gehn, nur nicht am Sonntag arbeiten;
das ist mir wie Gift.

Am Krankenbett. Doktor: „Nun, Herr Maier, wie ist's heute
Nacht gegangen?" — Patient: Auf der Brust ist mir's ziemlich leichter.
Aber im rechten Fuß habe ich Schmerzen gehabt, daß ich die ganze Nacht
kein Auge zuthun konnte." — Doktor: „Wenn's nur auf der Brust
besser ist, aus den Schmerzen im Fuß mache ich mir nichts. — Patient:
Das glaub ich gerne, Herr Doktor! Ich würde mir auch nichts daraus
machen, wenn Sie die Schmerzen im Fuß hätten statt meiner."

Die Jagdkarte. Ist einmal der Landjäger von Dingsdahinten
auf der Streife gewesen, so gegen Abend, als er schießen hörte. Er be-
flügelt seine Schritte und wird bald auf dem Feld, eine Ackerlänge vom
Wald entfernt, einen Jägler gewahr. Ob der auch eine Jagdkarte hat?
denkt er bei sich selbst, und überlegt, ob er ihn zur Rede stellen oder
fürbaß gehen soll. Der Jäger muß auch so etwas gedacht haben, denn
er schiebt eilends vorwärts, dem Walde zu. Das ist verdächtig genug;
der Landjäger geht also raschen Schrittes querfeldein. Der Andere fängt
an zu laufen, der Landjäger nicht minder, und so geht eine Weile die
Jagd im Stillen fort. Endlich ruft der Landjäger ein donnerndes Halt!
Der Jäger aber lauft nur noch mehr und erreicht glücklich den Wald.
Dort ist er geborgen, denkt der Leser, aber nein, der Jäger ist so ein-
fältig und flüchtet sich auf die erste beste Eiche, die ihm in den Weg
kommt, und stellt dazu noch sein Gewehr unten an die Eiche hin. Er
wird natürlich vom Landjäger bald entdeckt. „So, so, Herr Sonnenwirth," sagt er, „Sie sind's, das hätt' ich von Ihnen nicht geglaubt!" —
„O Herr Landjäger," sagte der auf der Eiche, „Sie werden mir doch
nichts thun?" — „Durchaus nicht," lacht der Landjäger, „aber jetzt nur
rasch herunter und mit mir aufs Amt." — Der Sonnenwirth rutscht
herunter und lauft geduldig vor dem Landjäger her, der natürlich das
Gewehr des Jägers confiscirt hat. So kommen sie stillschweigend mit
einander an den Ort. „So, Herr Landjäger." sagte nun der Sonnenwirth, indem er eine Jagdkarte aus der Tasche zog, „hier ist meine
Jagdkarte. Seien Sie so gut und geben Sie mir mein Gewehr zurück,
ich danke Ihnen für Ihre Mühe!" — „Was?" rief der wie aus den
Wolken gefallene Landjäger, „Sie haben eine Jagdkarte? Warum haben
Sie mir das nicht gleich gesagt?" — „Warum haben Sie mich aber nicht
gleich darum gefragt?" war die trockene Antwort des Sonnenwirths. —
Der Landjäger war so gescheidt, einzusehen, daß er durch eine Klage
sich nur noch mehr blamiren würde, gab dem Sonnenwirth sein Gewehr
zurück und entfernte sich mäuschenstille. Seitdem springt er den Jägern
nimmer nach.

Guter Rath. Willst Du vermeiden Leid und Thränen, knacke nicht
Nüsse mit hohlen Zähnen, kaufe die Schale nicht für den Kern und iß
nicht Kirschen mit großen Herrn!